Plötzlich Geld – so legen Sie richtig an

D1724964

HARRY BÜSSER

Plötzlich Geld –
so legen Sie richtig an

Möglichkeiten zur souveränen Vermögensverwaltung

■ ■ ■ EIN RATGEBER AUS DER BEOBACHTER-PRAXIS ■ ■ ■

Dank

Verlag und Autor danken für das sorgfältige Fachlektorat: Nathalie Garny vom Beobachter-Beratungszentrum sowie Rolf Biland, Daniel Ruch und Thomas Schönbucher vom VZ VermögensZentrum.

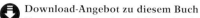 **Download-Angebot zu diesem Buch**

Unter www.beobachter.ch/download (Code 0314) finden Sie den Fragebogen, mit dem Sie Ihr Risikoprofil und den dazu passenden Anlagemix bestimmen können.

Disclaimer

Wo in diesem Ratgeber konkrete Anlageprodukte genannt werden, wurden diese nach bestem Wissen und mit Stand Ende 2018 ausgewählt. Verluste können aber auch mit diesen Papieren entstehen. Den Entscheid für das eine oder andere Anlageprodukt sollten Sie immer anhand Ihres Risikoprofils und Ihres Anlagehorizonts treffen.

Beobachter-Edition
3., überarbeitete Auflage, 2022
© 2017 Ringier Axel Springer Schweiz AG, Zürich
Alle Rechte vorbehalten
www.beobachter.ch

Herausgeber: Der Schweizerische Beobachter in Zusammenarbeit mit dem Wirtschaftsmagazin Bilanz
Lektorat: Käthi Zeugin, Zürich; Wortspalterei, Zug
Umschlagfoto: iStock
Fotos: iStock, Peter Frommenwiler (Seite 228/229)
Bildredaktion: Andreas Wilhelm, 13 Photo AG, Zürich
Reihenkonzept: buchundgrafik.ch
Layout: Bruno Bolliger, Gudo
Druck: Grafisches Centrum Cuno GmbH & Co. KG, Calbe

ISBN 978-3-03875-419-0

Zufrieden mit den Beobachter-Ratgebern?
Bewerten Sie unsere Ratgeber-Bücher im Shop:
www.beobachter.ch/shop

Mit dem Beobachter online in Kontakt:

 www.facebook.com/beobachtermagazin

 www.twitter.com/BeobachterRat

Inhalt

Anhang 247

SO NUTZEN SIE DIESEN RATGEBER

Am besten lesen Sie das Buch von vorn bis hinten durch. Danach sind Sie wirklich fit für die Verwaltung Ihres Vermögens.

■ Im ersten Kapitel erfahren Sie, wie Menschen überhaupt vermögend werden. Und Sie lernen viel über menschliches Fehlverhalten im Umgang mit Geld und über die falsche Einschätzung von Chancen.

■ Kapitel 2 beschäftigt sich mit den Grundlagen der Verwaltung Ihres Vermögens, dem Finanzwissen. Wahrscheinlichkeiten und den Zinseszins richtig einschätzen zu können, wird Sie besser kalkulieren lassen. Zudem lernen Sie eine der wichtigsten Strategien eines guten Anlegers kennen: die Diversifikation. Auch erfahren Sie, wie viel Geld Sie in welche Papiere investieren sollten und in welche psychologischen Anlegerfallen Sie tappen können.

■ In Kapitel 3 über die Produkte lernen Sie alle wesentlichen Instrumente der Vermögensverwaltung kennen. Insbesondere bei den Obligationen und Aktien lohnt sich ein vertieftes Studium, denn diese Anlagekategorien sind die wichtigsten für Sie. Weil es oft einfacher ist, die Papiere über Fonds zu kaufen, gilt auch diesem Teilkapitel grosse Aufmerksamkeit.

■ Welche Dienstleistungen Vermögensverwalter anbieten, wie Sie das richtige Angebot für sich finden und worauf Sie dabei achten müssen, das erfahren Sie im vierten Kapitel. Nach der Lektüre werden Sie besser mit Ihrem Vermögensverwalter oder Banker verhandeln können. Im Unterkapitel über das Vertrauen erfahren Sie viel über die Motivationsstrukturen der Akteure rund ums Geld. Zuletzt erfahren Sie, wie Sie sich gegen Betrüger schützen können.

■ Im letzten Kapitel finden Sie einige Grundregeln der Anlage, abgeleitet aus den vorangehenden Kapiteln. Zudem erhalten Sie dort konkrete Tipps zur Umsetzung von Anlagestrategien.

Vorwort

Als die erste Auflage dieses Buches im Jahr 2017 erschien, hatten die Aktienkurse an der Börse acht Jahre Hausse hinter sich. Bei der zweiten Auflage, die 2019 herauskam, waren die Aktienkurse bereits ein Jahrzent gestiegen. Auch die Covid-19-Pandemie führte im Frühling 2020 nur zu einem kurzen Börsensturz. Danach ging die Hausse noch stärker weiter, vor allem bei Technologieaktien.

Aber auch diese Hausse wird ein Ende haben. Allerdings weiss niemand, wann das sein wird. Vielleicht noch vor Erscheinen dieses Buches im Jahr 2022, vielleicht erst Jahre später.

Egal, wie es kommt: Nach der Lektüre dieses Buches werden Sie besser investieren, langfristig höhere Renditen erzielen und jährlich Tausende Franken an Kosten sparen. Besser investieren ist in Zeiten von Negativzinsen noch wichtiger geworden. Nur schon, weil es erst recht keine gute Option mehr ist, Geld einfach auf dem Konto liegen zu lassen.

Natürlich können Ihnen Berater und Computer dabei helfen, Ihr Geld zu investieren. Trotzdem sollten Sie sich einen Grundstock an Wissen aneignen. Denn die meisten Bankkunden bezahlen für die Verwaltung ihres Vermögens viel mehr als nötig. Anleger, die denken, sie würden nichts oder wenig für ihre Geldanlagen bezahlen, sind oft die mit den höchsten Kosten.

Das liegt auch daran, dass Anleger zu wenig Finanzwissen haben. Aber wenn Sie dieses Buch gelesen haben, werden Sie die Wissenslücke zwischen Ihnen und den Anlageprofis so weit geschlossen haben, dass Sie die Kosten und die Qualität von Investitionsprodukten und Beratungsleistungen beurteilen und zumindest die richtigen Fragen stellen können. Zudem lernen Sie die Motivationen der Akteure rund um Geldanlagen kennen und können besser einschätzen, wem Sie bei Fragen zu Vermögensanlagen vertrauen können.

In allen Kapiteln finden Sie Auflockerungen, die Ihnen auf unterhaltsame Weise Zusammenhänge näherbringen und diese vertiefen. Ich wünsche Ihnen also nicht nur viele Aha-Erlebnisse mit diesem Finanzbuch, sondern auch gute Unterhaltung.

Harry Büsser
März 2022

Wie kommen Menschen zu Vermögen?

Bevor es darum geht, wie Vermögen richtig verwaltet wird, erfahren Sie in diesem Kapitel, ab wann jemand reich ist und wie Menschen in der Schweiz reich werden. Hauptsächlich gibt es vier Quellen des Reichtums: erben, eine Firma gründen, arbeiten und sparen sowie sich das Pensionskassenguthaben auszahlen lassen. Zudem erfahren Sie hier, warum der Traum vom Jackpot im Lotto so verführerisch wie unwahrscheinlich ist und warum Sie besser an der Börse in Aktien investieren, anstatt Lotto zu spielen.

Mit Erben zu Geld kommen

In der Liste der 300 Reichsten, die jährlich im Wirtschaftsmagazin Bilanz veröffentlicht wird, haben rund die Hälfte ihr Vermögen geerbt. Das bestätigt eine Studie des Vermögensverwalters Barclays Wealth, in der 52 Prozent der Vermögenden in der Schweiz angaben, ihren Reichtum mindestens teilweise geerbt zu haben.

Vor allem bei den Milliardären sind die Erben in der Schweiz, aber auch in vielen anderen Ländern, in der Mehrzahl. Zum Beispiel in Italien und Deutschland, wie folgende Geschichten zeigen.

1000 Jahre reich und drei Gebete

Lamberto Frescobaldi gehört zu den reichen Erben. Er ist der Patron einer der reichsten Familien in der Toskana. Ihr gehört die Marchesi-Frescobaldi-Gruppe, die elf Millionen Flaschen Wein pro Jahr produziert. Die Familie ist damit einer der grössten Weinproduzenten Italiens, wie der Finanzinformationsdienst Bloomberg in einem Bericht schreibt.

Frescobaldi hat seinen Hund Brunello genannt, nach dem Wein Brunello di Montalcino, den er produziert. Seine Familie hat schon den Wein hergestellt, den Michelangelo trank. Bevor sie ins Weingeschäft einstiegen, betrieben die Frescobaldis Handel mit Wolle, waren Banker und finanzierten die Kriege des englischen Königs Edward I. in Wales und in Frankreich. Mit Letzterem begründeten sie ihren Reichtum, machten sie ihr Vermögen. Fast 1000 Jahre und 30 Generationen später gehören sie immer noch zu den reichsten Familien in der Toskana.

Was für die Frescobaldis gilt, ist auch insgesamt in Italien nicht anders, wie eine Studie der Banca d'Italia, der italienischen Zentralbank, zeigt. Darin werden die Steuerbelege in Florenz aus dem Jahr 1427 mit jenen im Jahr 2011 verglichen. Das Resultat: Die reichsten Familien sind zum grossen Teil immer noch die gleichen. «Die grossen politischen, demografischen und ökonomischen Umbrüche in der Zwischenzeit konnten den Gordischen Knoten des Erbens nicht lösen», schreiben die Autoren.

WER IST REICH?

Wenn Sie in der Schweiz an zehn Menschen vorbeigehen, ist die Wahrscheinlichkeit hoch, dass einer davon Millionär ist. Rund 670 000 Millionäre leben gemäss einer Analyse der Grossbank Credit Suisse aus dem Jahr 2015 hierzulande, das sind mehr als zehn Prozent der erwachsenen Bevölkerung.

Allerdings fühlen sich die meisten Millionäre selber nicht reich. Eine Umfrage unter 1000 von ihnen hat gezeigt: Erst ab einem Vermögen von 7,5 Millionen Franken empfinden sie jemanden als wirklich reich. Wer wiederum die Superreichen mit Vermögen von über 100 Millionen Franken fragt, bekommt zur Antwort, dass Reichsein bei einem Vermögen von 30 Millionen Franken beginne. Gemäss Credit Suisse sind in der Schweiz fast 5000 Menschen mit 50 Millionen und mehr in dieser Kategorie.

Die meisten Menschen verbinden das Gefühl des Reichtums damit, dass man sich alles kaufen kann, ohne auf Preisschilder achten zu müssen. Im Zusammenhang mit Geldanlagen könnte definiert werden, dass Menschen dann wirklich reich sind, wenn sie von den Zinsen ihres Vermögens bequem leben können.

Dafür reicht heute eine Million Franken bei Weitem nicht mehr. Vermögensverwalter gehen davon aus, dass sich derzeit, optimistisch gerechnet, rund vier Prozent Rendite pro Jahr erwirtschaften lassen. Bei einer Million Franken ergibt das ein Jahreseinkommen von 40 000 Franken. In der Schweiz reicht dies den wenigsten für ein bequemes Leben. Drei oder vier Millionen Franken müssten es wohl sein, wahrscheinlich eher mehr. Denn die vier Prozent sind nicht garantiert, die Börsenkurse können auch in den Keller rasseln.

Für die meisten wird diese Art Reichtum zwar ein Traum bleiben. Doch rund die Hälfte der erwachsenen Bevölkerung, also rund drei Millionen Menschen, verfügen über mindestens 100 000 Franken, die verwaltet werden wollen. ▪

Einen Gulden Miete

Auch die Erben des Kaufmanns Jakob Fugger in Deutschland sind nach über einem halben Jahrtausend noch reich. Graf Alexander Fugger-Babenhausen ist ein Nachfahre des reichsten Mannes im Europa des 16. Jahrhunderts. Der 34-Jährige verwaltet heute das Vermögen und die wohltätigen Institutionen der Familie, nachdem er im Investment Banking in London gearbeitet hat. In seinen Entscheidungen über Geld ist er sehr vorsichtig. «Es wäre ein Desaster, wenn ein Fehler die Nachhaltigkeit des Vermögens nach 19 Generationen beenden würde», sagt er im Bericht von Bloomberg.

Eine der wohltätigen Institutionen der Familie ist die Fuggerei. Das sind 140 Sozialwohnungen in Augsburg, verteilt auf 67 Häuser. Sie wurden bereits 1521 von Jakob Fugger fertiggestellt. Die Bewohner bezahlen für die 60 Quadratmeter grossen Wohnungen eine Miete von 0,88 Euro pro Jahr. So hatte es Jakob Fugger in einem Dekret festgelegt; die Miete sollte einen rheinischen Gulden betragen. Wer in der Fuggerei Mieter werden will, muss Augsburger und nachweislich unverschuldet in Not geraten sein und zudem drei Gebete pro Tag für die Seele von Jakob Fugger und seine Familie sprechen: ein Vaterunser, ein Glaubensbekenntnis und ein Ave Maria.

 INFO Wenn Sie mehr über die Milliardäre Europas wissen möchten:

– *Studie des Peterson Institute for International Economics:*
www.piie.com (→ Research → Publications → Working Papers
→ Keyword: Superrich)
– *Studie der Banca d'Italia: www.bancaditalia.it (→ Publications*
→ Search → Intergenerational mobility in the very long run:
Florence 1427–2011)

Alte Erben

Da die Elterngeneration immer länger lebt, gehen die Erbschaften an immer ältere Menschen. Ein Drittel der Erben sind heute schon im Pensionsalter, zwei Drittel über 50 Jahre alt. Ein Trend, der sich fortsetzen wird.

Erben ist trotzdem mit Abstand der häufigste Weg zum Reichtum in der Schweiz. Schätzungen gehen davon aus, dass gegen 80 Milliarden Franken pro Jahr vererbt werden. Wobei zwei Drittel davon an die reichsten vier Prozent der Bevölkerung gehen. Diese erben eine Million Franken oder mehr. Weitere fünf Prozent der Bevölkerung erben zwischen einer halben und einer ganzen Million Franken, ein Viertel zwischen 100 000 und einer halben Million Franken. Über die Hälfte der Bevölkerung erbt gar nichts oder maximal 50 000 Franken (siehe Grafik).

WER ERBT WIE VIEL?

Aufteilung der Erbenden und der gesamten Erbsumme nach Grösse der Erbschaften (in 1000 Fr.)

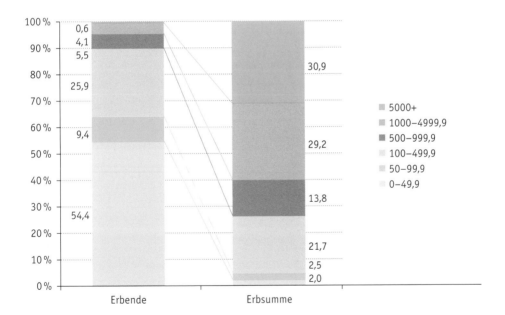

54,4 Prozent der Schweizer erben zwischen 0 und 49 900 Franken, was insgesamt rund zwei Prozent des gesamten vererbten Vermögens in der Schweiz entspricht. Dagegen erben 0,6 Prozent der Schweizer fünf Millionen oder mehr, was 30,9 Prozent des gesamten in der Schweiz vererbten Vermögens entspricht.

Quelle: Datenbank E+S, Büro für arbeits- und sozialpolitische Studien (BASS)

Durch Arbeit zu Vermögen kommen

Es gibt drei Wege, über Arbeit zu einem Vermögen zu kommen: eine Firma gründen, arbeiten und sparen oder sich bei der Pensionierung das Kapital auszahlen lassen. Auf den folgenden Seiten erfahren Sie mehr darüber.

Als Startkapital für eine eigene Firma kann zum Beispiel eine Erbschaft dienen. Aber auch ohne Erben ist es möglich, eine Firma zu gründen: mit der Finanzierung über eine Bank, mit gesparten Mitteln oder mit Geldern aus der Pensionskasse. Jedenfalls ist die Gründung einer Firma eine weitere wichtige Quelle des Reichtums neben dem Erben.

Als Firmengründer zu Vermögen kommen

Während die Firmengründung in wirtschaftlich aufstrebenden Ländern wie China den häufigsten Weg zum Reichtum darstellt, ist sie in der Schweiz die Nummer zwei hinter dem Erben. Derzeit werden in der Schweiz jährlich rund 40 000 Firmen gegründet. Gleichzeitig verschwinden pro Jahr aber auch rund 30 000 Firmen wieder.

Die Firmengründung ist also kein einfacher Weg zu einem Vermögen. Nicht nur, weil viele scheitern, sondern auch weil es lange dauert. Gemäss einer Befragung von 100 Millionären in der Schweiz benötigten die Unternehmer unter ihnen rund 30 Jahre für ihren Vermögensaufbau.

JEAN-LUC BÖGLI KONNTE KAUM DEUTSCH, als er mit 19 Jahren aus dem Jura nach Zürich kam. Heute beliefert er die ganze Schweiz mit seinen Souvenirs – inklusive seiner eigenen Läden, der Edelweiss-Shops. Während er als Kioskverkäufer am Flughafen Zürich arbeitete, begann er, einige T-Shirts mit Swiss Military zu bedrucken, die er im Kiosk verkaufen durfte. So habe er innerhalb von vier Jahren sein eigenes Unternehmen aufgebaut, sagt Bögli. Er sei damals sehr mo-

ALS UNTERNEHMER REICH GEWORDEN

■ Christoph Blocher (EMS-CHEMIE)

■ Rainer-Marc Frey (Finanzfirma RMF, verkauft)

■ Jan Schoch (Finanzfirma Leonteq aufgebaut und an die Börse gebracht)

■ Marcel Erni, Alfred Gantner und Urs Wietlisbach haben zusammen die Finanzfirma Partners Group aufgebaut und an die Börse gebracht, wo die Firma heute über zehn Milliarden Franken wert ist.

■ Thomas Frey hat mit drei Partnern 2008 die Firma GIANTS Software gegründet, die Onlinespiele programmiert. Das Spiel Landwirtschaftssimulator hat sich weltweit einige Millionen Mal verkauft, die Firma ist inzwischen viele Millionen Franken wert.

■ Oliver Herren, Marcel Dobler und Florian Teuteberg gründeten 2001 den Elektronikhändler Digitec, haben inzwischen die Mehrheit daran an die Migros verkauft und sind dadurch reich geworden.

tiviert gewesen: Von seinem 20. Geburtstag an habe er jedes Jahr die Bilanz mit der Liste der 300 Reichsten gelesen und aufbewahrt. Es sei nicht primär die Liebe zum Textil gewesen, die ihn angetrieben habe. Er habe einfach zu Geld kommen wollen. Schon in jungen Jahren, als er es sich nur knapp habe leisten können, habe er ab und zu mit einer netten Begleitung das Zürcher Nobelrestaurant Kronenhalle besucht und habe sich dort inspirieren lassen.

Arbeiten und sparen

Natürlich gibt es Leute, die mit Arbeit sehr schnell reich werden. Das sind jene, die mehr als eine Million Franken pro Jahr verdienen. Gemäss dem Verteilungsbericht des Schweizerischen Gewerkschaftsbunds sind das nicht wenige, sondern immerhin über 13 000 Menschen in der Schweiz. Für alle anderen dauert es eine Weile, bis mit Arbeit und Sparen Reichtum entsteht.

Wer über einen Zeitraum von 30 Jahren pro Monat 1000 Franken auf die Seite legen kann, müsste schon einen jährlichen Zinssatz von 6,3 Prozent erhalten, damit es am Ende zum Millionär reicht. Das ist nicht unmöglich, eine solche Rendite ist in den vergangenen 30 Jahren am Aktienmarkt erreicht worden. Doch darauf, dass solche Renditen auch in Zukunft möglich sind, sollten sich die Sparer trotzdem nicht verlassen.

Bei einem Zinssatz von 1 Prozent, was derzeit der Mindestverzinsung des obligatorischen Teils der Pensionskassenguthaben entspricht, muss man 30 Jahre lang schon fast 2500 Franken pro Monat sparen können, um am Ende Millionär zu werden.

Allerdings ist es den meisten in den frühen Jahren des Erwerbslebens nicht möglich, wirklich etwas auf die Seite zu legen. Viele schaffen das erst ab einem Alter von 40 Jahren, was bis zur Pensionierung noch 25 Jahre Zeit lässt. Um innerhalb dieser Frist mit Sparen auf eine Million zu kommen, müssen bei einem Zinssatz von 1 Prozent schon fast 3000 Franken pro Monat auf die Seite gelegt werden.

 TIPPS *Je früher Sie anfangen zu sparen und je höher der Zinssatz ist, der auf dem Ersparten erreicht wird, desto höher wird das Vermögen im Pensionsalter sein. Wer es in jungen Jahren nicht schafft, 1000 Franken pro Monat zur Seite zu legen, fängt eben mit weniger an, vielleicht mit 200 oder gar nur mit 50 Franken pro Monat. Besser nur einen kleinen Betrag auf die Seite legen, als gar nichts zu sparen.*

Ein mögliches Rezept, um den monatlichen Sparbetrag zu erhöhen, ist, jeweils die Hälfte oder auch nur ein Drittel von Lohnerhöhungen zu sparen.

Spar-Vorbilder

Die reichste Ente der Welt, Dagobert Duck, hatte im Jahr 1947 ihren ersten Auftritt in einem Comic-Heft. Gemäss dieser Geschichte kam Onkel Dagobert nicht reich zur Welt, sondern fing als Schuhputzer in Schottland an, folgte später dem Ruf des Goldes nach Amerika. Dort baute er sich sein Wirtschaftsimperium auf, knauserte sich fantastisch reich und badet seither in seinen Fantastilliarden Talern im Geldspeicher.

Wie Dagobert in Entenhausen haben sich in Holland Hanneke van Veen und Rob van Eeden reich geknausert. Ihre Sparstrategien hat das geizigste Ehepaar Europas in einem Buch festgehalten, mit dem Titel: «Wie werde ich ein echter Geizhals?» Damit meinen die beiden nicht einen unsympathischen Geizhals, sondern sehen es eher positiv: «Wenn Sie sparsam leben, nicht mehr verbrauchen als nötig, nehmen Sie nicht länger am Überkonsum teil.» Tatsächlich gibt es sympathischen und weniger sympathischen Geiz:

■ **Sympathisch**
  – Was kaputt ist, reparieren und nicht gleich neu kaufen.
  – Das Rauchen aufgeben.
  – Zu Hause bleiben und den Partner, die Partnerin verwöhnen, statt auf Einkaufs- oder Bartour zu gehen.
  – Um Heizkosten zu sparen, im Winter im Bett frühstücken und ansonsten speziell warme Hausmäntel tragen.
  – Ein Hobby suchen, das nichts kostet, sondern Geld einbringt: etwa Patchworkdecken quilten, Glasmalen oder auf Auktionsplattformen eigene gebrauchte Gegenstände verkaufen.

■ **Unsympathisch**
  – Sich immer nur einladen lassen, nie andere einladen.
  – Im Restaurant die halb leere Flasche mit der Begründung zurückgeben, der Wein habe Zapfen. Danach auch kein Trinkgeld geben, weil Sie ja zutiefst verärgert sind.

Pensionskassenkapital auszahlen lassen

In der Pensionskasse sammelt sich über ein Arbeitsleben ein Vermögen an. Dieses kann man entweder als Rente in monatlichen Beträgen beziehen oder sich als Kapital auszahlen lassen.

Durchschnittlich hat ein Arbeitnehmer, eine Angestellte bei der Pensionierung ein Pensionskassenguthaben von rund einer halben Million Franken. Wer sich das als Kapital auszahlen lässt, hat plötzlich ein Vermögen zu verwalten. Eine Auszahlung des Kapitals ist allerdings den wenigsten zu raten.

Ein möglicher Grund, sich doch für die Kapitalauszahlung zu entscheiden, ist eine tiefe Lebenserwartung. Rein finanziell lohnt sich die Kapitalauszahlung für jemanden, der nicht älter als ungefähr 82 Jahre wird. Wer ein höheres Lebensalter erwartet, sollte tendenziell die Rente beziehen. Vor allem bei den derzeit tiefen Zinssätzen und dem (noch) relativ hohen Umwandlungssatz für den obligatorischen Teil der Rente, der aktuell 6,8 Prozent beträgt. Pro 100 000 Franken Kapital, das in der Pensionskasse angespart wurde, gibt es eine Rente von 6800 Franken pro Jahr – lebenslang. Würden Sie sich diese Rente aus einem Kapital von 100 000 Franken selber auszahlen, reichte das nicht einmal für ganz 15 Jahre – ohne zusätzliche Verzinsung gerechnet.

INFO *Der Satz von 6,8 Prozent gilt nur für den obligatorischen Teil des Pensionskassenguthabens. Er wird allgemein als zu hoch angesehen und soll bei der nächsten Rentenreform auf 6 Prozent oder weniger gesenkt werden. In der Mischrechnung von obligatorischem und überobligatorischem Teil setzen die Pensionskassen den Umwandlungssatz schon heute deutlich tiefer an, bei vielen liegt er unter 5 Prozent. Aus einem angesparten Vermögen von 100 000 Franken wird so eine jährliche Rente von 5000 Franken.*

Ein weiterer Grund, sich für die Kapitalauszahlung statt die Rente zu entscheiden, könnte sein, dass Sie das Geld vererben wollen. Dafür müssen Sie sich das Kapital auszahlen lassen, denn die Rente können Sie nicht vererben. Die Pensionskassen zahlen zwar Hinterbliebenenrenten an Witwen, Witwer und Waisen (bis maximal zum Alter 25). Doch was an Kapital übrig bleibt, geht nicht an die Erben, sondern bleibt bei der Vorsorgeeinrichtung.

Und schliesslich kann es auch steuerliche Gründe geben, das Altersguthaben als Kapital zu beziehen. Denn diesen Kapitalbezug muss man nur zu einem reduzierten Satz versteuern, während die Rente zum vollen Einkommenssteuersatz besteuert wird. Es kommt aber immer auf die individuelle Gesamtsituation an, ob sich die Auszahlung des Guthabens wirklich lohnt. Ausschlaggebend ist dabei unter anderem die Rendite, die sich mit dem Geld erzielen lässt. Wer sehr stark abhängig vom Einkommen aus diesem Kapital ist, sollte weniger Risiken eingehen, was dementsprechend tiefere Renditen zur Folge hat. Sich das Pensionskassenguthaben aus Steuergründen auszahlen zu lassen, ist deshalb eher eine Überlegung für Vermögendere.

Lieber Lotto als Börse?

**Im Schweizer Zahlenlotto gewannen bis Ende Dezember 2018
genau 746 Personen eine Million Franken oder mehr. Das scheinen
viele zu sein, aber es bleibt trotzdem sehr unwahrscheinlich, dass
Sie selber im Lotto gewinnen. Viel wahrscheinlicher ist es, mit
kontinuierlichen Investitionen an der Börse Millionär zu werden.
Hier erfahren Sie, weshalb es trotzdem viel mehr Lottospieler
als Börseninvestoren gibt.**

Den Jackpot im Lotto knacken. Wie viel einfacher das Leben dann wäre!
Wie viele Menschen diesen Traum träumen, zeigt der Umsatz der Schweizer Lotterien und Wetten, der beispielsweise 2015 rund 2,75 Milliarden
Franken betrug. Umgerechnet auf die Wohnbevölkerung entspricht das
einem Spieleinsatz von 331 Franken pro Person. Gewonnen wurden pro
Kopf im Durchschnitt 224 Franken. Also ist Lotto für die Spieler insgesamt ein Verlustgeschäft von durchschnittlich 107 Franken pro Kopf und
Jahr. Trotzdem werden bei jeder Lottoziehung in der Deutschschweiz
zwischen 200 000 und 1,7 Millionen Lottoscheine ausgefüllt.

Weitaus weniger Menschen unternehmen einen Versuch, mit Börsenanlagen reich zu werden. Dabei liegt die Wahrscheinlichkeit, mit einem
Lottoschein überhaupt etwas zu gewinnen, im tiefen einstelligen Bereich,
während sie mit Aktien viel höher ist. Mit einem diversifizierten Korb von
Schweizer Aktien liegt die Gewinnwahrscheinlichkeit bei 66 Prozent, es
wird also in zwei von drei Jahren ein Gewinn erzielt.

Blendeffekt des Jackpots

Wer zehn Jahre lang Lotto spielt, verliert fast garantiert Geld. Wer dagegen zehn Jahre in eine Vielfalt von Aktien investiert, gewinnt fast sicher.
In den vergangenen 100 Jahren gab es nur zwei Zehnjahreszeiträume, in
denen mit einem breit diversifizierten Korb von Schweizer Aktien ein Verlust resultiert hätte (siehe Grafik auf der nächsten Seite). Mit einem Anlagehorizont von 25 Jahren haben Anleger sogar noch nie Geld verloren.

Im Vergleich zum Lotto sind die möglichen Gewinne bei Aktien allerdings eher klein. Der Mindesteinsatz im Lotto beträgt fünf Franken. Um mit diesem Betrag an der Börse Millionär zu werden, bräuchte man 159 Jahre mit einer durchschnittlichen Rendite von acht Prozent. Dagegen ist im Lotto mit jedem Einsatz (theoretisch) ein Millionengewinn möglich.

RENDITEN MIT SCHWEIZER AKTIEN, ZEHN JAHRE GEHALTEN

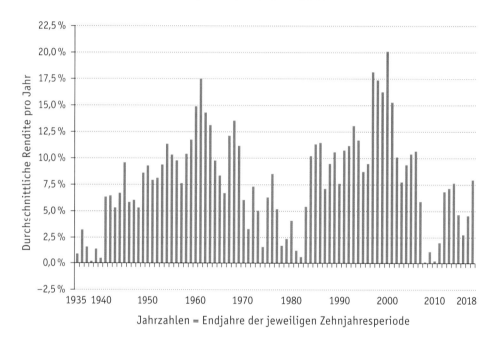

Jahrzahlen = Endjahre der jeweiligen Zehnjahresperiode

Wer in den 90er-Jahren in Schweizer Aktien investiert und diese über einen Zeitraum von zehn Jahren gehalten hat, konnte bis zu 20 Prozent pro Jahr verdienen. Aus 100 000 Franken wären über 600 000 Franken geworden. In der Grafik zu sehen ist auch, dass es kaum eine Zehnjahresperiode gab, in der die Anleger Geld verloren haben – abgesehen von den 30er-Jahren.

Quelle: Private Magazine, Erwin Heri, Pictet & Cie. und eigene Berechnungen

Achtung: Wahrscheinlichkeitsfalle

Im Lotto ist der potenzielle Gewinn sehr hoch und der mögliche Verlust sehr klein. Das ist die Wahrscheinlichkeitsfalle, in die sich die Spieler locken lassen. Je höher der Jackpot, desto mehr Menschen wollen Lotto spielen. Der bisherige Rekordgewinn im Schweizer Lotto wurde am 23. August 2014 ausgezahlt: 48 598 075.75 Franken. Damals wurden rund 1,4 Millionen Lottoscheine ausgefüllt, siebenmal so viele wie bei einer durchschnittlichen Ziehung.

Von hohen möglichen Gewinnsummen bei gleichzeitig kleinem Einsatz lassen sich Menschen blenden, auch wenn der hohe Gewinn extrem unwahrscheinlich ist. Das lässt sich an einem einfachen Beispiel zeigen:

ZUR WAHL STEHEN zwei verschiedene Geldspiele: Spiel A mit 5 Franken Einsatz, bei dem 1000 Franken gewonnen werden können, allerdings mit einer Wahrscheinlichkeit von 1 zu 1000. Und Spiel B mit 1000 Franken Einsatz und einem möglichen Gewinn von 10 Franken, wobei die Gewinnwahrscheinlichkeit 999 zu 1000 beträgt, also sehr hoch ist. Fragt man 1000 Menschen, bei welchem Spiel sie mitmachen würden, wählen die meisten Spiel A. Es gibt ja fast nichts zu verlieren, und immerhin winkt ein Gewinn von 1000 Franken. Spiel B wählen sie nicht, weil sie viel, nämlich 1000 Franken verlieren könnten.

Der Entscheid für Spiel A ist aber irrational. Ein rationaler Mensch müsste sich am Erwartungswert der Spiele orientieren (siehe Kasten auf der nächsten Seite). Dieser liegt beim zweiten Spiel deutlich höher: Obwohl der Einsatz, also die mögliche Verlustsumme, hoch ist, verliert man in dem Spiel kaum je, denn die Wahrscheinlichkeit eines Verlusts liegt nur bei 1 zu 1000. Der Erwartungswert des Spiels beträgt 8,99 (siehe Kasten). Auf lange Sicht kann man bei Spiel B jedes Mal 8.99 Franken Gewinn erwarten. Bei Spiel A dagegen resultiert ein Erwartungswert von minus 3,995; auf lange Sicht muss man also einen Verlust erwarten. Trotzdem entscheiden sich die meisten Menschen für Spiel A und den fast sicheren Verlust.

Hoher Jackpot, tiefe Gewinnchancen

Obschon der Erwartungswert im Lotto negativ ist, wirkt dort der Blendeffekt eines hohen Jackpots. Das Schweizer Lotto hat sogar das System

DER ERWARTUNGSWERT

Der Erwartungswert eines Spiels ergibt sich durch die Multiplikation des möglichen Gewinns minus den möglichen Verlust mit dessen Wahrscheinlichkeit. Der Erwartungswert von Spiel B beträgt also:

$$\frac{999 \times 10}{1000} - \frac{1 \times 1000}{1000} = 9,99 - 1 = 8,99$$

Der Erwartungswert von Spiel A dagegen beträgt:

$$\frac{1 \times 1000}{1000} - \frac{999 \times 5}{1000} = 1 - 4,995 = -3,995$$

geändert, um bei der Höhe des Jackpots wieder eher mit Euromillions mithalten zu können. Denn wegen des deutlich höheren Jackpots beim europäischen Konkurrenten spielen immer weniger Menschen Schweizer Lotto. Anfang 2013 hat die Schweizer Lottogesellschaft die Wahrscheinlichkeit, den Jackpot zu gewinnen, verkleinert: Neben den sechs Richtigen muss seither auch noch eine von sechs Glückszahlen richtig angekreuzt werden. Durch diesen Systemwechsel wurde der Jackpot höher, weil die Wahrscheinlichkeit, ihn zu knacken, von 1 zu 24 Millionen auf 1 zu 31 Millionen sank. Vom Blitz getroffen zu werden ist fast 100-mal, bei einem Verkehrsunfall zu sterben sogar einige 1000-mal wahrscheinlicher.

> **INFO** *Trotz der geringen Wahrscheinlichkeit gewinnt natürlich immer wieder jemand im Lotto. Seit dem Jahr 1979 wurden mit dem Schweizer Lotto (inklusive Joker) 926 Menschen zu Millionären, wie die Lottogesellschaft selber in einer Statistik per Juli 2018 auflistet. Allein im Jahr 2017 kamen 39 Lotto-Millionäre hinzu. Spitzenjahr war das Jahr 2007 mit 40 Lotto-Millionären.*

Alle Kombinationen spielen?

Erst ab einem Jackpot von rund 80 Millionen Franken würde es sich lohnen, alle möglichen Lotto-Kombinationen durchzuspielen. Also 15,5 Millionen Lottoscheine zu kaufen und darauf für fünf Franken zwei Tipps auszufüllen. Natürlich würden neben dem Jackpot auch noch alle kleineren Gewinne anfallen, sodass es sich theoretisch schon bei einem etwas tieferen Jackpot lohnen würde. Allerdings müsste der Lottogewinn auch versteuert werden, der Jackpot müsste also sogar noch höher sein, damit es sich lohnen würde, alle Kombinationen zu spielen. Und selbst dann könnten andere Lottospieler einem einen Strich durch die Rechnung machen. Allenfalls tippt nämlich noch jemand die richtigen Zahlen, und der Gewinn müsste geteilt werden. So wie am 18. Januar 1992, als zehn Gewinner sechs Richtige tippten – Rekord! Die Gewinnzahlen lauteten damals: 4 6 7 16 19 28.

Der grösste Lottogewinn aller Zeiten

Die Chancen standen 1 zu 292 Millionen, trotzdem teilten sich Anfang 2016 gleich drei Gewinner 1,6 Milliarden Dollar, den grössten Jackpot der Geschichte. Die drei Gewinner waren in Kalifornien, in Florida und in Tennessee zu Hause.
Beim Gewinner aus Tennessee handelte es sich um einen Lagerarbeiter und seine Ehefrau, die bei einem Dermatologen arbeitete. Der Presse sagte der Lagerarbeiter, dass sie beide nicht planten, ihre Jobs zu kündigen oder ein neues Haus zu kaufen. Aber ihre Tochter wünsche sich ein Pferd. Zudem wolle er die Hypothek auf dem Haus abzahlen und auch die Schulden, die sie wegen des Studiums der Tochter hätten.

Für alle Optimisten sei noch erwähnt, dass es auch Unwahrscheinlicheres als Lottogewinne gibt, etwa siebenmal von einem Blitz getroffen zu wer-

WAS TUN MIT DEM LOTTOGEWINN?

Längst nicht alle Lottogewinner gehen mit dem unverhofften Geldsegen sorgfältig um. Gemäss einer Studie der Camelot Group verlieren 44 Prozent innerhalb von fünf Jahren das ganze Geld wieder. Über 30 Prozent müssen gar Konkurs anmelden. In Befragungen von Lotteriegewinnern in den USA gaben nur 55 Prozent an, glücklicher zu sein als vor dem Geldsegen.

Brad Duke, der im Jahr 2005 im US-Lotto einen Check über 126 Millionen Dollar gewann, gab einen Einblick in das, was er mit dem Geld machte. Er gehört immer noch zu den Multi-millionären, ist also eher ein gutes Beispiel.

Zuerst musste Duke den Steuerbehörden 40 Millionen Dollar abliefern, den Rest investierte er gemäss eigenen Angaben wie folgt:

- Sichere Obligationen, vor allem Staats- und Gemeindeanleihen der USA:
  45 Millionen Dollar
- Aggressive Anlagen in Öl, Gas und Immobilien: 35 Millionen Dollar
- Gründung einer Familienstiftung: 1,3 Millionen Dollar
- Hypothek auf dem Haus zurückgezahlt: 125 000 Dollar
- Neue Fahrräder: 65 000 Dollar
- Reise nach Tahiti mit 17 Freunden: 63 000 Dollar
- Kredit zurückgezahlt: 18 000 Dollar
- Gebrauchten VW Jetta gekauft: 14 500 Dollar
- Jährliches Geschenk an jedes Familienmitglied: 12 000 Dollar

Man sieht, dass er eher kein Fan von Autos, dafür aber umso mehr von Fahrrädern ist.

den. Die Chancen dafür stehen bei 1 zu 16 Quadrillionen (eine Zahl mit 24 Nullen). Trotz der geringen Wahrscheinlichkeit ist dies dem Amerikaner Roy Cleveland Sullivan tatsächlich passiert; er wurde ins Guinnessbuch der Rekorde aufgenommen.

Tipp (nicht nur) für Lottogewinner

Falls Sie tatsächlich gewinnen: Engagieren Sie einen Finanzberater. Vielleicht ist er auch für die Vermögensverwaltung zuständig, aber vor allem als Abwehrwand sehr nützlich. Lottogewinner – und Menschen, die auf anderem Weg zu einem Vermögen kommen – werden von allen bedrängt: von Eltern, Geschwistern, Freundinnen, Nachbarn, Mitarbeitern, wohltätigen Organisationen und Fremden. Alle wollen etwas Geld. Einige werden danach fragen, andere werden es fordern, etwa mit dem Argument, sie hätten das Geld auch geteilt, wenn sie gewonnen hätten.

Es ist auch zu erwarten, dass Sie sehr viele Investitionsvorschläge erhalten: ein Restaurant eröffnen, ein Kino, ein Kulturlokal, eine Autovermietung, sich an einer Goldmine beteiligen. Solche Anfragen können der Anfang vom Ruin sein. Darum brauchen Lottogewinner einen Finanzberater, der als Airbag funktioniert. Wenn jemand nach Geld fragt, kann man ihn einfach weiterweisen: «Ruf meinen Berater an.» Dem Berater die Schuld zu geben, kann Vermögen, Freundschaften und das eigene seelische Wohlbefinden retten.

Finanzwissen

In diesem Kapitel lernen Sie die Grundlagen des erfolgreichen Investierens kennen. Danach können Sie Wahrscheinlichkeiten richtig einschätzen, kennen die Macht des Zinseszinses und wissen, warum höhere Renditen tendenziell mit höheren Risiken einhergehen. Zudem werden Ihnen die psychologischen Fallstricke beim Investieren bewusst sein, und Sie wissen, wie Sie damit umgehen können.

Wahrscheinlichkeitsrechnung und Anlage

Das Bauchgefühl täuscht oft, wenn Menschen Gefahren oder Chancen einschätzen. Viele überschätzen etwa das Risiko, einem Flugzeugabsturz zum Opfer zu fallen, und unterschätzen die Gefahr eines Autounfalls. Genauso wird die Chance für den Lotto-Jackpot oft über- und die Wahrscheinlichkeit von Börsengewinnen unterschätzt. Nach der Lektüre der folgenden Seiten werden Sie Wahrscheinlichkeiten besser beurteilen können und sowohl im Casino als auch bei der Vermögensverwaltung erfolgreicher sein.

Die Intuition lässt sich oft täuschen, wenn es darum geht, Wahrscheinlichkeiten einzuschätzen. Das veranschaulicht ein Beispiel aus dem Roulette:

AM 18. AUGUST 1913 landete die Roulettekugel im Casino von Monte Carlo über zwei Dutzend Mal auf Schwarz. Die Gäste sammelten sich um den Tisch und begannen auf Rot zu setzen. Denn Schwarz war jetzt schon so oft gekommen, dass unweigerlich als Nächstes bald Rot kommen musste. Aber es kam doch immer wieder Schwarz; insgesamt 26-mal hintereinander. Das Casino verdiente an diesem Abend ein Vermögen, weil die Zocker immer überzeugter immer höhere Beträge auf Rot setzten und die meisten beim 27. Mal, als endlich Rot kam, schon lange pleite waren.

Rot ist nie «fällig»

Tatsächlich ist die Wahrscheinlichkeit, dass auch nach dem 26. Mal Schwarz wieder Schwarz kommt, immer noch gleich hoch wie die Wahrscheinlichkeit, dass die Kugel auf Rot liegen bleibt. Aber intuitiv meinen die Spieler, Rot werde immer wahrscheinlicher. Ein Irrtum, der in der Wissenschaft «Monte Carlo Fallacy» oder «Maturität der Chancen» genannt wird. Gemeint ist der Fehlglaube, dass bei einer vorgegebenen

WIE GUT IST IHR FINANZWISSEN?

Sollten Anleger ihr Vermögen besser in ein einziges Wertpapier investieren oder in mehrere? Dies war eine von fünf Fragen, die weltweit 150 000 Menschen gestellt wurde, um das Finanzwissen zu beurteilen (Umfrage des Finanzdienstleisters McGraw Hill Financial in Zusammenarbeit mit dem Meinungsforschungsinstitut Gallup).

Auch in der Schweiz wussten viele Befragte die richtige Antwort nicht – nämlich, dass es besser ist, in mehrere Wertpapiere zu investieren. Nur 57 Prozent konnten drei der fünf Fragen richtig beantworten. Am besten von allen Ländern schnitten die Norweger, Finnen und Schweden ab, wo jeweils 71 Prozent der Befragten drei richtige Antworten schafften. In China dagegen lagen nur 28 Prozent bei drei der fünf Fragen richtig.

Die weiteren vier Fragen:

1. Die Preise der Güter, die Sie kaufen, verdoppeln sich in den kommenden zehn Jahren. Wenn sich Ihr Einkommen im selben Zeitraum auch verdoppelt, wie viel werden Sie dann kaufen können?
   a) Weniger als heute
   b) Genauso viel wie heute
   c) Mehr als heute
2. Angenommen, Sie müssen sich 100 Franken leihen. Bei welcher Bank würden Sie sich das Geld leihen?
   a) Bei Bank A, wo Sie 105 Franken zurückzahlen müssen
   b) Bei Bank B, wo Sie 100 Franken plus drei Prozent zurückzahlen müssen
3. Sie legen Ihr Geld zwei Jahre auf ein Bankkonto und erhalten dafür 15 Prozent pro Jahr. Wie viel Zins überweist Ihnen die Bank im zweiten Jahr?
   a) Mehr als im ersten Jahr
   b) Den gleichen Betrag wie im ersten Jahr
4. Sie haben 100 Franken auf Ihrem Sparkonto und die Bank fügt jedes Jahr 10 Prozent dazu. Wie viel Geld liegt nach fünf Jahren auf dem Konto?
   a) Mehr als 150 Franken
   b) Genau 150 Franken
   c) Weniger als 150 Franken

Wie viele Fragen können Sie richtig beantworten?

Lösung: 1 B, 2 B, 3 A, 4 A

Wahrscheinlichkeit von zwei Ereignissen, wenn das eine einige Male eingetreten ist, das andere irgendwie «reif» sei.

Auch bei Aktienanlagen gibt es eine Art «Monte Carlo Fallacy»: Die Anleger glauben, ein Aktienkurs müsse wieder mal fallen, nur weil er zuvor stark gestiegen ist. Oft hört man dann, es sei jetzt eine Kurskorrektur fällig. Umgekehrtes gilt für Titel, die lange gefallen sind; dies kann bei Anlegern das Gefühl auslösen, dass die Kurse wieder mal steigen müssten.

Die Chancen von Aussenseitern werden überschätzt

Mathematiker haben sich oft mit Wettspielen auseinandergesetzt, sodass die Zocker sozusagen Paten der Wahrscheinlichkeitsrechnung wurden (siehe auch den nebenstehenden Kasten). Das gilt nicht nur für Roulette, sondern etwa auch für Pferdewetten. Dort konnten Mathematiker berechnen, dass die Gewinnchancen von Aussenseitern meist überschätzt werden. Das führt dazu, dass ihre Gewinnquoten tiefer sind, als sie gemäss ihren Siegeschancen sein sollten. Mathematisch lohnt es sich also nicht, auf Aussenseiter zu setzen. Erklärt wird das damit, dass Menschen eher auf überraschende Ereignisse fokussieren und in der Folge deren Wahrscheinlichkeit überschätzen.

Wahrscheinlichkeiten berechnen

Weil Wahrscheinlichkeiten oft falsch eingeschätzt werden, ist es von Vorteil, sie objektiv berechnen zu können. Die Grundformel dazu lautet immer: Richtige geteilt durch Mögliche. Auf die Berechnung der Wahrscheinlichkeit für den Lotto-Jackpot angewendet: Es gibt eine richtige Kombination, die den Jackpot gewinnt, und rund 31 Millionen mögliche Kombinationen, die getippt werden könnten.

Die Schwierigkeit beim Lotto ist die Berechnung der Anzahl möglicher Kombinationen. Oft ist die Berechnung aber relativ einfach, zum Beispiel beim Risiko eines Flugzeugabsturzes – das, wie die Wahrscheinlichkeit, den Jackpot zu gewinnen, intuitiv überschätzt wird.

IM JAHR 2015 zum Beispiel fanden 37,6 Millionen Flugbewegungen statt, im gleichen Jahr verunglückten 12 Flugzeuge. Die Wahrscheinlichkeit eines Flugzeugabsturzes beträgt also:

$$\frac{12}{37{,}6 \text{ Millionen}} = 0{,}000032\,\%$$

Mit anderen Worten: Die Wahrscheinlichkeit eines Flugzeugabsturzes beträgt 1 zu 3,13 Millionen.

VIER TIPPS VON MATHEMATIKERN FÜR ZOCKER

Der Münzwurf

Eine Forschungsgruppe um Persi Diaconis, Professor an der Stanford University, hat sich mit dem Münzwurf beschäftigt. Die Forscher haben herausgefunden, dass die Münze bei 51 von 100 Würfen auf der Seite landet, mit der sie beim Start auf der Hand lag. Es komme dabei nicht darauf an, wie stark der Wurf sei, sagt Diaconis in einem YouTube-Video, in dem er die Überlegungen und Berechnungen seiner Forschergruppe erklärt (www.youtube.com → suchen: «How random is a coin toss? – Numberphile»). Achten Sie bei Wetten mit Münzwurf also darauf, welche Seite der Münze auf der Hand liegt, und wetten Sie auf diese Seite.

Schere, Stein, Papier

Sogar dem Kinderspiel «Schere, Stein, Papier» haben sich die Mathematiker gewidmet. Sie fanden heraus, dass die Gewinner dazu tendieren, ihre Strategie zu wiederholen. Wer also mit «Schere» gewonnen hat, versucht es nochmals mit «Schere». Da Sie von dieser höheren Wahrscheinlichkeit wissen, wissen Sie auch, was Sie wählen müssen, wenn Sie in der ersten Runde verloren haben. In diesem Fall «Stein», denn das schlägt «Schere».

Geldspiele

Wenn um Geld gespielt wird – so haben Mathematiker festgestellt –, haben Menschen die Tendenz, nach Gewinnen den Einsatz zu erhöhen. Doch wenn sie verlieren, wird der Einsatz nicht gesenkt. Mathematisch liess sich zeigen, dass diese Tendenz immer zum Bankrott führen muss. Wenn Sie beim Zocken verlieren, sollten Sie also den Einsatz verringern.

Black Jack

Wenn Sie im Casino spielen, dann am besten Black Jack. Wenn Sie dort eine optimale Strategie wählen, liegt der Bankvorteil (der Vorteil des Casinos) nur bei einem Prozent. Beim Roulette beträgt er 2,7 Prozent, bei den Spielautomaten durchschnittlich gar fünf Prozent.

---

66 %
Wahrscheinlichkeit einer positiven Rendite bei diversifizierten 1-Jahres-Anlagen in Schweizer Aktien

85 %
Wahrscheinlichkeit einer positiven Rendite bei diversifizierten 10-Jahres-Anlagen in Schweizer Aktien

97 %
Wahrscheinlichkeit einer positiven Rendite bei diversifizierten 20-Jahres-Anlagen in Schweizer Aktien

Quelle: UBS

Die Gefahren von Aktien werden überschätzt

Auch bei Aktienanlagen werden die Risiken häufig überschätzt. Eine der Ursachen liegt auch hier darin, dass über einen Börsencrash viel intensiver berichtet wird als über alle anderen Tage, an denen die Börsenkurse steigen. Die Grossbank UBS hat die Wahrscheinlichkeiten berechnet, mit Schweizer Aktien zu gewinnen. Je länger der Anlagezeitraum, desto höher wird diese Wahrscheinlichkeit. Wer über einen Zeitraum von 20 Jahren Geld in einen diversifizierten Korb von Schweizer Aktien anlegt, kann fast sicher sein, am Ende mehr zu haben (siehe Grafik).

FAZIT

Das Bauchgefühl täuscht bei der Einschätzung von Risiken oft. Das gilt auch für Risiken im Umgang mit Geld. Deshalb lohnt sich der Versuch, die Risiken objektiv zu berechnen.

Zins und Rendite

Nach Lektüre der folgenden Seiten werden Sie verstehen, welch unerhörte Macht der Zinseszins hat, und Sie werden eine Faustregel kennen, mit der Sie dessen Auswirkungen auf Ihr Vermögen einfach berechnen können.

Tatsächlich lohnt es sich, selbst auf kleinste Zinsdifferenzen zu achten, weil diese einen grossen Unterschied ausmachen.

Ebenso lohnt es sich, die Verkaufsargumente von Vermögensverwaltern kritisch zu hinterfragen, denn diese argumentieren gern mit täuschenden Grafiken.

Die Macht des Zinseszinses

Selbst einfachste Zinsrechnungen überfordern viele Menschen. Wie viel Geld erhalten Sie nach einem Jahr zurück, wenn Sie 100 Euro zu einem Zinssatz von zwei Prozent anlegen?

Diese Frage wurde je tausend Menschen in verschiedenen europäischen Ländern gestellt. Selbst in Irland, wo am meisten Befragte richtig antworteten, lagen immer noch 24 Prozent falsch. Dabei ist die Rechnung einfach:

$$100 \times \left(1 + \frac{\text{Zinssatz}}{100}\right) = 100 \times \left(1 + \frac{2}{100}\right) = 100 \times 1{,}02 = 102$$

Kleine Zinsdifferenz – grosser Unterschied

Wenn schon einfachste Zinsrechnungen viele überfordern, dann ist der Zinseszinseffekt wohl für noch mehr Menschen nicht zu bewältigen. Auch wer die Zinsen berechnen kann, unterschätzt meist den Effekt, der aus kleinen Beträgen über lange Zeiträume ein grosses Vermögen entstehen lässt. Dieser Effekt ist der Hauptgrund dafür, dass es sich auszahlt, schon in möglichst jungen Jahren mit Sparen zu beginnen, auch wenn es nur kleine Beträge sind.

WER SEINEN URENKELN einen Gefallen tun will, könnte 10 000 Franken auf die Seite legen und in einen breit diversifizierten Aktienkorb oder in einen entsprechenden Fonds investieren. Mit einer durchschnittlichen Rendite von acht Prozent, wie sie in den vergangenen 100 Jahren möglich war, werden daraus in 100 Jahren rund 22 Millionen Franken. Mit sechs Prozent werden es immerhin noch rund 3,4 Millionen Franken, mit vier Prozent resultieren rund 0,5 Millionen Franken.

Das Beispiel zeigt auch, dass aus kleinen Zinsdifferenzen über einen langen Zeitraum grosse Unterschiede beim Endvermögen resultieren. Nur zwei Prozentpunkte Differenz entscheiden darüber, ob in 100 Jahren aus den 10 000 Franken 22 Millionen oder 3,4 Millionen Franken werden.

Deshalb gilt es, beim Anlegen auf kleinste Zinsdifferenzen zu achten – und insbesondere auch auf die Bankkosten, die oft jährlich in Prozenten des Vermögens anfallen. Wenn die eine Bank Ihnen ein Prozent verrechnet, die andere aber nur ein halbes, bedeutet das einen grossen Unterschied beim Endvermögen.

NOCH EINMAL DAS BEISPIEL mit einem Anfangsvermögen von 10 000 Franken und einer Rendite von acht Prozent: Bei Kosten von einem halben Prozent wird daraus netto ein Vermögen von 13,8 Millionen. Die Bank verdient also mit dem halben Prozent 8,2 Millionen Franken (22 Millionen minus 13,8 Millionen). Bei Kosten von einem Prozent werden aus dem Anfangsvermögen noch 8,7 Millionen Franken.

Faustregel für die Zinseszinsrechnung

Intuitiv errechenbar ist der Zinseszinseffekt kaum. Aber mit einer Faustregel lässt er sich abschätzen: mit der 72er-Regel. Wenn Sie die Zahl 72 durch den Zinssatz teilen, den Sie bekommen, wissen Sie, wie lange es dauert, bis sich das Anfangsvermögen verdoppelt. Bei einem Zinssatz von 7,2 Prozent dauert es rund zehn Jahre, bis sich Ihre Anfangsinvestition verdoppelt (72 geteilt durch 7,2), bei einem Zinssatz von vier Prozent 18 Jahre (72 geteilt durch 4). Und bei den aktuell sehr tiefen Sparzinsen dauert es ewig: Bei einem Zinssatz von 0,1 Prozent verdoppelt sich das Vermögen gemäss der Faustregel in 720 Jahren (72 geteilt durch 0,1).

Achtung: Falscher Eindruck

Weil Zinseszins und Renditeentwicklungen so schwierig einzuschätzen sind, ist auch bei grafischen Darstellungen Vorsicht geboten. Oft vermitteln sie ein falsches Bild von einer Vermögens- oder Aktienkurs-Entwicklung. Ein Beispiel zur Verdeutlichung: In der Grafik «Aktienkurs-Entwicklung linear» scheint es, als würde der (hypothetische) Aktienkurs über die Jahre immer rasanter nach oben schiessen. Die Grafik legt sogar nahe, dass sich die Entwicklung mit den Jahren beschleunigt. Wenn Sie nur in einem einzigen Jahr während des abgebildeten Zeitraums investieren könnten, würden Sie aufgrund dieser Grafik wohl eines aus dem Zeitraum 2019 bis 2022 wählen. Sicher eher als ein Jahr zwischen 2013 und 2016, als sich der Wert der Aktie kaum nach oben zu entwickeln schien.

Ein ganz anderes Bild aber zeigt die Grafik der jährlichen Wachstumsraten derselben Aktie oder der Renditen pro Jahr (siehe nächste Seite). Danach wären die Anleger im Jahr 2018 am besten gefahren. Damals lag die Rendite bei fast 80 Prozent, höher als in jedem anderen Jahr. Auch die verschmähten Jahre 2013 bis 2016 waren gar nicht so schlecht, zumindest besser als das Jahr 2022.

AKTIENKURS-ENTWICKLUNG LINEAR

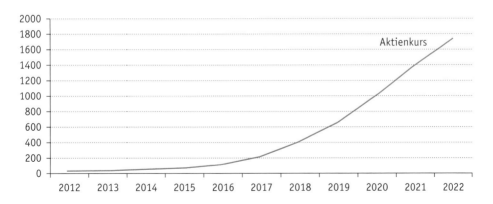

In der Grafik sieht es aus, als würde der Aktienkurs zuerst langsam steigen und später immer schneller nach oben schiessen.

RENDITE PRO JAHR

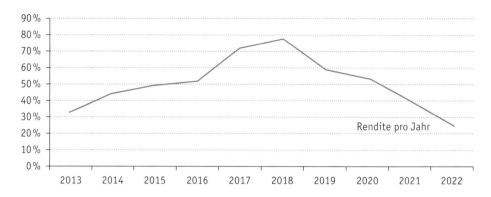

Schaut man die jährlichen Wachstumsraten (die jährlichen Renditen) an, verändert sich das Bild völlig. Nun zeigt sich, dass der Kurs der Aktie im Jahr 2017 prozentual am meisten zugelegt hat.

In der linearen Darstellung der Kursentwicklung lassen sich Wachstumsraten, Renditen und Zinseffekte schlecht beurteilen. Besser ist es, die Wachstumsraten pro Jahr anzuschauen. Oder man wählt eine logarithmische Darstellung (siehe nächste Seite). Während in der linearen Darstellung die absoluten Abstände der Wertentwicklung konstant sind, sind es bei der logarithmischen Skala die prozentualen Abstände. Das heisst: Bei der linearen Darstellungsform sind die Abstände zwischen den Aktienkursen 200 und 400 sowie zwischen 400 und 600 gleich gross. Auf der logarithmischen Skala dagegen sind die Abstände pro Verzehnfachung des Kurses gleich, also zwischen 10 und 100 sowie zwischen 100 und 1000.

In dieser Darstellung – die der Realität weit besser entspricht – sieht die Aktienkurs-Entwicklung weniger berauschend aus. Hier ist eher zu erkennen, dass von der Rendite her die letzten drei Jahre gar nicht die besten waren. Es ist auch einfacher zu sehen, dass die Renditen in den Anfangsjahren viel höher waren, als die lineare Skala suggeriert.

TIPP *Passen Sie auf, wenn Ihnen jemand ein Finanzprodukt verkaufen will, das angeblich super ist und sich in den vergangenen Jahren immer besser entwickelt hat. Wird Ihnen die*

AKTIENKURS-ENTWICKLUNG IN DER LOGARITHMISCHEN DARSTELLUNG

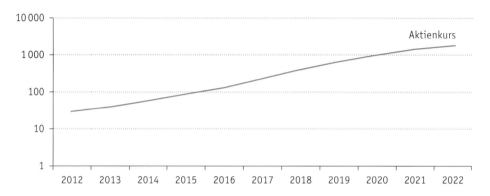

In der logarithmischen Darstellung wird klarer, dass die Wachstumsraten des Aktienkurses nicht zuerst tief und erst später hoch sind.

Wertentwicklung nur in einer linearen Darstellung gezeigt, sollten Sie unbedingt auch nach der logarithmischen Darstellung und den jährlichen Renditen fragen.

Positive Durchschnittsrendite, trotzdem Geld verloren

Eine Durchschnittsrendite lässt sich mit zwei Methoden berechnen: arithmetisch und geometrisch. Die arithmetische Methode ist die bekanntere, hier ein Beispiel:

EINE AKTIE VERLIERT im ersten Jahr 50 Prozent, im zweiten Jahr gewinnt sie 50 Prozent und im dritten Jahr steigt sie um 10 Prozent. Das arithmetische Mittel berechnet sich aus der Summe der drei Renditen, geteilt durch die Anzahl der Renditen:

$$\frac{(-50 + 50 + 10)}{3} = 3,3\,\%$$

43

Die Macht des Zinses

*Wenn einer Ihrer Urvorfahren zum Anlass der Geburt
von Jesus Christus im Jahr 0 das Äquivalent von einem
Franken zur Seite gelegt und bis heute zu einem Zinssatz von
durchschnittlich einem Prozent angelegt hätte, wäre daraus
mehr als eine halbe Milliarde Franken geworden.*

Anleger würden also davon ausgehen, dass aus 100 in die Aktie investierten Franken jährlich im Schnitt 3,3 Prozent mehr werden oder einfacher: dass sie am Schluss rund 110 Franken besitzen. Die Aktie hat ja 50 Prozent verloren, dann wieder 50 Prozent gewonnen und dann noch einmal 10 Prozent zugelegt. Dem ist aber nicht so.

VON DEN 100 FRANKEN, die am Anfang investiert wurden, sind nach einem Jahr noch 50 Franken übrig; es resultierte ja ein Verlust von 50 Prozent. Danach legt die Aktie zwar wieder 50 Prozent zu, aber diese sind auf den 50 noch übrig gebliebenen Franken zu berechnen, also kommen nur 25 Franken hinzu. So bleibt nach zwei Jahren ein Betrag von 75 Franken. Anschliessend gewinnt die Aktie noch einmal 10 Prozent, also 7.50 Franken, was zu einem Endbetrag von 82.50 Franken führt. Die Anleger haben mit der Aktie also Geld verloren, obwohl das arithmetische Mittel der jährlichen Rendite 3,3 Prozent beträgt.

Korrekte Berechnung der Durchschnittsrendite: das geometrische Mittel

Das arithmetische Mittel ist keine gute Methode, um eine Anlage zu beurteilen. Besser und korrekt ist das geometrische Mittel, das wie folgt berechnet wird:

■ Zuerst müssen die Prozentsätze in Faktoren umgeschrieben werden. Ein Minus von 50 Prozent wird als Faktor 0,5 geschrieben (1 − 0,5), ein Plus von 50 Prozent als 1,5 (1 + 0,5) und ein Plus von 10 Prozent als 1,1 (1 + 0,1).

■ Dann werden die einzelnen Faktoren multipliziert: $0{,}5 \times 1{,}5 \times 1{,}1 = 0{,}825$

■ Aus dem Resultat wird die dritte Wurzel gezogen. Die dritte Wurzel, weil es im Beispiel drei Faktoren zu mitteln gilt. Wären es zehn Faktoren, würde die zehnte Wurzel daraus gezogen: 0,825 hoch ⅓ = 0,937

■ Vom Resultat wird eins abgezogen, und schliesslich wird mit 100 multipliziert, um von den Faktoren wieder auf Prozent zu kommen: $(0{,}937 - 1) \times 100 = -6{,}3\,\%$

Als Ergebnis resultiert im obigen Beispiel ein geometrisches Mittel der Rendite von minus 6,3 Prozent pro Jahr. Im Schnitt verliert die Anlage also 6,3 Prozent pro Jahr.

TIPP *Verkäufer von Finanzprodukten können versucht sein, Ihnen im Verkaufsgespräch das arithmetische Mittel vorzuführen. Die Versuchung ist gross, weil das arithmetische Mittel immer grösser oder gleich dem geometrischen Mittel ist. Fragen Sie also nach, ob Sie die Durchschnittsrendite sehen können, die als geometrisches Mittel berechnet wurde.*

FAZIT

Der Zinseszinseffekt ist mit dem Bauchgefühl kaum fassbar. Die 72er-Regel hilft, den Effekt zu quantifizieren. Selbst kleine Zinsdifferenzen bewirken über lange Zeiträume grosse Unterschiede beim Endvermögen.

Sicherheit gegen Rendite

**Lernen Sie den Zusammenhang von Risiko und Rendite kennen.
Das wird Ihnen helfen, die Anlagemöglichkeiten für Ihr Vermögen
besser einzuschätzen. Nach der Lektüre der folgenden Seiten
wissen Sie auch, dass selbst Anlageprofis in der kurzen Frist kaum
erfolgreich voraussagen können, ob Aktien steigen oder fallen.
Sie werden sich also nicht mehr blenden lassen.**

Sie wollen viel Rendite erzielen, aber kein Risiko eingehen. Leider ist das
noch weniger realistisch, als dass Sie den Jackpot im Lotto knacken. Wenn
Ihnen jemand ein Produkt anbietet, das diesen Wunsch erfüllt, gilt: Seien
Sie äusserst skeptisch, lesen Sie zuerst «Achtung, Betrüger!» auf Seite 222.

Der Zusammenhang von Rendite und Risiko ist in der langen Frist
eindeutig: Je mehr Rendite langfristig zu erwarten ist, desto höher ist das
Risiko, das man dafür in Kauf nehmen muss. Risiko wird in der Finanzwelt
meist anhand der Volatilität gemessen, die die Kursschwankungen einer
Anlage beziffert. Wenn Sie also hohe Renditen wollen, müssen Sie damit
umgehen können, dass Ihre Anlagen in der kurzen und mittleren Frist auch
mal viel an Wert verlieren. Bei Aktien etwa können die Verluste 50 Prozent betragen, wie zum Beispiel in der Finanzkrise von 2007 bis 2009
geschehen. In der langen Frist zahlt sich das Risiko aber meist aus.

Rendite und Risiko, zum Beispiel von Schweizer Aktien

Konkret heisst das für Schweizer Aktien: Sie haben seit 1990 durchschnittlich 12 Prozent pro Jahr zugelegt. Allerdings schwankten die Kurse stark,
sodass in jedem Jahr auch mit einem Verlust von über 20 Prozent gerechnet werden musste (siehe Grafik). Solche Verluste müssen Sie als Anleger
oder Anlegerin dann aushalten können und dürfen nicht im dümmsten
Moment, im Tief, verkaufen.

Sicherer waren Schweizer Immobilien, bei denen Sie in der Vergangenheit nur mit maximalen jährlichen Kursverlusten von 8 Prozent rechnen

RENDITE UND RISIKO VERSCHIEDENER ANLAGEKLASSEN SEIT 1990

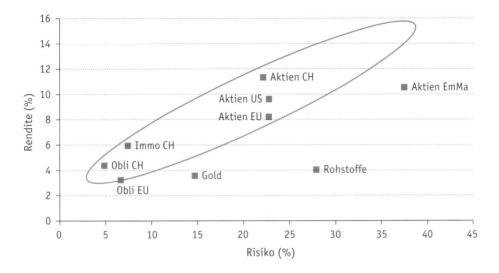

In der Zeitspanne seit dem Jahr 1990 haben Schweizer Aktien eine jährliche Rendite von knapp 12 Prozent erreicht, bei einem Risiko von etwas über 22 Prozent. Vereinfacht gesagt, müssen Sie damit rechnen, dass Schweizer Aktien in einem Jahr über 20 Prozent an Wert verlieren können.

EmMa: Emerging Markets = Aktien von Unternehmen aus aufstrebenden Ländern wie Indien und China

Quelle: Hinder Asset Management, Fintool

mussten. Dafür war die jährliche Rendite mit rund 6 Prozent auch deutlich tiefer als bei Schweizer Aktien.

Effiziente Anlageklassen

In der Grafik sind die relativ effizienten Anlageklassen mit einer roten Ellipse markiert. Die anderen Anlageklassen waren in der Vergangenheit weniger effizient. Das heisst, es gab für die Anlageklassen ausserhalb der Ellipse andere Investitionsmöglichkeiten, die die gleiche Rendite mit deutlich weniger Risiko brachten. Anstatt in Gold hätten Schweizer Investoren besser in europäische Obligationen investiert. Sie hätten damit die gleichen Renditen bekommen, aber deutlich weniger Kursschwankungen in Kauf nehmen müssen.

Das soll nicht falsch verstanden werden: Es kann durchaus sein, dass es sich in der Zukunft sehr wohl lohnt, in Gold zu investieren. Die Grafik gibt nur wieder, was in der Vergangenheit war, nicht was die Zukunft bringt. Gut möglich, dass Gold in den nächsten zehn Jahren bessere Renditen abwirft als europäische Obligationen. Mit Sicherheit kann das niemand sagen, genauso wie niemand sagen kann, ob schon bald ein Börsencrash kommt.

Vergangene Gewinne lassen nicht auf künftige schliessen

Das ist die Krux: Börsenkurse und der Wert bestimmter Anlagen brechen immer mal wieder zusammen, das ist unvermeidlich. Denn die Menschen setzen meist zu sehr auf das, was in der Vergangenheit gute Renditen brachte. Das kann so absurd enden wie der Tulpencrash im 17. Jahrhundert. Tulpen waren damals sehr begehrte Investitionsobjekte; im Höchst kostete eine einzige Tulpe so viel wie ein ganzes Haus in Amsterdam (siehe auch den Exkurs auf Seite 125). Eigentlich logisch, dass der Hype einbrechen musste; rechtzeitig vorausgesehen hatten das trotzdem die wenigsten. Erst im Nachhinein war allen sonnenklar, dass die Preise nicht haltbar waren.

Wann kommt der nächste Börsencrash?

Selbst Profis und brillante Ökonomen sehen Börsencrashs nicht rechtzeitig voraus. John Maynard Keynes, einer der bedeutendsten Ökonomen des 20. Jahrhunderts und Meister der praktischen Finanzwissenschaft, war am Ende der Roaring Twenties so schlecht auf den darauffolgenden Börsensturz vorbereitet wie jeder andere auch. Er verlor sehr viel Geld. Gemäss dem Nobelpreisträger Paul Samuelson sagte ihm der Wirtschaftswissenschaftler Philip Sergeant: «The investment trust of Keynes and Dennis Robertson managed to lose my fortune in 1929.» (Keynes schaffte es im Jahr 1929, mein Vermögen zu verlieren.)

In der langen Frist sind Prognosen möglich

Auch wenn es immer wieder unvorhersehbare Kursstürze an der Börse gibt, lassen sich bezüglich der Renditen der einzelnen Anlageklassen einige langfristige Aussagen machen, insbesondere zum Verhältnis von Aktien und Obligationen: Aktien werden auch weiterhin mehr Rendite bringen und risikoreicher bleiben als Obligationen. Mehr Rendite etwa, weil Aktionäre Mitbesitzer einer Firma sind und an deren Erfolg nach oben unbegrenzt partizipieren, während Obligationäre nur Kreditgeber sind und maximal die vereinbarten Kreditzinsen erhalten. Mehr Risiko, weil Aktionäre mit ihrem in eine Firma investierten Vermögen auch für die Kredite der Obligationäre haften.

Nun könnte ein Investor mit sehr langem Zeithorizont zum Schluss kommen, sein ganzes Vermögen in Aktien zu investieren. Das ist schon deshalb nicht zu empfehlen, weil die Verluste bei Aktien zwischenzeitlich

DER JAPANISCHE AKTIENMARKT

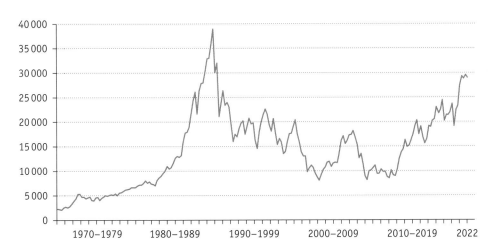

Der japanische Aktienmarkt, gemessen am japanischen Leitaktienindex Nikkei 225, hatte den Höchststand Ende der 80er-Jahre erreicht. Seither konnte er diesen Stand nicht mehr erreichen, auch über 30 Jahre später nicht.

Quelle: Bloomberg

49

sehr gross sein können. Und eine solche Zwischenzeit kann sehr lange dauern, wie das Beispiel des japanischen Aktienindex Nikkei 225 zeigt (siehe Grafik auf der vorangehenden Seite). Dieser Aktienindex erreichte seinen Höchstwert im Jahr 1989, brach dann ein und ist heute noch weit von der Höchstmarke entfernt. Manchmal können Erwartungen in einen bestimmten Aktienmarkt also enttäuscht werden. Auch der Schweizer Aktienmarkt ist nicht unbedingt davor gefeit.

Mit Aktien sind Investoren bisher aber langfristig fast immer sehr gut gefahren, auch wenn die Wertpapiere immer wieder totgesagt werden. Etwa nach dem Aktienmarkteinbruch 1974, als Schweizer Aktien rund ein Drittel ihres Wertes verloren, britische Aktien gar zwei Drittel. Allerdings wurden die Pessimisten schnell eines anderen belehrt, als bereits im folgenden Jahr 1975 Schweizer Aktien 47 Prozent gewannen und damit eines der besten Jahre überhaupt hatten.

FAZIT

In der kurzen Frist können künftige Anlagegewinne kaum vorhergesagt werden. Auf lange Sicht ist dies deutlich besser möglich: Aktien sind langfristig – über einen Zeitraum von zehn Jahren und mehr – fast immer ein gutes Investment.

Diversifikation

Auf den folgenden Seiten lesen Sie, warum es besser ist, in mehrere Anlageklassen und in viele verschiedene Einzelaktien zu investieren. Dadurch werden Sie nicht nur weniger Risiken eingehen, sondern über die Jahre auch mehr Gewinn erzielen.

Plötzlich wurde es unruhig im Ballsaal des Zürcher Nobelhotels Dolder Grand. Es war der 15. Januar 2015, gerade erst halb elf Uhr morgens. Ein Schweizer Finanzdienstleister hatte Branchenexperten zu Vorträgen über Innovationen in der Finanzindustrie eingeladen. Immer mehr Zuhörer standen auf, griffen zu ihren Mobiltelefonen und verliessen den Saal. Kurz zuvor hatte die Schweizerische Nationalbank bekannt gegeben, dass sie die Untergrenze von 1.20 Franken pro Euro nicht länger verteidigen werde.

Darauf schoss der Wert des Frankens derart in die Höhe, dass ein Euro zeitweise keine 90 Rappen mehr wert war. Gleichzeitig verlor der Schweizer Leitaktienindex SMI rund 14 Prozent, so viel wie noch nie an einem Tag. Der höchste Tagesverlust bis dahin datierte vom 16. Oktober 1989 mit einem Minus von 10,5 Prozent.

Bis zum Börsenschluss erholten sich die Schweizer Börsenkurse dann nochmals leicht, und der SMI beendete den Tag mit dem zweithöchsten Verlust seiner Geschichte: einem Minus von 8,7 Prozent. Ein happiger Verlust, aber Anleger, die vor allem in Aktien der Swatch Group investiert gewesen waren, hatten wirklich Pech: Sie verloren gar 16,35 Prozent. Auch die Aktien des anderen exportorientierten Luxusgüterkonzerns Richemont büssten 15,5 Prozent ein. Beide Firmen gehören zu den 20 Titeln im Schweizer Leitaktienindex SMI.

Glück hatten hingegen jene, die an diesem Tag in Swisscom-Aktien investiert hatten. Die Titel der Telekomfirma schlugen sich am besten von allen im SMI und gewannen ein Prozent. Der Grund: Die Swisscom verkauft ihre Produkte und Dienstleistungen hauptsächlich im Inland, während sie durchaus Leistungen und Produkte aus dem Euroland bezieht. Daher profitiert die Swisscom sogar, wenn der Franken steigt und sie in Euroland günstiger einkaufen kann.

Die Kurse von Einzelaktien schwanken stärker als der Markt

Das Beispiel vom 15. Januar zeigt, dass die Kurse von Einzeltiteln viel stärker schwanken als ein ganzer Korb von Aktien, wie ihn der Index SMI abbildet (im SMI sind die grössten und am meisten gehandelten Schweizer Aktien zusammengefasst). Das zeigt sich auch in den Kursentwicklungen über längere Zeit, zum Beispiel über die drei Jahre von Herbst 2013 bis Herbst 2016 (siehe unten stehende Grafik). Die einzelnen Titel schwanken um den SMI herum, während dieser sich viel stabiler entwickelt (fette, blaue Linie).

DER MARKT IST STABILER ALS EINZELAKTIEN

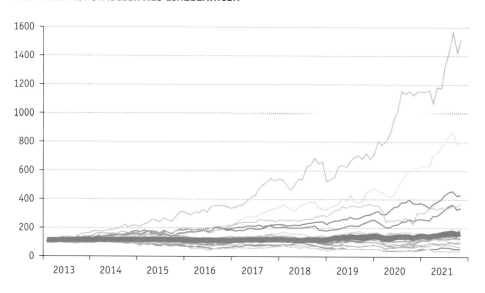

Während sich der Schweizer Leitaktienindex SMI – hier fett und blau gekennzeichnet – von Anfang 2013 bis 2021 relativ stabil aufwärts entwickelte (+63,8 Prozent), schwankten die Kurse der einzelnen Aktien im SMI stark. Anleger hatten Glück mit Lonza (Kurs rund verfünfzehnfacht) und Sika (Kurs rund verachtfacht), aber Pech mit Aktien von Credit Suisse (zwei Drittel an Wert verloren), Swatch (Kurs halbiert) und Holcim (ein Drittel verloren).

Quelle: Bloomberg

Das grosse Risiko von Einzelaktien an einem Beispiel

Die Kursschwankungen der einzelnen Aktien im Index gleichen sich teilweise aus: Während einer der 20 Titel im SMI steigt, fällt ein anderer. Der Clou daran: Der langfristige Trend nach oben bleibt. Dagegen können Sie mit Einzelaktien auch langfristig viel Pech haben, wie in der Grafik auf dieser Seite zu sehen ist, in der die Titel der Zurich Insurance mit dem Aktienindex SMI verglichen werden. Während der SMI seit Anfang 2000 mehr als 25 Prozent an Wert gewonnen hat, verloren die Aktien der Zurich Insurance rund 50 Prozent.

Da Sie als Privatanleger, Privatanlegerin – wie auch die Profis – kaum wissen, welche Titel sich langfristig besser entwickeln als ein Korb von Aktien, wie ihn der Index SMI abbildet, ist es besser, gleich ein ganzes

DIE AKTIEN DER ZURICH INSURANCE

Der Aktienkurs der Zurich Insurance (rote Kurve) ist nie mehr annähernd auf sein Höchstniveau gekommen, das er um die Jahrtausendwende erreicht hatte. Im Gegensatz dazu hat der Kurs des Aktienindex SMI neue Höhen erklommen (blaue Kurve). Während der SMI seit Anfang 2000 rund 75 Prozent gewonnen hat, verloren die Aktien der Zurich Insurance rund ein Drittel an Wert.

Quelle: Bloomberg

Paket Aktien zu kaufen. Dazu müssen Sie nicht unbedingt diejenigen Titel kaufen, die im SMI abgebildet sind. Es würde auch funktionieren, wenn Sie eine bestimmte Anzahl Einzelaktien kaufen. Allerdings nicht lauter Titel aus der gleichen Branche, etwa der Luxusgüterindustrie, sondern über verschiedene Branchen und möglichst auch über verschiedene Länder gestreut.

Es braucht gar nicht so viele Aktien

Bei einer guten Streuung über die Branchen können schon 12 bis 18 verschiedene Aktien reichen. Um eine wirklich gute Branchendiversifikation zu erreichen, können dann aber doch 20 bis 30 Einzeltitel sinnvoll sein. Mit noch mehr Titeln nimmt das Risiko, gemessen an den Wertschwankungen des resultierenden Aktienkorbs, zwar weiter ab, aber nicht mehr viel, wie folgende Grafik veranschaulicht.

MIT JEDER ZUSÄTZLICHEN AKTIE NIMMT DAS GESAMTRISIKO AB

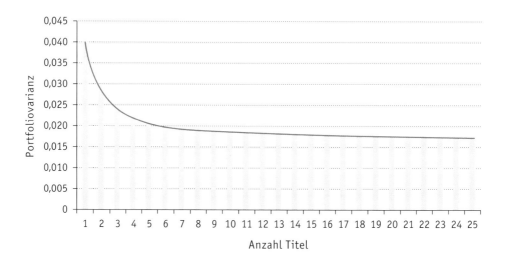

Wenn Sie Ihr ganzes Vermögen in eine einzige Aktie investieren, ist das Verlustrisiko (hier gemessen mit der finanzstatistischen Varianz) relativ hoch. Mit einer zweiten Aktie senken Sie das Risiko schon beträchtlich. Mit jeder zusätzlichen Aktie sinkt das Risiko weiter.

Quelle: Fintool

Allerdings lässt sich mit zusätzlichen Aktien nur das firmenspezifische Risiko senken – Ende 1999 zum Beispiel die Gefahr, sehr viel Geld zu verlieren, wenn das ganze Vermögen in Aktien der Zurich Insurance investiert war. Für einen Anleger, der damals in zwei Aktien investiert hatte, war zumindest nur die Hälfte des Vermögens von den Kursverlusten betroffen. Das Risiko von allgemeinen Börseneinbrüchen, etwa des Börsencrashs in der Folge der Finanzkrise von 2007, lässt sich dagegen nicht wegdiversifizieren.

Nicht nur Aktien kaufen

Mit jeder zusätzlichen Aktie verringert sich also das Gesamtrisiko. Allerdings ist die Reduktion immer kleiner, wenn Sie einfach noch eine Aktie kaufen. Um das Gesamtrisiko deutlich weiter zu senken, müssen Sie neben Aktien auch in andere Anlageklassen investieren, etwa in Obligationen und Immobilien. Mit anderen Worten: Sie müssen diversifizieren. Der Ökonom Harry Markowitz konnte mathematisch zeigen, dass sich mit Diversifikation das Risiko senken lässt, die Rendite aber nicht im gleichen Mass abnimmt. Dafür wurde ihm der Nobelpreis verliehen.

Diese Erkenntnis berücksichtigen grosse professionelle Anleger wie die Schweizer Pensionskassen, die insgesamt rund 750 Milliarden Franken Vermögen verwalten. Bei der Aufhebung des Franken-Mindestkurses gegenüber dem Euro durch die Schweizerische Nationalbank verloren sie deshalb auch nicht 8,7 Prozent wie der Aktienindex SMI, sondern «nur» rund 4 Prozent, wie Towers Watson, ein Beratungsunternehmen für Pensionskassenanlagen, schätzt.

FAZIT

Diversifizieren Sie Ihre Anlagen. Investieren Sie mindestens in 12, besser noch in 20 bis 30 verschiedene Aktien aus unterschiedlichen Branchen und Ländern. Neben Aktien sollten Sie auch in weitere effiziente Anlageklassen investieren. Dazu gehören insbesondere Immobilien und Obligationen.

Der richtige Mix

Was Ihnen gefährlich erscheint, muss nicht wirklich gefährlich sein. Denn wir Menschen sind bei der Einschätzung von Risiken nicht sehr gut. Geht es um Vermögensanlagen, haben wir alle eine Abneigung gegen mögliche Verluste. Wie stark diese ist, hängt auch von kulturellen Werten ab, weshalb die Menschen in verschiedenen Ländern eine unterschiedlich starke Abneigung gegen mögliche Verluste haben.

Wie viel Risiko Sie eingehen – nicht nur beim Geldanlegen –, hängt von Ihrer individuellen Risikoneigung ab. In diesem Kapitel können Sie mit einem Test Ihr Risikoprofil bestimmen und anhand Ihrer Erkenntnisse so investieren, dass Sie sich mit Ihren Anlagen wohler fühlen.

Individuelle Risikoneigung

Ein windiger Sommertag auf dem Flugplatz in Grenchen. Ein Fallschirminstruktor erklärt, was zu tun ist, wenn jemand das Gefühl bekommt, zu hyperventilieren: «Ausatmen oder ganz laut ein Bier bestellen!» Das Propellerflugzeug kreist immer höher in der Luft, die Aussicht zum Boden wird mit jeder Drehung beängstigender. Dann der Sprung aus dem Flieger: «Ein Bier, ein Bier, ein Bier!» Die Wucht der Angst ist überwältigend. Erst als der Fallschirm sich öffnet, beruhigen sich die Gedanken allmählich.

Wie ein Fallschirmsprung ist auch das Investieren an der Börse ein Risiko. Risiken werden von verschiedenen Menschen unterschiedlich wahrgenommen. Manche gehen gern Risiken ein, andere scheuen sie. In der Risikoforschung ist die Ansicht verbreitet, dass jeder Mensch eine individuelle Risikoneigung hat. Diese bildet einen Gleichgewichtszustand, die Forscher sprechen von Risikohomöostase. Wenn also ein Risiko wegfällt, sucht sich der Mensch neue Risiken, um seinen Gleichgewichtszustand wieder zu erreichen. Risikosportarten wie das Fallschirmspringen sind erst deshalb entstanden, weil das Leben in den Industrieländern nicht mehr so viele Risiken birgt wie in der Steinzeit, als etwa der Säbelzahntiger eine Gefahr darstellte.

Die individuelle Risikoneigung ist einer der bestimmenden Faktoren bei der Festlegung des richtigen Anlagemix für Investoren. Da niemand gern Geld verliert, wird im Zusammenhang mit Geldanlagen weniger von Risikoneigung, sondern vielmehr von Risikoaversion gesprochen, also davon, wie stark jemand scheut, für einen möglichen zukünftigen Gewinn einen Verlust in Kauf zu nehmen.

Verlustaversion

Die beiden Psychologieprofessoren Daniel Kahneman und Amos Tversky haben sich dieses Themas angenommen und herausgefunden, dass Menschen in Geldfragen nicht rational (also nicht logisch) agieren, wie es die

DIE VERLUSTAVERSION IN VERSCHIEDENEN KULTURELLEN REGIONEN

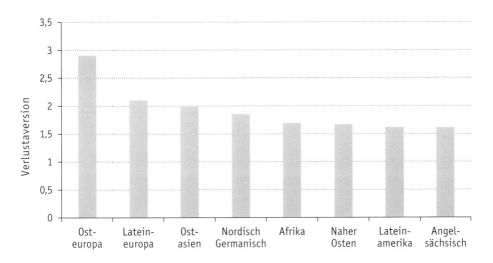

Während Verluste die Menschen in Osteuropa fast dreimal so stark schmerzen, wie Gewinne sie freuen, tun sie das im angelsächsischen Raum nur etwas mehr als 1,5-mal. Im deutschsprachigen Raum (nordisch, germanisch) werden Verluste rund doppelt so schmerzlich empfunden, wie Gewinne erfreuen.

Quelle: Universität Zürich

ökonomische Lehre annahm. Die beiden erhielten für ihre Arbeiten dazu den Nobelpreis.

Kahneman und Tversky fragten Versuchspersonen, wie viel sie zu verlieren bereit wären, wenn sie eine 50-prozentige Chance hätten, 1000 Franken zu gewinnen. Eine typische Antwort lautete 500 Franken. Das Verhältnis zwischen möglichem Gewinn und Verlust – also 1000 Franken geteilt durch 500 Franken – nannten die beiden Verlustaversion, und diese lag typischerweise bei 2. Anders gesagt: Verluste schmerzen einen durchschnittlichen Menschen etwa doppelt so stark, wie ihm Gewinne Freude bereiten. Viele weitere Studien belegten dies. Allerdings ist die Verlustaversion auch kulturell geprägt, wie Thorsten Hens, Finanzprofessor an der Universität Zürich, gemeinsam mit Kollegen in einer internationalen Studie zeigen konnte. Gemäss ihren Erkenntnissen ist die Verlustaversion in Osteuropa besonders hoch, in angelsächsischen Ländern dagegen tief (siehe Grafik auf der vorangehenden Seite).

Risikobereitschaft und Risikofähigkeit

Die Verlustaversion wird oft auch Risikobereitschaft genannt. Davon gilt es die Risikofähigkeit zu unterscheiden. Nur weil eine Anlegerin bereit ist, sehr hohe Risiken einzugehen, heisst das noch lange nicht, dass sie diese auch tragen kann.

Wissen und Erfahrung erhöhen die Risikofähigkeit

Beim Fallschirmspringen ist es auch nicht ratsam, schon den ersten freien Fall allein zu wagen, selbst wenn jemand bereit ist, dieses Risiko einzugehen. Zuerst gilt es, einige Tandemsprünge zu absolvieren und Erfahrung zu sammeln.

Das Gleiche gilt fürs Geldanlegen. Je mehr Erfahrung Sie mit Börsenanlagen haben, desto grösser wird Ihre Risikofähigkeit. Auch theoretisches Wissen steigert die Risikofähigkeit, reicht aber ohne praktische Erfahrung nicht aus.

Der Anlagehorizont erhöht die Risikofähigkeit

Im Zusammenhang mit Börsenanlagen ist auch der Anlagehorizont wichtig. Dieser bezeichnet den Zeitraum, über den Sie Ihr Vermögen investiert lassen wollen. Je länger Ihr Anlagehorizont ist, desto risikofähiger sind Sie. Wie vorn gesehen, können risikoreichere Anlageklassen wie Aktien kurzfristig happige Verluste verursachen; längerfristig ist weniger damit zu rechnen. Während über einen Anlagezeitraum von einem Jahr noch mit Verlusten von einem Drittel und Gewinnen von fast zwei Dritteln gerechnet werden muss/kann, sind über zehn Jahre kaum noch Verluste zu erwarten, aber immer noch Gewinne von bis zu 20 Prozent pro Jahr (siehe Grafik).

JE LÄNGER IHR ANLAGEHORIZONT, DESTO MEHR RISIKEN KÖNNEN SIE EINGEHEN

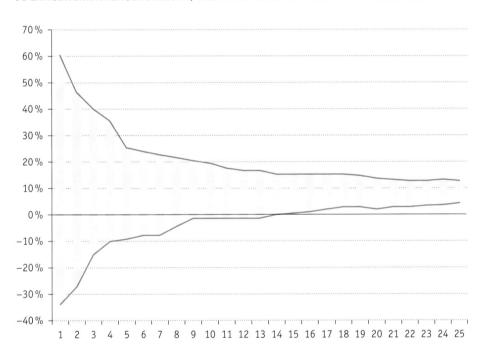

Wenn Sie nur für ein Jahr in einen gut diversifizierten Korb von Aktien investieren, kann Ihr Vermögen zwar über 60 Prozent zulegen, es können aber Verluste von über 30 Prozent entstehen. Wenn Sie in die gleichen Aktien über einen Zeitraum von zehn Jahren und mehr investieren, ist die Spanne deutlich enger, mit Verlusten muss kaum mehr gerechnet werden.

Quelle: Fintool

Risiko und Rendite

«Wo viel verloren wird, ist manches zu gewinnen.»
Johann Wolfgang von Goethe

«Nur ein verzweifelter Spieler setzt alles auf einen Wurf.»
Friedrich Schiller

Je älter, desto geringer die Risikofähigkeit

Wenn Sie Ihr Geld lange investiert lassen, sind Sie also risikofähiger als andere mit einem kürzeren Anlagehorizont. Oft wird der Anlagehorizont am Alter des Investors festgemacht. Man geht davon aus, dass Anleger nach der Pensionierung beginnen, das mit Börsenanlagen gesparte Kapital zu verbrauchen. Je näher jemand der Pensionierung ist, desto weniger risikofähig ist er also. Hinzu kommt, dass grosse Vermögensverluste im höheren Alter, insbesondere nach der Pensionierung, nicht mehr durch künftige Arbeitseinkommen wettgemacht werden könnten. Auch dies vermindert die Risikofähigkeit mit steigendem Alter.

Einfache Berechnung des richtigen Anlagemix

Sie wollen Ihre individuelle Risikobereitschaft und Risikofähigkeit bestimmen? Dazu gibt es die Möglichkeit eines vereinfachten Verfahrens oder eines umfassenden Fragebogens. Hier zunächst die vereinfachte Version.

Wie viel steht für Anlagen zur Verfügung?

Als Erstes geht es darum, das Vermögen zu bestimmen, das Sie langfristig – mindestens über die nächsten zehn Jahre – nicht brauchen, auch nicht für schon geplante grössere Anschaffungen wie ein Haus, eine Weltreise, ein teures Auto, eine längere Ausbildung. Zudem wollen Sie ja nicht «Haus und Hof» verlieren, müssen also einen Sicherheitspuffer einbauen. Es sollte immer genügend Liquidität vorhanden sein, also Geld auf dem Spar- oder Lohnkonto. Mindestens drei Monatslöhne sollten sehr schnell verfügbar sein für allfällige unvorhersehbare Ereignisse.

Wie gross ist Ihre Verlustaversion?

Wenn das Vermögen beziffert ist, das langfristig für Anlagen zur Verfügung steht, gilt es, Ihre Verlustaversion zu bestimmen. Die Frage lautet: Wie hoch ist der Verlust, den Sie für Ihr Portfolio maximal in Kauf nehmen würden?

- Sind es 60 Prozent oder mehr, besteht der optimale Anlagemix aus 100 Prozent Aktien. Denn ein diversifiziertes Portfolio von Aktien bringt von allen Anlageklassen langfristig die höchsten Renditen und kaum je mehr als 60 Prozent Verlust in einem Jahr.
- Wenn Ihr maximal akzeptierter Verlust bei etwas über 30 Prozent liegt, können Sie bis zur Hälfte des Vermögens in Aktien investieren. Der höchste zu erwartende Verlust mit Aktien beträgt 60 Prozent. Wenn also nur die Hälfte des Vermögens darin investiert ist, dann verlieren Sie im Gesamtmix 30 Prozent.
- Liegt der maximale akzeptierte Verlust bei 20 Prozent, können Sie noch bis zu einem Drittel des für Anlagen langfristig verfügbaren Vermögens in Aktien investieren.
- Bei einem maximal akzeptierten Verlust von zehn Prozent liegt der Aktienanteil im Gesamtanlagemix bei einem Sechstel.

Der Rest des Vermögens kann in Obligationen investiert werden, allenfalls mit einem Teil Immobilien und Rohstoffen ergänzt. Diese vereinfachte Methode lässt allerdings nur eine sehr grobe Aufteilung auf die Anlageklassen zu.

ACHTUNG *Überschätzen Sie sich nicht, was Ihre Risikofähigkeit und -bereitschaft angeht. Wenn der Verlust tatsächlich eintritt, ist die Realität oft viel schmerzhafter als die Vorstellung.*

Der Fragebogen für Ihren richtigen Anlagemix

Da es eher schwierig ist, den maximal akzeptierten Verlust für sich selber festzulegen, wurde ein umfassender Fragebogen entwickelt, mit dem sich Risikobereitschaft und Risikofähigkeit abschätzen lassen. Sie finden ihn auf der folgenden Doppelseite. Kreuzen Sie bei jeder Frage das für Sie Zutreffende an.

⬇ RISIKOFRAGEBOGEN

1. Abschnitt: Zeithorizont

Frage	Punkte

1. In wie vielen Jahren will ich beginnen, Geld vom Anlagekonto zu beziehen?

a) In weniger als drei Jahren	1
b) In drei bis fünf Jahren	3
c) In sechs bis zehn Jahren	7
d) In elf oder mehr Jahren	10

2. Von dem Zeitpunkt, da ich Geld vom Anlagekonto beziehe, werde ich die gesamte Summe verbrauchen, innerhalb von ...

a) Weniger als zwei Jahren	0
b) Zwei bis fünf Jahren	1
c) Sechs bis zehn Jahren	4
d) Elf oder mehr Jahren	8

Zwischentotal: Punktzahl Zeithorizont
Notieren Sie die Gesamtpunktzahl aus den Fragen 1 und 2.

Liegt Ihre Punktzahl **unter 3,** haben Sie einen sehr kurzen Zeithorizont für Ihre Anlagen. Dann empfiehlt sich ein Portfolio mit tiefem Risiko, das zu 40 Prozent aus kurzfristigen Obligationen (durchschnittliche Laufzeit weniger als fünf Jahre) oder Obligationenfonds und zu 60 Prozent aus Bargeld besteht. Aktienanlagen sind für einen so kurzen Zeithorizont zu volatil.

Beträgt Ihre Punktzahl **3 oder mehr,** fahren Sie mit dem 2. Abschnitt fort.

2. Abschnitt: Risikobereitschaft

Frage	Punkte

3. Ich würde meine Kenntnisse über Anlagen wie folgt beschreiben:

a) Keine Kenntnisse	0
b) Beschränkte Kenntnisse	2
c) Gute Kenntnisse	4
d) Umfassende Kenntnisse	5

Frage	Punkte

4. Wenn ich Geldanlagen tätige, achte ich ...

a) Am meisten auf einen Wertverlust meiner Anlage	0
b) Gleichermassen auf einen Wertverlust wie auf Wertzuwachs	4
c) Am meisten auf einen Wertzuwachs	8

5. Wählen Sie aus den folgenden Anlagen diejenige mit der höchsten Punktzahl, die Sie besitzen oder je besessen haben. Beispiel: Sie besitzen gegenwärtig Aktienfonds. In der Vergangenheit hatten Sie internationale Wertpapiere. Dann ist Ihre Punktzahl 8.

a) Geldmarktfonds oder Baranlagen	0
b) Obligationen und/oder Obligationenfonds	3
c) Gemischte Fonds (mit Aktien und Obligationen)	6
d) Einzelaktien oder reine Aktienfonds	8

6. Versetzen Sie sich in folgendes Szenario: Der gesamte Aktienmarkt hat in den vergangenen drei Monaten 25 Prozent an Wert verloren. Eine Ihrer Aktienanlagen hat ebenfalls 25 Prozent verloren. Was tun Sie?

a) Alle meine Aktien verkaufen	0
b) Einige meiner Aktien verkaufen	2
c) Nichts	5
d) Mehr Aktien kaufen	8

7. Betrachten Sie die unten stehende Tabelle. Darin sind die wahrscheinlichsten besten und schlechtesten Jahresergebnisse von fünf hypothetischen Anlageplänen aufgeführt. Welche Bandbreite von Ergebnissen ist für Sie am ehesten annehmbar?

Beste und schlechteste Szenarien (1 Jahr)

Plan	Durchschnittl. Jahresertrag	Bestes Ergebnis	Schlechtestes Ergebnis	
a)	7,2 %	16,3 %	−5,6 %	0
b)	9,0 %	25,0 %	−12,1 %	3
c)	10,4 %	33,6 %	−18,2 %	6
d)	11,7 %	42,8 %	−24,0 %	8
e)	12,5 %	50,0 %	−28,2 %	10

Zwischentotal: Punktzahl Risikobereitschaft
Notieren Sie Ihre Gesamtpunktzahl der Fragen 3 bis 7.

Bestimmen Sie Ihr Investorenprofil

Die unten stehende Tabelle verwendet die Zwischenergebnisse, die Sie im Risikofragebogen ermittelt haben. Um Ihr Investorenprofil zu bestimmen, suchen Sie auf der linken Seite Ihre Zeithorizont-Punktzahl und in der oberen Zeile Ihre Risikobereitschafts-Punktzahl. Der Schnittpunkt der beiden Werte liegt in demjenigen Bereich, der Ihrem Investorenprofil entspricht. Wählen Sie dann die zu Ihrem Investorenprofil passende Anlagestrategie.

ZEITHORIZONT UND RISIKOBEREITSCHAFT: IHR INVESTORENPROFIL

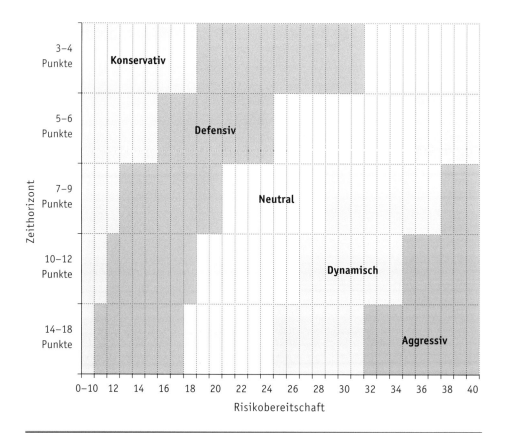

Quelle: Charles Schwab

In dieser Tabelle wird die Risikofähigkeit vor allem am Anlagehorizont festgemacht. In der Ableitung der Punktzahlen resultieren folgende grobe Richtwerte zum Anlagemix:

■ **Konservativer Anlagemix**
- 20 Prozent Aktien
- 50 Prozent Obligationen
- 30 Prozent Cash (Lohnkonto, Sparkonto und Geldmarktfonds)
Selbst im schlechtesten Jahr muss kaum je mit mehr als 5 Prozent Verlust gerechnet werden.

■ **Defensiver Anlagemix**
- 40 Prozent Aktien
- 50 Prozent Obligationen
- 10 Prozent Cash
Selbst im schlechtesten Jahr muss kaum je mit mehr als 15 Prozent Verlust gerechnet werden.

■ **Neutraler Anlagemix**
- 60 Prozent Aktien
- 35 Prozent Obligationen
- 5 Prozent Cash
Selbst im schlechtesten Jahr muss kaum je mit mehr als 21 Prozent Verlust gerechnet werden.

■ **Dynamischer Anlagemix**
- 80 Prozent Aktien
- 15 Prozent Obligationen
- 5 Prozent Cash
Selbst im schlechtesten Jahr muss kaum je mit mehr als 30 Prozent Verlust gerechnet werden.

■ **Aggressiver Anlagemix**
- 95 Prozent Aktien
- 5 Prozent Cash
Selbst im schlechtesten Jahr muss kaum je mit mehr als 38 Prozent Verlust gerechnet werden.

Die hier angegebenen Vermögensaufteilungen sind grobe Werte, die sich vor allem auf die Anteile von Aktien und Obligationen beziehen. Immobilien und Rohstoffe kommen in der vereinfachten Auswertung nicht vor – unter anderem, weil es für beide Bereiche auch Aktien von Unternehmen gibt, die von den beiden Anlageklassen profitieren. So profitieren Sie von anziehenden Immobilienpreisen nicht nur, wenn Sie in Immobilien direkt investieren, sondern auch wenn Sie Aktien einer Schweizer Immobilien-firma kaufen. Und von einem steigenden Goldpreis können Sie ebenso profitieren, wenn Sie in Aktien von Goldminenunternehmen investiert sind.

Die Standard-Investorenprofile

Die Beantwortung des Fragebogens ist nicht einfach, weil Sie als Anleger oder Anlegerin oft nicht gar so detaillierte Pläne haben und es daher schwierig wird, einen Zeitraum zu definieren, über den das angesparte Vermögen später einmal verbraucht werden soll. Weitere Hilfe bei der Selbsteinschätzung des eigenen Risikoprofils bringt eine Umschreibung der fünf Investorenprofile, die in der Finanzbranche Standard geworden sind. Es sind dieselben, die Sie auch in der Grafik zum Risikofragebogen finden:

- **Konservatives Profil:** Diese Anleger sind in erster Linie am Erhalt des Vermögens interessiert. Sie wollen Risiken möglichst vermeiden und planbare Renditen erhalten. Zum Portfolio gehören Sparkonten, Kassenobligationen und sehr sichere Obligationen. Bei Letzteren stehen Staats- oder Unternehmensanleihen im Vordergrund sowie Anlagen mit Kapitalgarantie.
- **Defensives Profil:** Diese Anleger sind nur leicht risikofreudiger als die mit konservativem Profil. Ein kleiner Teil des Vermögens (bis 40 Prozent) kann in Aktienfonds oder Einzelaktien investiert werden. Bei den Einzelaktien sollten Titel gewählt werden, die wenig Wertschwankungen aufweisen.
- **Neutrales Profil:** Hier steht nicht nur die Sicherheit im Vordergrund, sondern auch der langfristige Vermögenszuwachs. Dafür wird ein moderates Risiko akzeptiert. Der Anteil an Aktien ist höher als bei den ersten beiden Profilen. Der Anlagehorizont ist relativ lang, sodass sich kurzfristige Kursrückgänge ausgleichen lassen.
- **Dynamisches Profil:** Hier steht der Vermögenszuwachs im Vordergrund. Dementsprechend wird ein höheres Risiko in Kauf genommen. Der überwiegende Teil des Portfolios wird in Aktien investiert.
- **Aggressives Profil:** Im Vordergrund steht eine möglichst hohe Rendite. Ein Verlust von einem Drittel des investierten Kapitals würde die

Lebenssituation nicht besonders verändern. Investiert wird fast ausschliesslich in Aktien, eventuell noch in risikoreiche und renditeträchtige exotischere Anlagen. In der Aktienkategorie kann auch ein grösserer Teil in Titel aus Schwellenländern oder kleinkapitalisierten Firmen investiert werden. Der Anlagehorizont ist sehr lange.

Erfahrungen sammeln

Die eigene Risikotoleranz theoretisch einzuschätzen, ist trotz aller Hilfsmittel schwierig. Ein erfahrener Berater kann helfen, aber oft lässt sich die Einschätzung erst durch eigene Anlageerfahrungen präzisieren. Beispielsweise wird in den Risikofragebögen der Banken oft danach gefragt, ob Anleger mit einem temporären Verlust von 20 Prozent ihres Vermögens umgehen könnten. Darauf antworten viele mit Ja, doch wenn es dann wirklich so weit ist, sieht das ganz anders aus.

Indem Sie ein virtuelles Portfolio einrichten, und zuerst einige Jahre schauen, was damit passiert, können Sie herausfinden, wie Sie wirklich reagieren. Solche virtuellen Portfolios kann man bei den meisten Banken anlegen oder auch bei einzelnen Finanzseiten, etwa bei finanzen.ch. Allerdings dauert die Erfahrungssammlung in Echtzeit lange. Am besten wäre es, man könnte im Schnelldurchlauf am Computer spielerisch solche Erfahrungen machen.

Eine weitere Möglichkeit, ein Gefühl für den richtigen Anlagemix zu bekommen: Bei der Österreichischen Nationalbank (OeNB) können Sie Simulationen mit verschiedenen Zusammensetzungen der Anlageklassen durchspielen (www.oenb.at → Bildungsangebot → Finanzcockpit → Portfoliosimulation).

INFO *Zu den Unsicherheiten bei der Festlegung des eigenen Risikoprofils kommt hinzu, dass sich dieses im Lauf der Zeit ändern kann. So nimmt die Risikobereitschaft mit steigendem Alter tendenziell ab, die Risikofähigkeit ebenso. Einen Einfluss auf die Risikofähigkeit haben zudem private Veränderungen wie Heirat, die Geburt von Kindern, Scheidung und Pensionierung. Und schliesslich können auch Gewinne und Verluste an der Börse die Risikofähigkeit verändern.*

Ihr persönliches Risikoprofil hilft Ihnen bei der Einschätzung, wie hoch die Risiken sind, die Sie ertragen können. Damit soll sichergestellt werden, dass Sie einer einmal festgelegten Anlagestrategie über längere Zeit treu bleiben können.

Psychologische Fallstricke beim Anlegen

Die menschliche Wahrnehmung lässt sich häufig täuschen. Auch im Umgang mit Geld gibt es Wahrnehmungsverzerrungen. Hier erfahren Sie, wie diese entstehen und wie Sie damit umgehen können. Das wird Ihnen helfen, bessere Anlageentscheidungen zu treffen.

«Beim Denken ans Vermögen leidet oft das Denkvermögen.» Mit dieser Aussage trifft der österreichische Kabarettist Paul Farkas den Nagel auf den Kopf. Das Denkvermögen hat in Bezug auf die Geldverwaltung sehr viele Schwächen. Eine ganz grundsätzliche Schwäche liegt darin begründet, dass Menschen darauf angelegt sind, Muster zu erkennen und Kategorien zu bilden. Manchmal erkennen sie dabei Muster, die gar keine sind, zum Beispiel im Kaffeesatz. Und manchmal wird eben auch aus Börsenkursen kalter Kaffee gelesen.

Mustererkennung und Kategorienbildung

Die Mustererkennung hat früher das Überleben des Menschen gesichert. Steinzeitmenschen, die das Muster für Säbelzahntiger gelernt hatten, konnten das Raubtier schneller erkennen und weglaufen. Wenn sie manchmal einen Säbelzahntiger zu erkennen glaubten, wo gar keiner war, dann rannten sie eben einmal zu viel weg. Aber lieber einmal zu viel wegrennen, als gefressen werden.

Früher hat die Mustererkennung Leben gerettet, heute erleichtert sie unseren Alltag, indem wir Objekte, etwa ein Hemd, auf den ersten Blick erkennen. Wenn wir gelernt haben, was ein Hemd ist, müssen wir es nicht jedes Mal wieder aus den Einzelteilen zusammensetzen: Knöpfe, ein Kragen, Ärmel – aha, ein Hemd! Dank der gelernten Kategorie Hemd erkennt der Mensch ein solches auf einen Blick.

Wahrnehmungsverzerrungen

Das Gehirn möchte auch in zufälligen Abfolgen von Roulettezahlen Muster erkennen, sogar kausale Zusammenhänge. Auch in Börsenkursen will das Gehirn Muster erkennen, obwohl sie gar nicht vorhanden sind. Das führt zu irrationalen Entscheidungen, die einen Anleger in die Irre führen und ihm Verluste einbrocken können.

Wahrnehmungsverzerrungen verschwinden übrigens auch nicht, wenn sie bekannt sind, wie die optische Täuschung im unten stehenden Kasten veranschaulicht. Das Wissen darum hilft nicht. Aber immerhin können Sie, wenn Sie sich solcher Wahrnehmungstäuschungen bewusst sind, abschätzen, ob Sie allenfalls einer unterliegen, und dann die beiden Vierecke einfach ausmessen, um Gewissheit zu erlangen. Ähnliches gilt auch in der Finanz- und Wirtschaftspsychologie.

VERZERRTE WAHRNEHMUNG

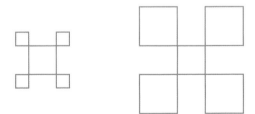

Selbst wenn man gelesen hat, dass die mittleren Quadrate in beiden Abbildungen gleich gross sind, erscheinen sie immer noch unterschiedlich gross.

Wahrnehmungsverzerrungen im Umgang mit Geld

Die Wahrnehmungsverzerrungen treffen auch Anlegerinnen und Anleger. Bevor es um diese geht, hier aber für das bessere Verständnis ein Beispiel einer Wahrnehmungsverzerrung von Konsumenten:

EIN AUTO KOSTET 40 000 FRANKEN; wenn die Option Ledersitze dazu gewählt wird, sind es 2000 Franken mehr. Ein Sofa kostet 3000 Franken; falls die Option in Leder gewählt wird, sind es 2000 Franken mehr. Während der Aufpreis beim Sofa schon fast als halsabschneiderisch wahrgenommen wird, fällt er beim Auto kaum ins

DAS VERHALTEN DES TYPISCHEN ANLEGERS

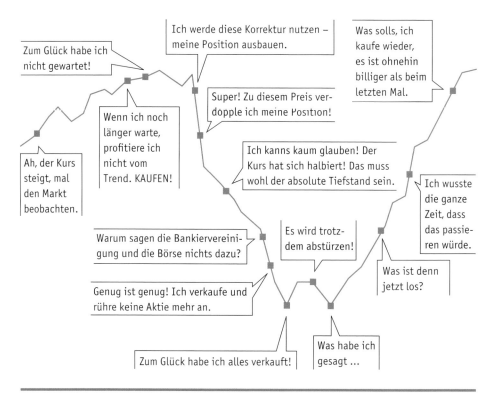

Quelle: BhfS Behavioral Finance Solutions, FuW

Gewicht. Die Zusatzoption Leder wird beim Auto also eher gekauft als beim Sofa. Das kommt daher, dass wir die 2000 Franken in Relation zum Autopreis respektive zum Preis des Sofas sehen. Dabei ist ein Ledersitz jeweils einfach ein Ledersitz, nicht mehr und nicht weniger, und kostet eben 2000 Franken, unabhängig davon, ob er sich im Auto oder im Wohnzimmer befindet.

An der Börse führen solche Wahrnehmungsverzerrungen zu Verlusten oder zumindest dazu, dass Privatinvestoren viel weniger hohe Gewinne machen, als möglich wäre. Da die meisten Privatanleger ihre Anlageergebnisse nicht systematisch messen, fällt es ihnen auch im Nachhinein nicht auf, dass sie in börsenpsychologische Fallen getappt sind.

Für Aktienanlagen konnte die US-Finanzanalysefirma Dalbar zeigen, dass die Gewinne von Privatanlegern meist weit unter denen eines breit diversifizierten Aktienindex liegen, etwa des Weltaktienindex MSCI World – rund 4 Prozent tiefer pro Jahr. Das liegt unter anderem daran, dass die Anleger Aktien kaufen, wenn die Kurse schon hoch sind, und verkaufen, wenn sie tief sind.

Zwei amerikanische Professoren haben das Phänomen genauer analysiert und basierend auf vielen tausend Konten von Privatanlegern das typische Verhalten abgeleitet (siehe Grafik).

Dispositionseffekt, Schönreden, Herdentrieb und andere Fallen

Das typische, wenig erfolgreiche Verhalten resultiert aus verschiedenen psychologischen Fallen, in die Privatanleger tappen. Hier die wichtigsten.

Der Dispositionseffekt

Der Einstiegskurs beim Kauf einer Aktie wird als Referenzgrösse genommen. Steigt dann die Aktie von 100 auf 110 Franken, wird sie tendenziell relativ schnell verkauft, denn es winkt ein Erfolgserlebnis: 10 Prozent Gewinn. Fällt die Aktie hingegen auf 90 Franken, tendieren Privatanleger dazu, die Aktie zu behalten; sie wollen die Verluste nicht realisieren, denn das würde schmerzen. Ausserdem haben die Privatanleger die Aktie für 100 Franken gekauft, weil sie das für einen günstigen Preis hielten.

Bei 90 Franken ist der Titel sogar noch günstiger, also kaufen Anleger manchmal weitere Aktien dazu; sie scheinen ja gerade im Sonderangebot zu sein, verglichen mit dem Einstiegskurs von 100 Franken. Verkaufen kommt bei 90 Franken jedenfalls für viele Privatanleger nicht infrage, denn das hiesse, einen Verlust zu realisieren. Und mit der Verlustaversion des typischen Anlegers schmerzen Verluste doppelt so stark, wie Gewinne erfreuen (siehe Seite 57).

Das Resultat: Anleger behalten Verliereraktien tendenziell zu lang, während sie Gewinnertitel relativ schnell verkaufen. Also genau das Gegenteil von dem, was an der Börse zu Gewinnen führen würde: Gewinner behalten, Verlierer tendenziell schnell verkaufen.

TIPP *Sie können dem Dispositionseffekt entgegenhalten, indem Sie sich schon beim Kauf einer Aktie eine Verlustlimite setzen – beispielsweise zehn Prozent unter dem Einstiegskurs –, bei der Sie die Aktie auf jeden Fall verkaufen. Und umgekehrt sollten Sie sich vor Augen halten, dass ein neuer Höchstkurs bei einer Aktie die Wahrscheinlichkeit eines weiteren Anstiegs nicht verringert.*

Die Kontroll-Illusion

Wenn Anleger sehen, dass der Kurs einer Aktie gestiegen ist, gehen sie oft davon aus, dass dieser weiter steigen wird. Sie kontrollieren den Kurs der Aktie dann täglich mehrmals und werden bestätigt, wenn er weiter steigt. Dann wollen sie irgendwann auch dabei sein, weil ihre Annahme, dass die Aktie weiter steigt, sich jetzt doch so oft bestätigt hat. Meist werden kleine Einbrüche des Kurses in der Erinnerung ignoriert oder zumindest wird ihnen keine Bedeutung zugemessen. Jetzt kaufen die Anleger mit der Illusion, die Kontrolle über den weiteren Kursverlauf der Aktie zu haben. Leider lässt sich der weitere Aktienkursverlauf aber nicht kontrollieren.

Das Resultat: Privatanleger kaufen eine Aktie oft zu spät und aus den falschen Gründen, nämlich weil sich ihre Vermutung eines steigenden Aktienkurses vor dem Kauf immer wieder bestätigte, wenn sie ihn nachschauten.

TIPP *Lassen Sie sich nicht dazu verleiten, ohne umfassende Strategie eine Aktie einfach deshalb zu kaufen, weil Sie vorher beobachtet haben, wie diese immer höher gestiegen ist. Aktien eines*

Unternehmens sollten Sie aus wirtschaftlichen Gründen kaufen, weil Sie denken, dass die Gewinne dieser Firma künftig steigen werden – mehr steigen, als das die meisten anderen für wahrscheinlich halten. So zu handeln, ist relativ schwierig, und darum gelingt es auch den wenigsten.

Schönreden

Ein Anleger ist der Ansicht, dass die Gewinne eines Unternehmens demnächst steigen werden, und kauft deshalb die Aktien. Einige Monate später wird die Firma von einem Konkurrenten zu einem höheren Preis übernommen. Der Anleger sagt sich: «Ich hab es doch gewusst.» Dabei überschätzt er sich im Nachhinein, denn er wusste es gar nicht. Anleger reden sich ihr Können auch schön, wenn sie keine Aktien gekauft haben, und sagen sich dann etwa: «Ich wusste ja, dass sich der Markt erholen wird.» Aber sie haben es eben nicht wirklich gewusst, sonst hätten sie gekauft.

Das Resultat: Anlegerinnen und Anleger lernen nicht aus ihren Fehlern. Sie überschätzen sich auch oft, weil sie sich die Misserfolge der Vergangenheit schönreden.

❗ TIPP *Messen Sie Ihre Anlageerfolge objektiv. Verschaffen Sie sich eine Übersicht darüber, was Sie wann und mit welchem Erfolg oder Misserfolg gekauft und verkauft haben. Weil Anleger die schlechten Investments gern vergessen, ist es besonders wichtig, gerade über diese Buch zu führen. Aus Misserfolgen gilt es, zu lernen. Haben Sie Erfolg, sollten Sie ehrlich analysieren, ob Glück dahintersteckte oder wirklich Können.*

Erfolg macht blind

Wer erfolgreich zum Beispiel in Aktien investiert hat, empfindet anschliessend bei weiteren Anlagen nicht mehr so hohes Risiko. Oft zu Unrecht, denn die Risiken sind nicht gesunken, nur weil man einmal erfolgreich investiert hat. Ganz im Gegenteil: Die Kurse sind gestiegen, was oft bedeuten kann, dass auch die Risiken von künftigen Kursverlusten gestiegen sind, etwa weil die Aktien überbewertet werden. Zudem gehen Anleger mit Geld, das sie an der Börse gewonnen haben, meist leichtsinniger um, wenn sie es erneut investieren.

Das Resultat: Gewonnenes Geld wird oft in Harakiri-Manier investiert. Zudem wird mit steigenden Börsenkursen und Anlageerfolg oft der individuell richtige Anlagemix nicht mehr eingehalten. Anleger erhöhen ihren Aktienanteil aktiv über das hinaus, was ihre Risikofähigkeit und Risikobereitschaft eigentlich zulassen würden.

> **TIPP** *Gewonnenes Geld ist auch Geld. Gehen Sie damit nicht leichtsinniger um als mit anderem Vermögen. Und halten Sie sich auch nach erfolgreichen Investitionen weiter an Ihre Strategie, an den Anlagemix, der sich aus Ihrer Risikofähigkeit und -bereitschaft ergibt (siehe Seite 58). Vergessen Sie nie, dass eine erfolgreiche Zwischenbilanz Ihrer Investitionen keine Garantie für Gewinne in der Zukunft ist.*

Der Herdentrieb

Zuerst kauft nur einer, dann kaufen immer mehr Leute. Dann machen die auch noch Gewinn an der Börse. Irgendwann reicht es dem Privatanleger, er will da auch dabei sein, auch gewinnen. Also kauft er auch – leider ist es dann oft schon zu spät.

Das Resultat: In der Euphorie kaufen Privatanleger vielleicht sogar mehr, als ihre Risikofähigkeit zulassen wurde. Zudem ist es sowieso nicht empfehlenswert, in einer Euphorie zu kaufen. Denn haben erst mal alle gekauft, gibt es nur noch Verkäufer, und die Kurse purzeln.

> **TIPP** *Der Herdentrieb ist wohl die Wahrnehmungsverzerrung mit den negativsten Auswirkungen. Wenn alle kaufen, ist das noch lange kein Grund, selber auch zu kaufen, eher im Gegenteil. Tauschen Sie sich lieber mit Menschen aus, die Ihre Meinung nicht teilen. Wer gleicher Meinung ist, hat meist ähnliche Positionen an der Börse und ist in einer ähnlichen Stimmung, wahrscheinlich in der gleichen Herde.*

Hyperaktivität

Anleger, die sich öfter mit der Börse beschäftigen, sind geneigt, öfter Transaktionen zu tätigen, also immer wieder Aktien zu verkaufen und neue Aktien zu kaufen. Oft sind sie getrieben von Tipps von Bekannten und auch aus den Medien.

Das Resultat: Häufiges Hin und Her macht die Kasse leer. Jede Transaktion kostet – und diese Kosten müssen durch Gewinne erst wieder wettgemacht werden. Meist passiert aber das Gegenteil, die Kosten werden durch Kursverluste noch vergrössert.

TIPP *Wenn jeden Tag ein Sack Kekse auf Ihrem Tisch steht, ist die Wahrscheinlichkeit hoch, dass Sie Ende Jahr dicker sind. Um sich selber zu schützen, ist es besser, beim Detailhändler erst gar nicht zum Regal mit den Keksen zu gehen. Genauso ist es bei Geldanlagen: Es ist besser, nicht jeden Tag nach den Börsenkursen zu schauen und neue Anlageempfehlungen zu studieren. Zu viele Informationen können nicht nur zu hohen Transaktionskosten führen, sondern wegen der Informationsüberflutung auch zu schlechteren Entscheidungen. Legen Sie von Anfang an eine Strategie fest und halten Sie sich daran. Das hält die Transaktionskosten und oft gleichzeitig die Fehlerquote tief.*

Alles in einen Korb

Studien haben gezeigt, dass Privatanleger meist nur in einige wenige Aktien investieren. Damit sind sie zu wenig diversifiziert. Kommt hinzu, dass sie meist ein Übergewicht bei Schweizer Titeln haben, anstatt weltweit zu diversifizieren (der sogenannte Home bias). Eine Studie der Universität Zürich im Jahr 2010 hat ergeben, dass Schweizer Privatanleger ihr Aktienvermögen zu 80 Prozent in Schweizer Titel investiert haben. Rund 60 Prozent der Befragten hielten sogar ausschliesslich Schweizer Aktien. An diesem Übergewicht in den Portfolios von Schweizer Privatanlegern dürfte sich seither nichts geändert haben.

Das Resultat: Das Risiko des Anlagemix ist grösser, als es sein müsste, dementsprechend sind Verluste häufiger und höher.

TIPP *Diversifizieren Sie – mindestens mit 12 bis 18, besser mit 20 bis 30 Titeln, weltweit gestreut über unterschiedlichste Branchen. Noch besser: Kaufen Sie Fonds, die ein grosses Sammelsurium an Aktien beinhalten. Fonds mit 100 und mehr Einzelpositionen sollten Sie jedoch eher meiden; dort wird die Diversifikation übertrieben.*

Die Aufmerksamkeitsverzerrung

Sie kaufen Aktien, von denen Sie gehört haben, von Kollegen, aus den Medien oder durch Analystenempfehlungen. Bloss weil Sie zufällig von einer Aktie erfahren haben, muss das noch lange nicht eine gute Anlageidee sein. Beispielsweise gibt es gewisse Aktien, die fast alle Analysten fast immer empfehlen. In der Schweiz gehört etwa Nestlé dazu, die kaum je zum Verkauf empfohlen wird.

Das Resultat: Statt mit einer wirklichen Strategie wird eher zufällig gekauft. Zudem sind die Aktien, die empfohlen werden, selten die besten.

 TIPP *Konzentrieren Sie sich auf die wenigen wirklich relevanten Informationen und behalten Sie die grossen Ziele im Auge. Legen Sie darauf aufbauend eine Strategie fest und halten Sie sich möglichst daran.*

Finanzentscheide zur richtigen Tageszeit

Die beschriebenen Wahrnehmungsverzerrungen zeigen, dass Menschen in vielerlei Hinsicht nicht für einen verantwortungsvollen Umgang mit Geld gemacht sind. Eine kleine Hilfe ist es, Anlageentscheidungen bereits am frühen Morgen zu treffen. Denn Wissenschaftler haben in Tests herausgefunden, dass Menschen am Nachmittag oder am Abend tendenziell eher minderwertige Entscheidungen treffen, weil sie von den vielen vorhergehenden Entscheidungen des Tages bereits ermattet sind. Besonders stark wirkt sich dieser Effekt aus, wenn bei einem Entscheid sehr viele Alternativen zur Verfügung stehen – was bei Geldanlagen mit vielen tausend Aktien, Obligationen und Fonds der Fall ist. Menschen tendieren dann dazu, die einfachste Option statt die beste zu wählen.

 TIPP *Selbst frühmorgens ist es äusserst schwierig, diejenigen Aktien zu finden, die künftig am meisten Gewinne einbringen. Auch die Profis schaffen das nicht oft. Darum ist es besser, umfassende Aktienkörbe zu kaufen in Form von Fonds, am besten von kostengünstigen Indexfonds oder Exchange Traded Fonds (ETFs). Mehr dazu lesen Sie in Kapitel 3 über die Finanzprodukte.*

FAZIT

Die Wahrnehmung täuscht oft in Finanzfragen. Wer die psychologischen Fallstricke kennt und weiss, wie man damit umgehen kann, wird sein Vermögen besser investieren.

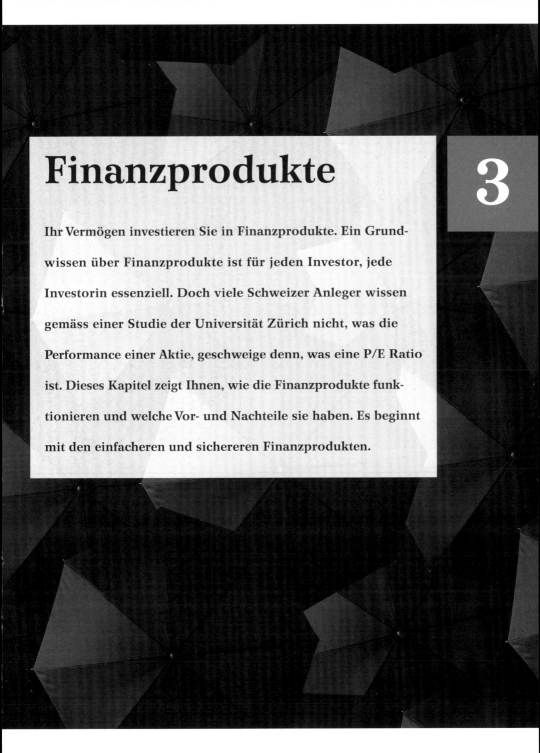

Finanzprodukte

3

Ihr Vermögen investieren Sie in Finanzprodukte. Ein Grund-
wissen über Finanzprodukte ist für jeden Investor, jede
Investorin essenziell. Doch viele Schweizer Anleger wissen
gemäss einer Studie der Universität Zürich nicht, was die
Performance einer Aktie, geschweige denn, was eine P/E Ratio
ist. Dieses Kapitel zeigt Ihnen, wie die Finanzprodukte funktionieren und welche Vor- und Nachteile sie haben. Es beginnt
mit den einfacheren und sichereren Finanzprodukten.

Sparkonto

Fast jeder in der Schweiz hat ein Sparkonto. Es ist ein wichtiger Grundpfeiler der Vermögensanlage. Hier erfahren Sie mehr über die Sicherheit, die Zinsen sowie die Vor- und Nachteile von Sparkonten.

Die meisten Schweizerinnen und Schweizer verfügen über ein Sparkonto. Es ist noch nicht lange her, dass die Banken dafür Sparbücher aus Papier ausgehändigt haben. Nicht nur für Kinder, die auf diesem Weg ihre ersten Anlageerfahrungen machen konnten, auch für Erwachsene war damit das angesparte Vermögen überblick- und (be-)greifbar. Heute werden – zumindest an erwachsene Sparer – keine Büchlein mehr ausgehändigt, aber das Sparkonto gibt es weiterhin.

Was bringt das Sparkonto?

Es ist ebenfalls noch nicht lange her, dass ein Sparkonto einen erwähnenswerten Zinsertrag generierte. Besonders viel war es nie im Vergleich mit anderen Anlageformen. Aber Anfang der 90er-Jahre beispielsweise zahlten die Banken noch rund fünf Prozent pro Jahr auf Spareinlagen.

Mittlerweile liegt der Zinssatz im Promillebereich, also quasi bei null. Da die Inflation in der Schweiz derzeit im negativen Bereich ist, Güter und Dienstleistungen also günstiger wurden, haben Sparkontobesitzer real trotzdem noch etwas verdient. Ob auch in Zukunft der jährliche Zinsertrag des Sparkontos höher als die Inflation liegen wird, ist allerdings schwierig voraussehbar. Zumindest erscheint es unwahrscheinlich, wenn man bedenkt, dass die meisten Zentralbanken, auch die Schweizerische Nationalbank, das Ziel verfolgen, die Inflation auf ein Niveau von zwischen einem und zwei Prozent zu bringen.

Doch Inflation hin oder her: Werden zusätzlich die Gebühren der Banken eingerechnet, ist es sowieso sehr wahrscheinlich, dass ein Vermögen, das auf einem Sparkonto liegt, mit den Jahren insgesamt an Wert verliert. Der grosse Vorteil des Sparkontos ist der Schutz des Geldes, die Einlagensicherung bis 100 000 Franken (siehe nächste Seite).

TIPPS *Lassen Sie nicht viel Geld auf dem Sparkonto liegen. Bei tiefer Verzinsung schrumpft Ihr Vermögen dort wegen der Kontogebühren. Selbst wenn die Zinsen wieder steigen, schaut netto nicht viel heraus. Gemäss einer klassischen Faustregel sind drei Monatsgehälter auf dem Sparkonto das Minimum. Damit könnten Sie etwa nach einer Kündigung die Wartezeit überbrücken, bis die Arbeitslosenversicherung Ihnen Geld überweist.*

Trotz der tiefen Zinsen lohnt sich ein Vergleich der verschiedenen Angebote. Möglich ist das etwa unter www.vermoegens-partner.ch (→ Zinsvergleiche → Zinsen Konten).

Sicherheit der Sparkonten

Dem Nachteil, dass das Sparvermögen auf der Bank kaum Erträge abwirft, steht der erhebliche Vorteil gegenüber, dass es – zumindest mit sehr grosser Wahrscheinlichkeit – nicht verschwinden wird. Die kontoführende Bank ist verpflichtet, das Sparguthaben auf Wunsch des Bankkunden auszuzahlen, und ein dichtes Netz von Vorschriften sorgt dafür, dass die Banken dazu auch jederzeit imstande sein sollten.

Sollte es doch einmal zu einem Bankenkonkurs kommen – im 21. Jahrhundert zwar immer noch ein seltenes, aber nicht völlig unwahrscheinliches Szenario –, besteht für Sparguthaben bis 100 000 Franken ein gewisser Schutz. Diese Kundenguthaben erfahren im Konkursverfahren eine privilegierte Behandlung, werden also vor den meisten anderen Verbindlichkeiten der Bank ausgezahlt. Zudem sind Sparguthaben bis 100 000 Franken über eine Versicherungslösung der Banken gedeckt.

Es empfiehlt sich daher, Sparguthaben, die diesen Betrag überschreiten, auf mehrere Bankinstitute zu verteilen. Beachten Sie aber, dass der Schutz der ersten 100 000 Franken nicht absolut ist. Es ist durchaus möglich, dass die Einlagensicherung und das Konkursprivileg nicht für eine vollständige Auszahlung ausreichen. Und selbst die Verteilung auf mehrere Banken hilft nur bei einem Szenario, in dem lediglich kleine Banken insolvent werden. Im Fall einer weiter um sich greifenden Krise kann es beim gleichzeitigen Ansturm auf viele Banken dazu kommen, dass Millionen von Sparern plötzlich nicht mehr auf ihre Guthaben zugreifen können.

Auch auf einem Sparkonto ist also Ihr Geld nicht absolut sicher. Wer auf höchste Sicherheit aus ist, hat sein Geld auf Konten einer Kantonalbank mit Staatsgarantie oder von Banken, die zu gross sind, als dass sie der Staat Konkurs gehen lassen könnte. Dazu gehören etwa die beiden Schweizer Grossbanken und die Raiffeisen. Sie würden wohl mit Staatshilfe vor einem Konkurs gerettet. Selbst dann könnten Konteninhaber jedoch einen Teil des angelegten Geldes verlieren, weil sie an der Rettung der Bank beteiligt würden. In Zypern ist ein solches Szenario im März 2013 eingetreten: Kunden, die mehr als 100 000 Euro auf der Laiki Bank angelegt hatten, verloren alles, was über diesem Betrag lag. Kunden der Bank of Cyprus erhielten für rund die Hälfte ihrer Guthaben über 100 000 Euro Aktien, die andere Hälfte wurde eingefroren. Es war das erste und bislang einzige Mal, dass in der Eurozone Bankkunden enteignet wurden.

TIPP *Wer es ganz sicher mag, kann sein Geld in Scheinen in ein Schliessfach bei der Bank legen. Dort wird es zwar nicht verzinst, aber die Kunden bleiben Eigentümer der Scheine, und diese fallen nicht in die Konkursmasse der Bank. Allerdings sind die Kosten für Schliessfächer recht hoch. Ein Fach in der Grösse 4,5 × 18 × 37 Zentimeter kostet am Hauptsitz der UBS 100 Franken pro Jahr.*

FAST WIE EIN SPARKONTO – KASSENOBLIGATIONEN

Kassenobligationen werden von Banken ausgegeben. Sie werden nicht an einer Börse gehandelt und meist bis zum Ende der Laufzeit gehalten. Die Laufzeit beträgt zwischen zwei und acht Jahren. Die Verzinsung ist höher als bei einem Sparkonto, liegt aber heute auch nicht mehr viel über null Prozent. Die Zinsunterschiede bei den verschiedenen Banken sind allerdings enorm: Bei einer Laufzeit von acht Jahren gibt es aktuell Angebote von 0,1 bis 0,7 Prozent. Vergleiche der Zinsen von Kassenobligationen finden Sie zum Beispiel unter www.vermoegens-partner.ch (→ Zinsvergleiche → Zinsen Kassenobligationen).

Ein Vorteil von Kassenobligationen ist, dass sie grundsätzlich wie das Geld auf dem Lohn- oder Sparkonto bis zum Betrag von 100 000 Franken durch die Einlagensicherung garantiert sind (siehe vorangehende Seite). Aber Achtung: Insgesamt sind pro Bank nur 100 000 Franken gesichert. Wenn Sie also schon 100 000 Franken auf Konten bei einer Bank liegen haben und von der gleichen Bank Kassenobligationen kaufen, profitieren Sie nicht mehr von der Einlagensicherung.

Fremdwährungskonten

Wenn Sie Immobilien im Ausland haben oder dort geschäftlich tätig sind, kann es sinnvoll sein, ein Fremdwährungskonto zu führen. Damit können Sie sich allenfalls Wechselgebühren sparen. Möglicherweise liessen sich damit auch Währungsgewinne realisieren, wenn der Schweizer Franken gegenüber der ausländischen Währung Ihres Fremdwährungskontos an Wert verliert. Allerdings war es in der Vergangenheit meist umgekehrt: Die ausländischen Währungen büssten gegenüber dem Schweizer Franken an Wert ein. So mögen auf ausländischen Konten zwar Zinsen bis fünf Prozent oder mehr locken, wenn die Währung jedoch gegenüber dem Schweizer Franken 20 Prozent verliert, resultiert ein Verlust.

US-DOLLAR, EURO UND BRITISCHES PFUND GEGEN SCHWEIZER FRANKEN

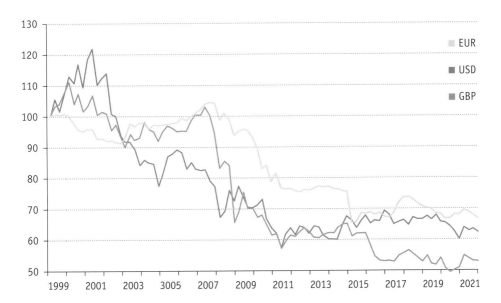

Die Grafik zeigt die Kursentwicklungen des US-Dollars, des Euros und des britischen Pfunds: Der Dollar und der Euro haben seit Anfang 1999 gegenüber dem Schweizer Franken über 30 Prozent an Wert verloren. Das britische Pfund sogar fast 50 Prozent.

Quelle: Bloomberg

Vorteile

+ Sicherheit
+ Geld steht relativ kurzfristig wieder zur Verfügung

Nachteile

− Geringe Verzinsung
− Sicherheit ist nicht absolut
− Bei vielen Banken Bezugsbeschränkungen pro Jahr (massgebend sind die allgemeinen Geschäftsbedingungen)

Obligationen

Obligationen sind ein wichtiger Bestandteil in der Vermögensanlage. Viele Anleger investieren rund die Hälfte ihres frei verfügbaren Vermögens in diese Anlageklasse. Obligationen können relativ sichere Renditen bringen und die grossen Wertschwankungen von Aktien etwas ausgleichen – in der Vergangenheit stiegen ihre Kurse sogar oft, wenn die Aktienkurse fielen.

Auf den folgenden Seiten lernen Sie den Umgang mit Obligationen, deren Vielfalt und Komplexität oft unterschätzt wird. Das bessere Verständnis dieser Anlageklasse wird Ihnen zu besseren Anlageergebnissen verhelfen.

So funktionieren Obligationen

Obligation, Anleihe, Rentenpapier, festverzinsliche Wertschrift, Bond – das alles sind Begriffe mit der gleichen Bedeutung. Eigentlich ist eine Obligation etwas Ähnliches wie ein Sparkonto. Bei Letzterem geben Sie Ihr Geld einer Bank und diese zahlt Ihnen dafür einen Zins, mag er auch noch so gering sein. Im Unterschied dazu überweisen Sie bei Obligationen

Ihr Geld nicht auf ein Konto, sondern leihen es einem Schuldner. Dieser Schuldner verpflichtet sich, Ihnen einen Zins zu zahlen und den Schuldbetrag nach einer bestimmten Zeit zurückzuerstatten. Der Zins wird bei Obligationen Coupon genannt, da früher Abschnitte des Wertpapiers abgetrennt und zur Einlösung des Zinses verwendet wurden.

Die Zeit, bis den Investoren ihr Geld wieder zur Verfügung steht, wird Laufzeit genannt. Sie ist meist fix und deutlich länger als bei einem Sparkonto, bei dem Sie zumindest über einen Teil des Geldes jederzeit verfügen können. Das ist ein Grund, warum Obligationen in der Regel mehr Zinsen bringen als ein Sparkonto. Je länger die Laufzeit einer Obligation, desto höher ist im Durchschnitt auch die Verzinsung. Denn für einen längeren Verzicht auf ihr Geld fordern die Investoren eine höhere Entschädigung. Das zeigt folgende Grafik, in der die Zinssätze abgebildet sind, die Top-US-Unternehmen für Obligationen mit Laufzeiten zwischen drei Monaten und 30 Jahren bezahlen müssen.

ZINSSÄTZE VON TOP-US-OBLIGATIONEN MIT VERSCHIEDENEN LAUFZEITEN

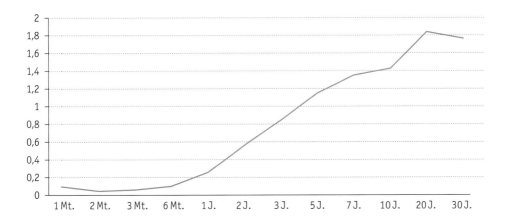

Je länger die Laufzeit, desto höher tendenziell der Zins. Auf der horizontalen Achse sind die Laufzeiten abgebildet, auf der vertikalen die Zinssätze. Während für Obligationen mit drei Monaten Laufzeit nicht einmal 0,1 Prozent Zins fällig ist, muss der Schuldner für Laufzeiten von 30 Jahren 1,77 Prozent Zins zahlen.

Quelle: www.treasury.gov, Stand Dezember 2021

Bonität: Wie sicher ist es, dass der Schuldner das Geld zurückzahlt?

Die Schuldner, denen Sie bei einer Investition in eine Obligation Geld leihen, sind meist Unternehmen oder Staaten. Für Obligationen gibt es, anders als beim Sparkonto, keine Einlagensicherung. Umso wichtiger ist die Bonität – oder besser: die zukünftige Zahlungsfähigkeit – des Schuldners. Ihr müssen Sie beim Kauf einer Obligation viel mehr Beachtung schenken als beim Sparkonto. Deswegen gibt es die Ratingagenturen, spezialisierte Dienstleister, die die Bonität von Schuldnern messen. Die zwei bekanntesten heissen Standard & Poor's und Moody's.

Als Anleger oder Anlegerin sollten Sie wissen, was die Bonitätsnoten dieser beiden Agenturen bedeuten, und daraus die Risiken ableiten können. In der unten stehenden Tabelle finden Sie die Bonitätsnoten der beiden Ratingagenturen und die Wahrscheinlichkeit, dass ein Schuldner

BONITÄT UND MÖGLICHE ZAHLUNGSUNFÄHIGKEIT

Ratingnote Standard & Poor's / Moody's	Interpretation Schuldnerqualität	Ausfallwahrscheinlichkeit in %*
AAA / Aaa	Ausgezeichnet	0,521
AA / Aa	Sehr gut	0,522
A / A	Gut	1,287
BBB / Bbb	Genügend	4,637
BB / Bb	Knapp ungenügend	19,118
B / B	Erhebliches Risiko	43,343
C	Sehr hohes Risiko	69,178
D	Bereits insolvent / zahlungsunfähig	100

* Prozentzahl der Obligationen, die über einen Zeitraum von 10 Jahren nicht zurückgezahlt wurden, berechnet durch Moody's mit Daten von 1970 bis 2006. Wenn Sie also Obligationen von 100 verschiedenen Schuldnern mit Rating A kaufen, müssen Sie in den nächsten 10 Jahren damit rechnen, dass etwas mehr als ein Schuldner (1,28 %) die Obligation nicht zurückzahlt.

mit einer bestimmten Bonität innerhalb von zehn Jahren zahlungsunfähig wird.

INFO *Nicht vergessen dürfen Sie, dass die Ratingagenturen von den Schuldnern bezahlt werden, denen sie Noten verteilen. Das hat im Nachgang zur Finanzkrise zu erheblicher Kritik an den Ratings geführt. Da die Agenturen nicht wirklich unabhängig sind von den Unternehmen, die sie benoten, kann nicht ganz ausgeschlossen werden, dass sie Gefälligkeitsnoten verteilen. Das dürfte aber der absolute Ausnahmefall sein, da sich die Ratings statistisch bewährt haben: Unternehmen mit besseren Noten weisen tatsächlich ein kleineres Konkurs- bzw. Ausfallrisiko auf als solche mit schlechteren Noten.*

Die Ausfallraten von Obligationen schwanken über den Zeitverlauf. Wenn es der Wirtschaft gut geht, werden tendenziell weniger Schuldner zahlungsunfähig, als wenn es der Wirtschaft schlecht geht. In der Finanzkrise

GLOBALE AUSFALLRATEN IM ZEITVERLAUF

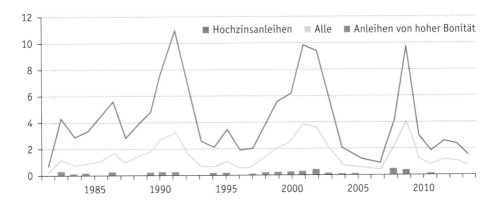

In der Finanzkrise um das Jahr 2007 steigen die Ausfallraten stark an. Vor allem Hochzinsanleihen (Obligationen mit einem Rating von BB oder schlechter; blaue Kurve) unterliegen enormen Schwankungen. Bei Anleihen von hoher Bonität (die kleinen roten Stäbe auf der x-Achse) werden sogar in Krisenzeiten kaum Schuldner zahlungsunfähig.

Quelle: Standard & Poor's, Bilanz-Grafik

um das Jahr 2007 erhöhte sich die Ausfallrate für alle Obligationen, wie die folgende Grafik zeigt.

Je sicherer, desto weniger Zins

Je höher die Bonität eines Schuldners, desto geringer also das Risiko für die Investoren – desto tiefer aber auch der Zins, den der Schuldner seinen Gläubigern, also Ihnen, bezahlen muss. Und umgekehrt: Je tiefer die Bonität eines Schuldners, desto höher müssen die Zinssätze sein, um Anleger zu locken. In der folgenden Grafik werden die durchschnittlichen Zinssätze von Obligationen mit einer Laufzeit von zehn Jahren von US-Unternehmen mit höchsten Bonitäten (AA+, AA und A) verglichen mit jenen von tieferer Bonität (BBB+, BB und B).

ZINS UND RISIKO

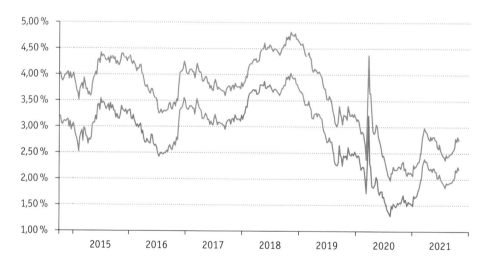

Unternehmen mit tieferer Bonität müssen wegen des höheren Risikos eines Konkurses höhere Zinsen bezahlen (rote Kurve). Im Herbst 2021 rund 2,7 Prozent gegenüber 2,2 Prozent, die Unternehmen mit höherer Bonität bezahlen müssen (blaue Kurve).

Quelle: Bloomberg

■ Besonders hohe Zinsaufschläge müssen Schuldner mit Bonitätsnoten von BB oder tiefer bezahlen. Bis zur Note BBB spricht man von **Investment-Grade-Obligationen**. Das bedeutet, dass institutionelle Anleger, zum Beispiel Pensionskassen, in diese Papiere investieren dürfen.

■ Bei tieferen Noten ist oft von **Junk-Bonds** (Abfall-Obligationen) oder – positiver formuliert – **Hochzinsanleihen** die Rede. Institutionellen Anlegern (Pensionskassen, Versicherungen, Banken) ist es gesetzlich oft ganz oder weitgehend untersagt, in solche Hochzinsanleihen zu investieren. Der Gesetzgeber oder Regulator will eben, dass diese Institute möglichst sicher investieren.

TIPP *Weil es institutionellen Anlegern oft verboten ist, in Hochzinsanleihen zu investieren, ist die Nachfrage nach diesen geringer. Entsprechend sind die Zinsen dort oft etwas höher, als die Bonität der Schuldner vermuten lassen würde. Für Sie kann es darum von Vorteil sein, in Obligationen von Schuldnern zu investieren, deren Bonität leicht unter Investment-Grade ist, also etwa in Obligationen von Schuldnern mit der Bonität BB. Allerdings bringen solche Obligationen nicht nur höhere Zinsen, sondern sind auch risikoreicher. Investieren Sie nur in Hochzinsanleihen, wenn dies Ihrem Risikoprofil entspricht (siehe Seite 58), und achten Sie auf eine gute Diversifikation.*

Kursschwankungen während der Laufzeit

Es stimmt zwar, dass Sie bei einer Obligation – vorausgesetzt, Ihr Schuldner wird nicht zahlungsunfähig – am Ende der Laufzeit 100 Prozent des investierten Kapitals zurückerhalten. Trotzdem kann der Kurs einer Obligation während der Laufzeit erheblichen Schwankungen unterliegen und auch deutlich unter 100 Prozent fallen, also unter den Wert des anfänglich ausgeliehenen Betrags, oder deutlich über 100 Prozent steigen. Da viele Obligationen an einer Börse gehandelt werden, lassen sich dort die Kursschwankungen gut verfolgen. Drei Faktoren beeinflussen den Kurs einer Obligation hauptsächlich:

■ das allgemeine Zinsniveau
■ die Bonität des Schuldners
■ das Sicherheitsbedürfnis der Anleger

Das Zinsniveau

Wenn ein Unternehmen oder ein Staat eine Obligation ausgibt, orientiert sich der Zins des Wertpapiers am dann aktuellen Zinsniveau. Dieses ist Schwankungen unterworfen. Deshalb sind Obligationen, die noch vor einigen Jahren bei einem höheren Zinsniveau herausgegeben wurden, an der Börse heute deutlich mehr wert. Denn beim aktuellen tieferen Zinsniveau bieten neu ausgegebene (fachsprachlich: emittierte) Obligationen nur tiefe Coupons. Entsprechend sind die Investoren bereit, für früher ausgegebene Obligationen mit höheren Coupons mehr zu bezahlen.

Das relevante Zinsniveau ist immer dasjenige, in dem eine Obligation ausgegeben wurde. Da das Zinsniveau in der Schweiz im Durchschnitt schon seit Jahrzehnten tiefer liegt als in den USA, in der EU und auch in Grossbritannien, rentieren Obligationen in Schweizer Franken weniger als vergleichbare Titel in Dollar, Euro oder Pfund. Da könnte man auf die Idee kommen, Obligationen in Fremdwährungen zu kaufen. Das ist eine Möglichkeit, allerdings müssen Sie sich darüber im Klaren sein, dass Sie damit ein Fremdwährungsrisiko eingehen. Wenn der Kurs der Fremdwährung gegenüber dem Schweizer Franken fällt, erhalten Sie am Ende der Laufzeit, in Schweizer Franken gerechnet, weniger Geld zurück. Der Währungsverlust kann die Mehrrendite aufgrund des höheren Zinsniveaus durchaus übersteigen.

> **ACHTUNG** *So verlockend die höhere Rendite von Fremdwährungen erscheint, Sie müssen sich bewusst sein, dass Fremdwährungen gegenüber dem Schweizer Franken langfristig fast immer an Wert verloren haben (siehe auch Grafik auf Seite 83).*

Fallende Bonität lässt Kurse purzeln

Wenn die Bonität eines Schuldners besser wird, steigen die Kurse seiner Obligationen, weil sein Konkursrisiko gesunken ist. Eine sinkende Bonität hat den umgekehrten Effekt. Das lässt sich am Kursverlauf einer Obligation des Schweizer Rohstoffkonzerns Glencore veranschaulichen.

Als im Herbst 2015 Bedenken bezüglich der Bonität des Rohstoffkonzerns aufkamen, fiel der Kurs seiner Obligationen rasant. Im Lauf des Jahres 2016 konnte Glencore zeigen, dass die Firma durchaus zahlungsfähig ist, die Kreditgeber beruhigten sich und der Kurs stieg wieder (siehe Grafik).

BONITÄT UND KURSSCHWANKUNGEN

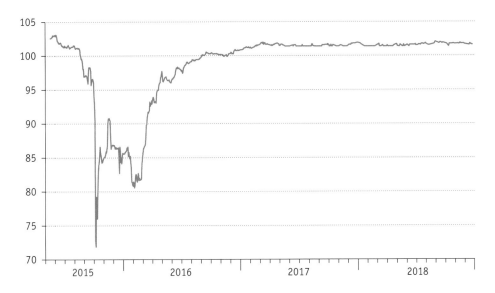

Tiefe Weltmarktpreise für Rohstoffe führten zu Misstrauen bei den Anlegern und zu einem massiven Kurseinbruch der Obligationen des Rohstoffkonzerns Glencore im Herbst 2015. Als sich die Zweifel zerstreuten, erholte sich der Kurs wieder.

Quelle: Bloomberg

Das Sicherheitsbedürfnis der Anleger

Nicht zuletzt bestimmt der Beliebtheitsgrad der gesamten Anlagekategorie die Kursentwicklung. Wenn die Anleger mit Aktien gerade besonders schmerzhafte Erfahrungen machen, flüchten sie gern in sicherere Gefilde und suchen bei Obligationen Zuflucht. Die dadurch entstehende höhere Nachfrage lässt die Kurse von Obligationen steigen. Fokussieren die Anleger wieder vermehrt auf Aktien, geben die Obligationenkurse entsprechend nach.

Je länger die Laufzeit, desto höher die Kursschwankungen

Je länger die Laufzeit einer Obligation, desto grösser sind die Auswirkungen einer Veränderung des Zinsumfelds auf ihren Kurs. Wenn die Zinsen steigen, werden langfristig laufende Obligationen unattraktiver als kurzfristige, weil das Geld länger gebunden bleibt und ihre Besitzer für längere Zeit nicht von den aktuell attraktiveren Zinsen profitieren können. Deshalb fallen bei steigenden Zinsen die Kurse von langfristigen Obligationen stärker als jene von kurzfristigen. Und umgekehrt steigen sie bei fallenden Zinsen rascher an.

Das allgemeine Zinsniveau ist im vergangenen Jahrzehnt bis 2018 tendenziell gesunken, weswegen die Kurse der Obligationen gestiegen sind. Sobald das allgemeine Zinsniveau wieder steigt – wie im Jahr 2018 in den USA –, fallen aber die Obligationenpreise. Weil das allgemeine Zinsniveau derzeit schon sehr tief ist, sind die meisten Experten der Meinung, es könne kaum noch weiter fallen. Allerdings waren sie schon länger dieser Meinung – und das Zinsniveau ist trotzdem gefallen. Das zeigt, wie schwierig Zinsprognosen sind.

KURZÜBERSICHT: OBLIGATIONENWISSEN

Die Mechanismen von Obligationen sind insgesamt eher komplexer als jene von Aktien. Zudem ist die Auswahl an Obligationen deutlich grösser. Zum einen emittieren auch Staaten Obligationen, während sie kaum Aktien ausgeben. Zum andern gibt es von den meisten Unternehmen nur eine Aktie, während jedes eine Vielzahl von Obligationen ausgeben kann.

Folgende Zusammenhänge sollten Sie als Anleger oder Anlegerin im Auge behalten:

- Steigt das Zinsniveau, fallen die Obligationenkurse.
- Steigt die Bonität eines Unternehmens, steigen die Kurse seiner Obligationen.
- Je länger die Laufzeit, desto höher ist die Verzinsung.

Obligationen vergleichen: Rendite auf Verfall

Die oben beschriebenen Kursveränderungen einer Obligation sind zum grossen Teil nur relevant, wenn Sie einen Titel vor Verfall, also bevor der Kreditnehmer die Schulden zurückzahlt, verkaufen wollen. Halten Sie Ihre Obligationen bis zum Verfall, ist vor allem die Rendite wichtig, die Sie erzielen können, falls die Schulden voll zurückgezahlt werden.

Wollen Sie herausfinden, welche Obligation die höchste Rendite bringt, ist es wenig sinnvoll, die Zinsen anhand des Coupons zu vergleichen. Denn dieser Coupon wird immer auf der Basis eines Wertes der Obligation von 100 Prozent berechnet. Interessanter ist die Rendite auf Verfall, diejenige Rendite also, die ein Anleger erhält, wenn er die Obligation ab Kaufdatum bis zum Ende der Laufzeit und zur Rückzahlung durch den Schuldner behält.

ANGENOMMEN, DER COUPON EINER OBLIGATION beträgt 5 Franken. Dann beträgt die Rendite, berechnet aufgrund des Ausgabewerts (auch Nennwert genannt) von 100 Franken, 5 Prozent. Nun steigt der Kurs der Obligation auf 105 Franken. Ein Anleger, der diese Obligation jetzt kauft, erhält immer noch 5 Franken Coupon. Er muss die Rendite aber auf dem Kaufpreis von 105 Franken berechnen, das ergibt weniger als 5 Prozent.

Angenommen, die Laufzeit der Obligation beträgt noch ein Jahr. Für die Obligation bezahlt der Anleger 105 Franken, er erhält in einem Jahr aber nur 100 Franken zurück, den Nennwert. Er erhält also einerseits 5 Franken Coupon, verliert aber gleichzeitig 5 Franken (Kauf der Obligation für 105 Franken, Rückzahlung von nur 100 Franken). Dem An-

Die grössten Zahlungsausfälle der Firmengeschichte

Die grössten drei Zahlungsausfälle der Geschichte mit Firmenobligationen fanden alle in den Jahren 2008 bis 2010 statt, also im Nachzug der Finanzkrise. Der Konkurs der Investmentbank Lehman Brothers überragt dabei alles: Anleihen im Wert von 144 Milliarden Dollar konnten damals nicht zurückgezahlt werden. Der Konkurs von Autohersteller Ford wiegt mit 71 Milliarden Dollar nur halb so viel. An dritter Stelle folgt der Konkurs des texanischen Energieversorgers Energy Future Holding, der Schulden von 48 Milliarden Dollar nicht begleichen konnte.

leger bleiben also 0 Franken Gewinn – mit anderen Worten: Die Rendite auf Verfall beträgt 0 Prozent.

Sparen Sie sich die Rechnerei, schauen Sie im Internet nach
Bei Obligationen mit Laufzeiten von mehreren Jahren wird die Renditeberechnung komplexer. Zum Glück gibt es viele Informationsanbieter, bei denen Sie die Rendite auf Verfall nachschauen können. Oft finden Sie auch die englische Bezeichnung «Yield to Maturity», abgekürzt YTM. Auf der Kursinformationsseite von finanzen.ch wird diese Kennzahl sogar einfach «Rendite» genannt. Die Tabelle zeigt als Beispiel die Renditen auf Verfall von Schweizer Staatsanleihen, die auch «Eidgenossen» genannt werden.

RENDITE AUF VERFALL

Schuldner	Valor	Coupon	Rendite auf Verfall	Fälligkeit
Schweizerische Eidgenossenschaft	843556	4,0000 %	−0,79 %	11.2.2023
Schweizerische Eidgenossenschaft	868037	4,0000 %	−0,46 %	8.4.2028
Schweizerische Eidgenossenschaft	975519	4,0000 %	−0,26 %	6.1.2049
Schweizerische Eidgenossenschaft	1580323	3,5000 %	−0,27 %	8.4.2033
Schweizerische Eidgenossenschaft	2452496	2,5000 %	−0,21 %	8.3.2036
Schweizerische Eidgenossenschaft	3183556	3,2500 %	−0,47 %	27.6.2027

Die Rendite auf Verfall wird als jährlicher Zinssatz angegeben. Damit lassen sich verschiedene Obligationen vergleichen.
Stand: Dezember 2021

Quelle: www.finanzen.ch

TIPP *Die Rendite auf Verfall können Sie sich auch im Internet berechnen lassen. Unter folgendem Link wird nicht die jährliche Rendite, sondern jene über die gesamte Laufzeit der Obligation berechnet: www.finanz-seiten.com (→ Rechner → YTM-Rechner).*

Nicht vergessen: Kosten

Wenn Sie Obligationen kaufen, fallen Handelskosten und Depotgebühren an. Die Depotgebühren betragen typischerweise rund 0,2 Prozent des angelegten Vermögens. Kaufen Sie also eine Obligation für 10 000 Franken, kostet das 20 Franken pro Jahr an Depotgebühren. Zudem müssen Sie beim Kauf und Verkauf einer Obligation mit Kosten zwischen 20 und 100 Franken rechnen. Wenn Sie Ihr Vermögen auf verschiedene Einzelobligationen aufteilen, müssen Sie mehrere Titel kaufen und wieder verkaufen, sodass entsprechend mehr Transaktionskosten anfallen.

Nicht vergessen: Steuern

Während die Kursgewinne von Obligationen steuerfrei sind, gilt es zu beachten, dass Couponzahlungen wie die Zinsen auf einem Bankkonto zu versteuern sind. Das verringert die Rendite – denn relevant ist das, was Sie nach Steuern in der Tasche haben.

Ihre persönliche Rendite nach Steuern hängt von der Höhe Ihrer Einkommensteuern ab – genauer gesagt von Ihrem Grenzsteuersatz, also von dem Satz, zu dem Ihr letzter verdienter Franken besteuert wird. Als Faustregel gilt: Ziehen Sie rund ein Viertel von der Rendite auf Verfall bzw. vom Coupon einer Obligation ab, um Ihre Rendite nach Steuern zu berechnen.

Der Schweizer Obligationenmarkt

Der Schweizer Obligationenmarkt ist geprägt von Schuldnern bester Bonität. Mehr als zwei Drittel des gesamten ausstehenden Betrags an Obligationen stammen von Schuldnern mit einer Top-Bonitätsnote (AAA und AA, siehe Seite 86). Kein Wunder also, sind die Ausfallraten – der Prozentsatz der Schuldner, die zahlungsunfähig werden – in der Schweiz sehr gering.

Der letzte grosse Konkurs einer Schweizer Firma mit börsenkotierten Obligationen war derjenige der Swissair im Herbst 2001. Allerdings gibt es keine Garantie, dass die Zahlungsausfälle von Schweizer Schuldnern so selten bleiben werden. Denn in der jüngsten Vergangenheit ist die Zahl der Obligationen von Schuldnern mit tieferer Bonität (Hochzinsanleihen, siehe Seite 88) in der Schweiz wie auch weltweit gestiegen.

Die Nachfrage nach Hochzinsanleihen in Schweizer Franken ist jedoch noch immer gering. Viele institutionelle Anleger müssen aus regulatorischen Gründen in Anleihen höchster Bonität investieren und können kaum Hochzinsanleihen kaufen. Auch Kundenberater von Banken können solch spekulative Einzelanleihen ihren Kunden selten offen empfehlen. Zu gross sind ihre Reputationsrisiken, sollte ein Schuldner, den sie empfohlen haben, Konkurs gehen. Und die Manager von Obligationenfonds in Schweizer Franken sind diesbezüglich ebenfalls sehr vorsichtig. Eine Pleite, den Ausfall einer Anleihe, können sie sich nicht leisten, weil das ihr Renommee in der Branche noch über Jahre belasten würde.

Chance für geübte Privatanleger

Dass viele professionelle Investoren weniger in Hochzinsanleihen in Schweizer Franken investieren, könnte eine Chance für Sie als Privatanleger sein. Denn wo die Nachfrage eher gering ist, sind die Preise eher tief. Das wiederum bedeutet, dass solche Hochzinsanleihen tendenziell günstig sind.

EWIGE OBLIGATION

Die meisten Obligationen haben eine fixe Laufzeit. Aber es gibt auch welche, die kein Enddatum haben, sondern ewig laufen – ausser der Schuldner kauft sie zurück. Dass er das tun kann, ist in den Obligationenverträgen festgelegt. Meist ist ein Rückkauf nur zu bestimmten Zeitpunkten möglich, etwa nach fünf Jahren oder zu einem anderen, im Obligationenvertrag bestimmten Termin. Unternehmen kaufen eigene Obligationen vor allem dann zurück, wenn sie sich aktuell günstiger refinanzieren können als zu dem Zinssatz, den sie den bestehenden Obligationären bezahlen müssen.

Ewig laufende Obligationen bieten wegen der langen Laufzeit (ewig) oft etwas höhere Zinsen als alle kurzfristigeren Obligationen. Der Nachteil ist, dass diese Papiere dafür auch höhere Kursschwankungen aufweisen, also risikoreicher sind. ■

Allerdings stellt sich die Frage: Wie lange noch? Denn das Tiefzinsumfeld führt dazu, dass die Nachfrage nach Obligationen von Schuldnern mit tiefer Bonität und hoher Rendite auch in der Schweiz steigt. Das dürfte die Kurse nach oben treiben und dementsprechend die Renditen nach unten (siehe auch Seite 94).

ACHTUNG *Hochzinsanleihen bieten natürlich nicht nur höhere Zinsen, sondern sind auch risikoreicher als Anleihen mit tieferen Zinsen. Deshalb ist eine Investition in solche Papiere nur im Kontext eines diversifizierten Portfolios zu empfehlen, das Ihrem Risikoprofil entspricht (siehe Fragebogen auf Seite 62). Den Vermögensanteil, der in Hochzinsanleihen investiert wird, sollten Sie auf mehrere Papiere aufteilen, um das Risiko relativ tief zu halten.*

VOR- UND NACHTEILE VON OBLIGATIONEN

Trotz Komplexität und verwirrender Vielfalt haben Obligationen eine starken Platz im Anlagemix von Privatanlegern, weil sie über einen langen Zeitraum relativ stabile Renditen erzielen.

Vorteile
+ Relativ sicher, je nach Bonität des Schuldners
+ Relativ stabile, planbare Renditen
+ Weniger Kursschwankungen als Aktien
+ Können über die Börse oft vorzeitig verkauft werden
+ In einer Börsenbaisse ist es besser, Obligationen zu halten als Aktien.

Nachteile
− Grosse Vielfalt und Komplexität
− Gefahr eines Zahlungsausfalls
− Das derzeit tiefe Zinsniveau bringt tiefe Renditen.

Crowdlending

Hier lernen Sie eine neue Form der Vermögensanlage kennen, die bei relativ hoher Sicherheit eine gute Verzinsung verspricht: Statt Ihr Geld zur Bank zu bringen, die Ihnen dafür wenig Zinsen bezahlt und es gleichzeitig zu relativ hohen Zinsen an jemand anderes ausleiht, können Sie das Geld über Crowdlending-Plattformen direkt verleihen. Weil die Marge der Banken entfällt, erhalten Sie höhere Zinsen, und die Kosten für den Kreditnehmer sind tiefer.

Crowdlending ist eine noch sehr neue, in der Schweiz wenig erprobte Form der Anlage, kann aber attraktiv sein, insbesondere als Alternative zu Obligationen, die derzeit kaum Zinsen bringen.

So funktioniert Crowdlending

Über eine Crowdlending-Plattform vergeben Sie einen Kredit – an eine Privatperson oder ein Unternehmen. Die Kreditnehmer steigen auf diese Form der Kreditvergabe um, weil sie auf den Plattformen etwas günstigere Zinsen bezahlen müssen als bei Banken oder anderen Anbietern. Für Privatanleger sind die Zinsen aber immer noch attraktiv, sie betragen netto (nach Gebühren) meist zwischen 3,5 und 6 Prozent.

Die Betreiber der Plattformen prüfen Kreditnehmer im Vorfeld auf ihre Seriosität. Die meisten Plattformen sind gesetzlich zu einer Prüfung der Kredite verpflichtet. Vergeben sie Kredite an Privatpersonen, sind sie dem Konsumkreditgesetz unterstellt. Das heisst, sie müssen prüfen, dass für den Kreditnehmer keine Überschuldung entsteht. Deswegen sind die Ausfallraten in der Schweiz tief, sie liegen unter einem Prozent. Das heisst, dass weniger als jeder hundertste Crowdlending-Kredit zu einem Ausfall führt, bei dem der Betrag nur teilweise oder gar nicht zurückgezahlt wird.

SAHRA M. HAT EINEN KREDIT von einer Bank. Die Kreditraten hat sie immer pünktlich beglichen. Sie will den Kredit von der Bank ablösen und zu einer Schweizer Crowdlending-Plattform

wechseln, weil sie dort dank tieferen Zinsen Kosten sparen kann. Frau
M. ist diplomierte Sozialpädagogin, verheiratet, wohnt in einem Eigenheim und hat zwei Kinder. Ihr Nettoeinkommen beträgt 10 503 Franken pro Monat. Sie ist 38 Jahre alt, Deutsche mit Bewilligung C
und beim jetzigen Arbeitgeber seit 2011 angestellt. Frau M. will einen
Kredit von 50 000 Franken für 60 Monate aufnehmen und muss dafür
4,65 Prozent Zins bezahlen. Gemäss den Abklärungen der Plattform
hat sie nach Abzug aller Kosten ein freies Budget von 3545 Franken
pro Monat. Die Monatsrate für den Kredit beträgt 968 Franken, was
einer Belastungsquote von 27 Prozent des freien Budgets entspricht.
Anleger, die beim Kredit für Sarah M. mitmachen wollen, müssen ihr
mindestens 2500 Franken leihen.

LEO S. WILL MIT EINEM KREDIT von einer Crowdlending-Plattform
die Ausbildung seines Sohnes finanzieren. Er braucht dafür 3000 Franken und will das Geld schon in 12 Monaten wieder zurückzahlen. Auf
der Plattform erfahren Anleger, dass Herr S. 56 Jahre alt ist und als
Logistiker seit 2003 immer beim gleichen Arbeitgeber gearbeitet hat.
Sein Betreibungsauszug ist sauber. Leo S. ist verheiratet, wohnt in
einem Eigenheim und hat zwei Kinder. Sein Nettoeinkommen beträgt
6635 Franken pro Monat, nach allen Ausgaben bleiben ihm jeweils
406 Franken. Die Monatsrate für den Kredit beträgt 263.73 Franken,
was einer Belastungsquote von 65 Prozent entspricht. Die Plattform
stuft Herrn S. als sehr guten Schuldner ein, weshalb er nur 3.5 Prozent Zinsen bezahlen muss. Als Anleger muss man ihm mindestens
150 Franken leihen, um mitmachen zu können.

ACHTUNG *Trotz der tiefen Ausfallraten sollte der Anteil des
Vermögens, das Sie auf solchen Crowdlending-Plattformen
investieren, nicht grösser sein, als in Ihrem Risikoprofil vorgegeben
(siehe Grafik auf Seite 64, Anteil für Obligationen). Zudem sollten
Sie das Geld auf mindestens fünf Kreditnehmer verteilen, besser noch
auf deutlich mehr. Je breiter das Geld verteilt ist, desto weniger trifft
es Sie, wenn einer der Kreditnehmer zahlungsunfähig wird. Dass
es sich um eine relativ neue Anlageform in der Schweiz handelt, ist
ein gutes Argument, den Anteil des Vermögens, der in Crowdlending
investiert wird, eher klein zu halten.*

Beispiele von Crowdlending-Plattformen

Pionier der Branche in der Schweiz ist Cashare (www.cashare.ch). Der Anbieter erhielt schon 2007 die Betriebsbewilligung von der damaligen Bankenaufsicht. Cashare bietet sowohl Kredite an Privatpersonen wie auch an kleine und mittelgrosse Unternehmen (KMU) an. Andere Schweizer Crowdlending-Anbieter sind LEND (www.lend.ch), der sich auf Kredite an Privatpersonen fokussiert, sowie die auf Kredite an KMU spezialisierten Plattformen Swisspeers (www.swisspeers.ch) und creditworld (www.creditworld.ch).

TIPP *Ein Grund, sich eher an Kredite für Privatpersonen zu halten, ist das vorne erwähnte Konsumkreditgesetz, das eine Prüfung verlangt, ob der Kredit zur Überschuldung führt. Solche Kredite sind verboten.*

Crowdlending ist auch ausserhalb der Schweiz möglich, in Europa beispielsweise über www.bondora.com. Bei diesem Anbieter müssen die Beträge allerdings in Euro eingezahlt werden. Das bringt nicht nur Währungsrisiken mit sich, sondern kann auch höhere Transaktionskosten verursachen, wenn die Überweisung an Bondora von einem Konto in Schweizer Franken erfolgt.

VOR- UND NACHTEILE VON CROWDLENDING

Vorteile
+ Mehr Zinsen, als derzeit mit den meisten Obligationen erhältlich sind
+ Bisher tiefe Ausfallraten, also tendenziell tiefe Risiken

Nachteile
− In der Schweiz eine noch wenig erprobte Anlageform
− Bei grösseren Beträgen ist es nicht ganz einfach, eine breite Streuung der Kredite zu erreichen, weil erst relativ wenige Kreditnehmer diese Form der Finanzierung nutzen.

Kryptowährungen und Blockchain

Die Kryptowährungen haben in den Jahren 2020 und 2021 massiv an Popularität gewonnen. Vielen Privatanlegern sind sie vor allem bekannt geworden, weil sie stark an Wert zugelegt haben. So stark, dass einige damit sehr reich geworden sind – und andere den Gedanken nicht ganz verdrängen können, wie reich sie selbst geworden wären, hätten sie nur investiert.

Allerdings geht im Nachhinein vergessen, wie stark die Wertschwankungen der Kryptowährungen waren (und sind). Das zeigt das Beispiel von Bitcoin – der mit Abstand bedeutendsten Kryptowährung.

Bitcoin

Bitcoin ist eine Kryptowährung, also eine digitale Währung, die auf kryptologischen Methoden basiert. Das bedeutet, dass Transaktionen, wenn sie einmal notiert wurden, nicht mehr verändert werden – und auch nicht manipuliert werden können. Das wird durch die Verwendung mathematischer Methoden der Kryptologie (Verschlüsselungstechnik) erreicht, die nur vorwärts gerechnet werden können – rückwärts geht nicht.

Kursschwankungen inklusive

War ein Bitcoin im Jahr 2009 noch fast nichts wert, kostete er Ende des Jahres 2017 gegen 20 000 Franken. Damals gab es Prognosen, der Wert eines Bitcoins würde auf eine Million Franken steigen. Anschliessend verlor er aber so schnell an Wert, wie dieser zuvor gestiegen war. Anfang des Jahres 2019 war der Kurs von Bitcoin wieder auf rund 4000 Franken gefallen, und es wurde prophezeit, die Kryptowährung werde schon bald wertlos sein. Doch es kam anders: 2020 stieg der Kurs auf über 60 000 US-Dollar, fiel dann 2021 unter 40 000 und lag im Spätherbst 2021 wieder bei über 60 000 US-Dollar (siehe Grafik).

DER BITCOIN ZEIGT STARKE KURSSCHWANKUNGEN AUF DEM WEG NACH OBEN

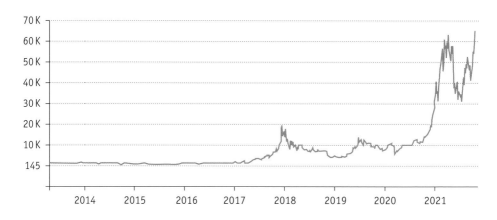

Noch im Jahr 2014 war ein Bitcoin fast nichts wert, im Spätherbst 2021 kostete er über 60 000 US-Dollar.

Quelle: Coinmarketcap.com

Zudem änderte sich mit der Zeit auch die Geschichte über den Nutzen der Kryptowährung: Zunächst sahen viele in Bitcoin eine neue Transaktionswährung, mit der im Alltag künftig alles hätte bezahlt werden können – vom Coiffeurbesuch bis zur Pizza. Inzwischen steht eher das begrenzte Angebot an Bitcoin im Vordergrund.

Dass das Angebot knapp und absolut begrenzt ist, ist denn auch der stärkste Treiber des Bitcoin-Kurses. Mehr als 21 Millionen «Stück» wird es nie geben. Das soll Sicherheit bieten, falls die klassischen Währungen Wert verlieren würden. Das könne passieren, so die Theorie, weil es immer mehr «Stück» klassische Währungen im Angebot gebe. Konkret: Da immer mehr US-Dollar, Euro und auch Schweizer Franken von Zentralbanken ausgegeben werden, könnte deren Wert zerfallen. Wer Bitcoin habe, profitiere davon – so die Theorie, die besagt, dass der Bitcoin-Kurs noch viel höher steigen werde.

Die US-Grossbank JP Morgan hat auf dieser Grundlage einen Bitcoin-Wert von 146 000 US-Dollar berechnet. Bei einem solchen Preis wären

Eine persönliche Geschichte des Autors zu Kryptowährungen

Kurz vor Weihnachten 2020 kam ich zu einem überraschenden Geschenk. Beim Aufräumen fiel mir ein zerknitterter Zettel mit zwei QR-Codes in die Hand. Ich erinnerte mich: Im Jahr 2014 hatte ich an einer Konferenz teilgenommen, wo ein Bitcoin-Automat aufgestellt war. Aus Spass habe ich ihn mit einem 20-Franken-Nötli gefüttert, und heraus kam dieser Zettel, der mich als Besitzer von 0,08477666 Bitcoin auswies. Das sind 3000 Franken in meiner digitalen Wallet.

Im ersten Moment war ich platt, dann freute ich mich, und etwas später kam der Gedanke: Hätte ich damals 2000 oder 20 000 Franken investiert, wären es heute 300 000 oder gar 3 Millionen Franken.

alle Bitcoins zusammen so viel wert, wie Privatanleger in Gold investiert haben (2700 Milliarden US-Dollar). Würde Bitcoin das Gold voll und ganz als sicheren Hafen verdrängen, käme ein Bitcoin sogar auf einen Wert von rund einer halben Million US-Dollar. Das würde den Marktwert aller Bitcoins auf 10 Billionen US-Dollar, also 10 000 Milliarden US-Dollar hochjagen.

Möglicherweise steigt der Bitcoin-Kurs wirklich noch viel höher. Aber garantiert ist das natürlich nicht. Dagegen ist fast garantiert, dass die Blockchain-Technologie – auf der die Kryptowährung Bitcoin basiert – wichtiger werden dürfte.

Ethereum – wo das Business läuft

Wenn die Funktionalität der Blockchain ins Zentrum einer Investition gerückt wird, ist Bitcoin nicht mehr top. Als älteste Blockchain ist sie mit einem Auto aus den Anfängen der Autoindustrie zu vergleichen. Heute gibt es schnellere, mit mehr Funktionalitäten ausgestattete Blockchains.

Dazu gehört Ethereum. Darauf basierten im Herbst 2021 über 95 Prozent aller geschäftlichen Blockchain-Anwendungen.

Altcoins

Neben Bitcoin und Ethereum gibt es rund 4000 weitere Kryptowährungen. Darunter sind einige, denen Experten Chancen einräumen, dass ihr Kurs künftig stark steigt.

TIPP *Viele Kryptowährungen sind reine Abzockerei. Eine Liste der Scharlatane der Kryptowährungen gibt es hier: https://bitcoin-schweiz.ch/scharlatane.*

Wer in Kryptowährungen investiert, muss einen Totalverlust verkraften können. Denn Anleger müssen sich bei diesem Thema das Internet vor 25 Jahren vorstellen, als nicht absehbar war, wie sich die Technologie und einzelne Internetfirmen entwickeln würden. Damals hatten viele darauf gesetzt, dass Yahoo die grösste Suchmaschine im Internet würde. Die heute grösste Suchmaschine – Google – gab es noch gar nicht. Das könnte auch auf die Kryptowahrungen zutreffen. Vielleicht existieren die künftig erfolgreichsten noch gar nicht.

ACHTUNG *Sicher ist: Je früher Anleger in alternativen Kryptowährungen – auch Altcoins genannt – anlegen, desto grösser ist die Chance, den Wert der Investition zu vervielfachen. Und gleichzeitig ist auch das Risiko, alles zu verlieren, viel höher.*

Im Herbst 2021 nannten Experten unter den Altcoins mit den besten Aussichten: Uniswap, der Marktführer für dezentrale Börsen, Chainlink, die Smart Contracts mit dem Internet verbindet, Yearn Finance (YFI), ein dezentraler Renditeoptimierer, und Synthetix (SNX), ein Protokoll für synthetische Vermögenswerte.

INFO *Inzwischen können Bitcoins und einige andere Kryptowährungen auch über die Schweizer Bank Swissquote gekauft werden: www.swissquote.ch.*

DIE DREI BEDEUTENDSTEN KRYPTOWÄHRUNGEN

Neben Bitcoin gibt es viele andere Kryptowährungen – sogenannte Altcoins. Aber Bitcoin ist mit Abstand die bedeutendste. Das lässt sich am Wert aller im Umlauf befindlichen Coins der einzelnen Währungen festmachen (Stand Januar 2022):

- Bitcoin: 750 Milliarden Dollar
- Ethereum: 360 Milliarden Dollar
- Tether: 75 Milliarden Dollar

Quelle: https://coinmarketcap.com

Das Potenzial der Blockchain-Technologie

Im Spekulationshype geht vergessen, worum es bei der Blockchain-Technologie geht: Sie hat das Potenzial, viele Prozesse effizienter und verlässlicher zu gestalten. Das renommierte Wirtschaftsmagazin Economist nannte die Blockchain eine «Vertrauensmaschine». Sie kann Institutionen, die in der Wirtschaft Vertrauen sichern, überflüssig machen.

Dazu gehören Banken, die für Vertrauen in Geldflüsse sorgen, und auch moderne Vermittler wie Uber, Amazon und Airbnb. Sie sorgen für Vertrauen, und das hat seinen Preis. Aber dank Blockchain können sie überflüssig werden, denn diese bietet Vertrauen in Mathematik verpackt. Das hat mit der dezentralen Speicherung zu tun und mit der mathematischen Verschlüsselungstechnik, der Kryptografie. Experten beschreiben Letztere als eine Gleichung, die nur vorwärts gelöst, aber unglaublich schwierig zurückzurechnen ist – so schwierig, wie Bratwürste wieder in lebende Kälber und Schweine zu verwandeln. Das mag irgendwann technisch möglich werden, aber wir sind weit davon entfernt.

Blockchains sind eine Art Notizbuch und dienen zum Beispiel als Register, in dem Informationen gespeichert werden können.

AUCH DAS EIGENTUM AN IMMOBILIEN KANN auf einer Blockchain gespeichert werden. Normalerweise wird dieses zentral beim Grundbuchamt in einem Register geführt. Dort steht dann, dass die Immobilie X dem Hans Muster gehört. Oft muss das noch durch eine Grundbuchbeamtin beglaubigt werden, damit es tatsächlich vertrauenswürdig ist. Bei der Blockchain wird das Eigentum an der Immobilie nicht zentral in einem Grundbuchregister gespeichert, sondern das Register wird auf allen Computern gespeichert, die Teil der Blockchain sind, also dezentral auf ganz vielen Computern. Dieser Eintrag lässt sich dann auch nicht mehr verändern. Einen Grundbuchbeamten oder ein Grundbuchamt braucht es dann eigentlich nicht mehr.

In jüngster Vergangenheit haben viele Firmen aus der Blockchain-Industrie angefangen, sich Geld über sogenannte Initial Coin Offerings (ICO) zu beschaffen. Das ist ähnlich wie ein Börsengang (IPO: Initial Public Offering), wobei Unternehmen ihre Aktien über eine Börse an Investoren verkaufen. Beim ICO werden allerding keine Aktien, sondern Token (eine Art Kryptowährung) an Investoren verkauft. Zudem läuft die Transaktion ohne Börse und Investmentbanken vereinfacht ab – allerdings auch mit weniger Vorschriften und Kontrollen. Deswegen gab es dort auch sehr viele betrügerische Aktivitäten und sehr viel Absurdes, wie etwa den Dogecoin.

Exkurs: Dogecoin und Elon Musk

Bei einem Feierabendbier machen sich der Programmierer Billy Markus und sein Kollege Jackson Palmer über Kryptowährungen lustig: «Völlig irre, das Ganze.» Lustig wäre eine satirische Kryptowährung mit einem witzigen Logo. Wieso nicht der «Doge», das Bild eines Hundes der japanischen Rasse Shiba, das im Internet als Meme kursiert? Nach dem Feierabendbier kauft Palmer die Webadresse dogecoin.com, und Markus programmiert den Dogecoin.

Zur Überraschung der beiden kaufen Leute Dogecoins. Immer mehr investieren. Irgendwann sind Palmer und Markus wohl in Ohnmacht gefallen oder zumindest vom Stuhl, denn was als Witz begann, war plötzlich fast 2 Milliarden US-Dollar wert. Das war während des Krypto-Hypes Ende des Jahres 2017.

Tesla investiert in Bitcoin, aber nicht in Dogecoin
Anschliessend verstummt das Lachen über die Dogecoin-Satire im steilen Kursrutsch der Währung. Die Hunde-Coins verlieren in den folgenden

Jahren fast 90 Prozent ihres Marktwerts. Der Hund geht dem Ende zu, bis ihn Elon Musk mit seinen Tweets wiederbelebt: «No highs, no lows, only Doge» oder einfach das Wort «Doge» postet der Tausendsassa. Dazu lustige Videos und Bilder vom Doge und eine Umfrage zur künftigen Währung des Planeten Erde. Zur Auswahl stellt Musk Dogecoin oder alle anderen Kryptowährungen kombiniert. Dogecoin gewinnt klar mit 71 Prozent der Stimmen. Musks Fazit per Tweet: Das Volk hat gesprochen.

Als Folge gehen Dogecoins ab wie eine Rakete: Bis Dienstag, 9. Februar 2021, steigt er auf über 10 Milliarden US-Dollar und wird damit die Nummer neun unter allen Kryptowährungen auf der Welt.

Allerdings: Obwohl Musk seine Follower auf Twitter dazu animiert, Dogecoins zu kaufen, hat er mit seiner Autofirma Tesla lieber 1,5 Milliarden US-Dollar in Bitcoin investiert, in die Nummer eins der Kryptowährungen.

Musk weiss wohl, dass der Hunde-Coin kaum benutzt wird und Satire ist. «Das ironischste Ergebnis wäre, dass Dogecoin in Zukunft die Währung der Erde wird», sagte er auf der Social-Media-Plattform Clubhouse. Aber das ist äusserst unwahrscheinlich, denn die maximale Zahl der Hunde-Coins ist unlimitiert.

Die unlimitierten Hunde-Coins dürften abstürzen und Verluste bringen

Ohne Limitierung fehlt Dogecoin das wichtigste Argument für die Kurssteigerung, das bei Bitcoin wirkt: Es wird nie mehr als 21 Millionen Bitcoins geben, aber viele Millionen Dogecoins wären möglich.

Das wahrscheinlichste Szenario für den Dogecoin ist ein weiterer Absturz. Da wird allen das Lachen vergehen, die wegen Musk in Dogecoins investierten. Musk baut tolle Autos und Raketen und ist auch sonst ein Tausendsassa. Aber er ist auch ein Clown – und seine Tweets sind oft nicht ernst zu nehmen. «I put the art in fart», twitterte er am 9. Januar 2020. Seine Twitter-Fürze können teuer werden, wenn man ihnen unbedacht folgt.

Das Beispiel zeigt, welch verrückte Blüten im Boomland der Kryptowährungen spriessen.

Non-Fungible Tokens

Viele Jungunternehmer wollen im lukrativen Geschäft mitmischen. Sie werben mit ihren Geschäftsideen bei Investoren, die echtes Geld in Token investieren sollen. Neben den Altcoins haben im Jahr 2021 Non-Fungible Tokens (NFT) für Furore gesorgt. Ein NFT ist sozusagen eine digitale Eigentumsurkunde, die aussagt, wer der Eigentümer dieses Unikats bzw. des Original-Kunstwerks ist, und wird auf einer Blockchain gespeichert, also der Technologie, die hinter den Kryptowährungen steckt. Mit NFTs werden in der Blockchain digitale Originale geschaffen, die bisher vor allem in der Kunstwelt viel Aufheben verursacht haben.

Digitale Kunst für 60 Millionen US-Dollar

NFTs sind in der Kunstwelt im Jahr 2021 zu einiger Berühmtheit gelangt, weil sie in jüngster Vergangenheit Spitzenpreise bei Auktionen erreichten. So hat ein digitales Werk des Künstlers Beepl im März 2021 an einer Auktion einen Preis von über 60 Millionen US-Dollar erzielt. Grösste Handelsvolumen wurden 2021 auf der Plattform OpenSea erreicht. Dort werden NFTs für über 1 Milliarde US-Dollar pro Monat gehandelt. Darunter auch jene NFTs aus dem Projekt «The Currency» von Damien Hirst.

Das Spezielle an den digitalen Kunstwerken ist, dass sie identifizierbare Originale sind. Dies, weil sie mittels der Blockchain-Technologie dazu gemacht werden. So werden die leicht zu kopierenden Digitalwerke zu nicht ersetz- oder austauschbaren Einzelstücken, zu «non-fungible tokens».

Die Umsätze damit steigen auch, weil es viele Investoren gibt, die mit Kryptoanlagen zu grösseren Vermögen gekommen sind, und es sich leisten können, für digitale Kunst nicht nur Tausende, sondern Millionen US-Dollar auszugeben.

UNTER DEN INVESTOREN, die mit Kryptowährungen reich geworden sind, ist etwa Justin Sun, der im Herbst 2021 ein simples Comic-artiges Bild von einem Felsen mit Laseraugen für 611 000 US-Dollar kaufte. Der Gründer der milliardenschweren Kryptowährung Tron hatte im Jahr 2019 noch Schlagzeilen gemacht, weil er ein Abendessen mit Investorenlegende Warren Buffett für 4,6 Millionen US-Dollar ersteigerte. Nun lenkt er die Aufmerksamkeit mit Käufen von digitaler Kunst auf sich.

IN DER WELT DER NFTS waren im Jahr 2021 «EtherRocks» sehr begehrt. Aber warum sollte man so einen besitzen wollen? Aus demselben Grund, aus dem jemand eine seltene Briefmarke kaufen würde: Die Originale sind rar, und manche Leute glauben, dass sie einen enormen Wert haben, und sind bereit, hohe Preise dafür zu bezahlen. «Diese virtuellen Felsen dienen KEINEM ZWECK, ausser dass sie mitgebracht und verkauft werden können und dir ein starkes Gefühl des Stolzes geben, einer der einzigen 100 Felsen im Spiel zu sein :)», steht auf der EtherRock-Website geschrieben. Verrückt? Während Sun einen EtherRock am 22. August noch für 611 000 US-Dollar kaufte, kostete am 5. September der günstigste EtherRock bereits 3 Millionen US-Dollar.

«The Currency» von Damien Hirst

Moderne Kunst löst bei vielen Menschen eine Reaktion aus, die sich mit der Aussage «So etwas hätte ja sogar ich machen können» zusammenfassen lässt. Die Antwort der Kunstwelt darauf ist ebenso simpel: «Aber du hast es nicht gemacht.»

Das gilt auch für das neueste Werk von Damien Hirst. Er hat Punkte gemalt – in verschiedenen Farben. 10 000 Blätter in der Grösse A4 hat er im Jahr 2016 von Hand bemalt. Wie auf Geldnoten ist auf jedem dieser Blätter ein Wasserzeichen: das Konterfei von Damien Hirst. Jedes Blatt ist nummeriert und auf der Rückseite von Hirst unterschrieben. Als zusätzliche Sicherheit für die Authentizität ist auch noch ein Microdot auf jedem Blatt, eine sehr kleine, mit blossem Auge nicht entzifferbare Botschaft.

Das alles gehört noch zum ersten Teil des Werkes, der sich im (relativ) traditionellen Rahmen abspielt. Die 10 000 Werke sind im Juli 2021 zum Preis von je 2000 Dollar pro Stück verkauft worden. Der Betrag konnte per Kreditkarte oder auch in den Kryptowährungen Bitcoin, Ether, USD-Coin und Dai bezahlt werden. Rund 30 000 Menschen wollten ein Werk ergattern, sodass am Schluss nur jeder Dritte Bieter tatsächlich einen Zuschlag erhielt. Auf jeden Fall hat Hirst mit dem Projekt so schon mal 20 Millionen US-Dollar Umsatz generiert. Für die neuen Eigentümer wurde es noch mehr, denn es gibt einen Marktplatz für die Werke, wo sie gehandelt werden: Hatten die ursprünglichen Käufer im Juli 2021 noch 2000 US-Dollar bezahlt, wurden die Blätter im Oktober im Schnitt schon für über 35 000 US-Dollar verkauft.

Dabei wurden die 10 000 Werke bisher nicht an die Käufer ausgeliefert, sondern blieben in einem Tresor in Grossbritannien aufbewahrt. Bis zum Juli 2022 haben die Eigentümer die Wahl, ob sie sich das Werk als Blatt liefern lassen wollen. Alternativ dazu können sie es rein digital behalten, als NFT. Dabei gilt entweder oder. Beides geht nicht. Wer das NFT will, dessen Blatt im Tresor wird vernichtet – und das NFT wird dann zum Original.

Diese NFTs werden auf der Blockchain Palm gespeichert, einem umweltfreundlichen NFT-Ökosystem, das mit Ethereum verbunden ist, aber 100-mal energieeffizienter als Ethereum oder Bitcoin ist.

Zentralbankgeld

Zum Abschluss des Kapitels zu den Kryptowährungen noch das Thema Zentralbankgeld. Die klassischen Währungen, also etwa der Schweizer Franken, der US-Dollar und der Euro, werden von Zentralbanken ausgegeben. In der Schweiz ist das die Schweizerische Nationalbank. Sie hat damit grosse Macht über den Schweizer Franken, die Landeswährung.

Falls sich Kryptowährungen als echte Konkurrenz der klassischen Währungen erweisen, dürfte es von den Zentralbanken Gegenwehr geben, denn sie würden an Macht verlieren. Viele Zentralbanken experimentieren deswegen schon mit eigenen Kryptowährungen. Oft mit sogenannten Stablecoins. Das sind Kryptowährungen, die möglichst einen stabilen Wert aufweisen, etwa indem sie an eine klassische, stabile Währung gebunden werden. Es ist gut möglich, dass sich im allgemeinen Gebrauch solches Zentralbankgeld durchsetzen wird.

Es stellt sich die Frage, was das für die Kryptowährungen wie Bitcoin, Ethereum und die Altcoins bedeuten würde. Ein Untergang oder Wertverlust dieser Währungen muss nicht unbedingt die Folge sein. Es hat Platz für einige Kryptowährungen mit unterschiedlichen Funktionen.

Aktien

Aktien sind der wichtigste Bestandteil einer langfristigen Vermögensanlage. Der Anteil Ihres Vermögens, den Sie in Aktien investieren, bestimmt massgeblich die Rendite – aber auch das Risiko. Langfristig sind Aktien die beste Vermögensanlage.

Wenn Sie Obligationen kaufen, sind Sie lediglich Kreditgeber einer Firma, mit dem Kauf von Aktien dagegen werden Sie zum Miteigentümer. Sie dürfen an der Generalversammlung mitbestimmen, vor allem bei der Wahl der Verwaltungsräte und bei der Verwendung des Gewinns, etwa für Dividenden, sowie über die Vergütung der obersten Firmenführung.

Wenn Sie langfristig investieren und eine relativ hohe Rendite erzielen wollen, kommen Sie an Aktien kaum vorbei. Allerdings geht die langfristig hohe Rendite auf Kosten der Nerven, die bei zwischenzeitlichen Kurseinbrüchen arg strapaziert werden können. Gemäss den Daten der Privatbank Pictet haben Schweizer Aktien beispielsweise in der Finanzkrise von 2008 rund ein Drittel an Wert verloren. Ein Blick weiter zurück zeigt, dass der Verlust nach dem Internetboom in den Jahren 2001 und 2002 sogar 42 Prozent betrug, gleich viel wie in der Ölkrise Anfang der 70er-Jahre. Und in der Weltwirtschaftskrise Ende der 20er-, Anfang der 30er-Jahre verloren Schweizer Aktien rund 38 Prozent an Wert. Diese vier Börsenbaissen waren die schlimmsten in der Historie der Schweizer Aktien.

Enorme Gewinne dank dem Zinseszinseffekt

Trotz all dieser einschneidenden Kurseinbrüche standen die Schweizer Aktienkurse Ende 2017 so hoch wie nie zuvor an einem Jahresende. Insgesamt zeigen sich in der Historie eben viel mehr gute Börsenjahre als schlechte, zum Teil gar phänomenal gute: 1985 konnten Anleger mit Schweizer Aktien über 61 Prozent gewinnen, so viel wie bisher in keinem anderen Jahr. In diesem Jahrtausend war das Jahr 2005 das beste mit einem Plus von fast 36 Prozent – als nächstbestes folgt 2013 mit einem Gewinn von rund 25 Prozent.

WERTENTWICKLUNG VON AKTIEN UND OBLIGATIONEN
(logarithmische Darstellung, siehe Seite 43)

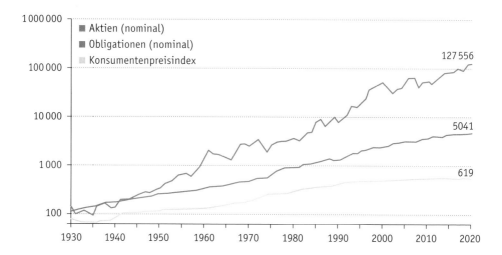

Wer im Jahr 1925 nur 100 Franken in Schweizer Aktien investiert hätte, könnte sich 2020 über ein Vermögen von fast 128 000 Franken freuen. Mit Schweizer Obligationen wären aus den 100 Franken nur knapp 5041 Franken geworden. Sowohl die Werte von Aktien als auch jene von Obligationen sind deutlich schneller gestiegen als die Inflation. Das zeigt der Konsumentenpreisindex, der von 100 nur auf rund 619 gestiegen ist – ein mit denselben Waren gefüllter Einkaufskorb, der im Jahr 1925 100 Franken kostete, würde heute also rund 619 Franken kosten.

Quelle: Banque Pictet

Im Zeitraum von 1925 bis Ende 2020 wären aus 100 in Schweizer Aktien investierten Franken fast 128 000 Franken geworden. Aus demselben in Schweizer Obligationen investierten Betrag wären dagegen vergleichsweise bescheidene 5041 Franken geworden (siehe Grafik). Während die jährliche Rendite bei Aktien im Durchschnitt bei 7,8 Prozent lag, waren es bei Obligationen 4,2 Prozent. Erscheint Ihnen der Renditeunterschied gering im Vergleich zur riesigen Differenz bei der Endsumme? Dann blättern Sie zurück auf Seite 39 zum Zinseszinseffekt.

REALE WERTENTWICKLUNG VON AKTIEN UND OBLIGATIONEN

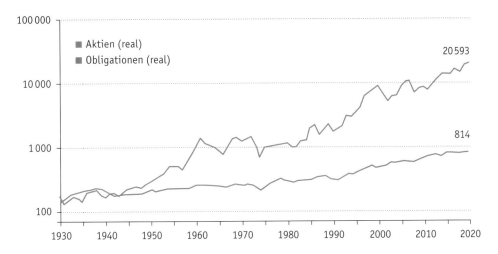

Auch wenn berücksichtigt wird, dass die Inflation die Preise vieler Güter seit dem Jahr 1925 deutlich verteuert hat, weisen Obligationen und Aktien hohe Gewinne auf. Aus den 100 Franken, die im Jahr 1925 in Schweizer Aktien investiert wurden, sind 97 Jahre später real gemessen – also nach Abzug der Inflation – fast 20 593 Franken geworden. Aus 100 Franken investiert in Schweizer Obligationen wurden immerhin noch rund 814 Franken.

Quelle: Banque Pictet

Aktien holen die Teuerung ein

Selbst wenn die Inflation berücksichtigt wird, ist die Performance von Aktien eindrücklich. In der Grafik auf Seite 112 wird die Inflation als Konsumentenpreisindex dargestellt. Dieser stieg zwischen 1925 und Ende 2020 von 100 auf rund 814, was bedeutet, dass Güter und Dienstleistungen seit dem Jahr 1925 im Schnitt etwas mehr als achtmal teurer wurden. Je nach Produkt ist der Preisanstieg unterschiedlich: Kostete ein inländisches Ei 1925 24 Rappen, sind es heute etwa 65 Rappen. Der Preis für ein Kilogramm Kartoffeln ist in der gleichen Zeit von 23 Rappen auf rund 2.50 Franken gestiegen.

Bezieht man den Kaufkraftverlust mit ein, sind aus 100 in Aktien investierten Franken immer noch 20 593 Franken geworden (siehe Grafik).

Dank einer Investition in Aktien könnten Sie sich heute also viel mehr Kartoffeln leisten, auch wenn deren Preis sich seit 1925 verdreizehnfacht hat.

Aktien gewinnen langfristig

In der Vergangenheitsperspektive gehen Aktien also im Vergleich mit Obligationen als Sieger hervor. Doch vergangene Renditen sind keine guten Indikatoren für zukünftige. Was zählt, sind die fundamentalen Zusammenhänge, die die künftigen Renditen von Aktien langfristig beeinflussen.

Die Finanzmarkttheorie ortet als Quelle von Kurssteigerungen die Höhe der künftig möglichen Dividenden, die die Aktionäre von den Unternehmen als eine Entschädigung für ihre Investition erhalten. Nach dieser Theorie wird der Gegenwartswert der künftig zu erwartenden Dividenden ausgerechnet, der dem Wert der Aktien entsprechen sollte. In der Fachsprache wird diese Theorie als «Dividend Discount Model» bezeichnet.

Die künftig möglichen Dividenden steigen mit den Unternehmensgewinnen. Dabei steigen die Gewinne einzelner Unternehmen natürlich unterschiedlich schnell. Aber die Gewinne aller Unternehmen zusammen können nicht schneller wachsen als die Weltwirtschaft. Folglich wäre es

Das beste Jahr

Für die Händler an der Schweizer Börse war das Jahr 1985 ein Genuss. Auch nach Abzug der Inflation gewannen Schweizer Aktien 56 Prozent – mehr als jemals zuvor und danach. Schon ab 1982 hatten die Börsenkurse nach einer langen Stagnation wieder zu steigen begonnen. Dies, obwohl die internationale Schuldenkrise, die Wirtschaftsflaute sowie hohe Inflations- und Arbeitslosenraten die Menschen plagten. Die Hausse sollte beinahe zwei Jahrzehnte dauern – bis zum Jahr 2000.

irrational, langfristig viel höhere Kurssteigerungen an den Aktienmärkten zu erwarten. Allerdings triumphiert an den Aktienmärkten immer wieder mal die Irrationalität. Die Folgen sind jeweils massiv überbewertete Aktien – und danach eine Börsenbaisse mit hohen Kursverlusten. An der Gleichung, dass die Aktienkurse insgesamt langfristig ungefähr im Gleichschritt mit der Weltwirtschaft wachsen sollten, ändert sich dadurch nichts.

Aktiengewinne könnten künftig tiefer sein

Aus dieser Gleichung lässt sich aber noch nicht der Schluss ziehen, dass Aktien weiterhin auf lange Sicht höher rentieren werden als Obligationen. Dazu müssten das zukünftige Wirtschaftswachstum und das Zinsniveau bekannt sein – zwei Variablen, deren Prognose selbst in der kurzen Frist sehr fehlerhaft ausfällt. Doch obwohl die Prognose schwierig ist, gilt es als wenig wahrscheinlich, dass die Weltwirtschaft in Zukunft gleich stark wachsen wird wie in den vergangenen 100 Jahren. Es gibt viele Ökonomen, die das bezweifeln. Ihre Argumente in vereinfachter Kurzform lauten etwa: In den Industrienationen gibt es bereits Überfluss, künftige Innovationen bringen nicht mehr so grosse Produktivitätsfortschritte. Solche Innovationen wären aber nötig, denn sie sind – neben dem Bevölkerungswachstum – die Haupttreiber des Wirtschaftswachstums.

Allerdings gab es solche Stimmen schon in den 70er-Jahren und noch viel früher: «Es gibt nichts Neues mehr. Alles, was man erfinden kann, ist schon erfunden worden», sagte etwa ein leitender Angestellter des US-Patentamts im Jahr 1899 und schlug vor, das Patentamt zu schliessen. Die Innovationskraft der Menschen ist eben doch grösser, als viele meinen. Das dürfte auch in Zukunft so bleiben: Bio-, Nano-, Gen- und Medizinaltechnologie werden wahrscheinlich für neue Wachstumsschübe sorgen. Und damit auch dafür, dass Aktien auf lange Frist weiter steigen.

Warum Aktien auch künftig mehr Gewinne bringen als Obligationen

Selbst wenn die Aktienrenditen in Zukunft tiefer ausfallen als in der Vergangenheit, werden sie langfristig trotzdem höher sein als jene von Obligationen. Die finanzmarkttheoretische Begründung dafür: Wer höhere Risiken eingeht, will dafür auf lange Sicht eine Entschädigung in Form höherer Renditen. Ohne diese Erwartung würde kein rationaler Investor zusätzliche Risiken eingehen. Da Aktien risikoreicher sind als Obligationen – höhere Kursschwankungen, unsichere Dividende, Benachteiligung gegenüber Obligationären bei einem Firmenkonkurs –, sollten also höhere Renditen resultieren. Die Fachleute sprechen von der Risikoprämie von Aktien gegenüber Obligationen. Wenn keine Risikoprämie mehr erwartet würde, gäbe es niemanden mehr, der in Aktien investierte. Die Folge wären stark einbrechende Aktienkurse. Dies hätte steigende Dividendenrenditen zur Folge, weil diese auf den Aktienkursen berechnet werden.

WENN EINE FIRMA, deren Aktienkurs bei 100 Franken steht, eine Dividende von 4 Franken pro Aktie angekündigt hat, ergibt das eine Dividendenrendite von 4 Prozent. Fällt nun der Aktienkurs auf 40 Franken, berechnet sich bei 4 Franken Dividende eine Dividendenrendite von 10 Prozent.

Die durch den Kurszerfall erhöhte Dividendenrendite würde wiederum die Erwartung einer Risikoprämie schüren. Aufgrund dieser Erwartungen würde die Nachfrage nach Aktien mutmasslich anziehen und deren Kurse würden wieder steigen. Langfristig dürfen darum weiterhin höhere Aktien- als Obligationenrenditen erwartet werden. Allerdings muss man dafür mit höheren Kursschwankungen bezahlen.

Kaufen, wenn andere ängstlich sind

Risikofreudige Spekulanten können versuchen die höheren Kursschwankungen auszunutzen. Im besten Fall kaufen sie Aktien, wenn die meisten anderen ängstlich sind und verkaufen wollen (dann sind die Papiere günstig), und verkaufen, wenn die anderen gierig sind (dann sind Aktien teuer).

MEHR VERMÖGEN – MEHR AKTIEN

Je mehr Vermögen Anleger zur Verfügung haben, desto grösser ist tendenziell der Anteil Aktien, den sie besitzen. Investoren mit über einer Million Franken Anlagevermögen hielten im Jahr 2010 sechzig Prozent Aktien. Unter anderem hängt das auch damit zusammen, dass solche Investoren risikofähiger sind – also mehr finanzielle Risiken tragen können – als weniger vermögende Privatanleger (mehr dazu auf Seite 58). ∎

WIE VIELE PROZENT DER SCHWEIZER BEVÖLKERUNG BESITZEN AKTIEN?

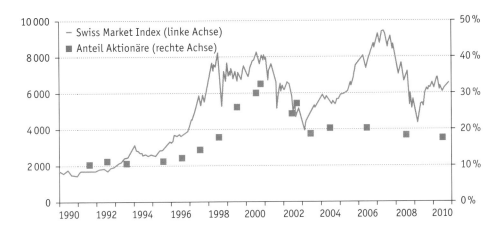

Während im Jahr 1995 nur etwas über zehn Prozent der Schweizer Bevölkerung Aktien besassen (blaue Punkte), waren es kurz vor dem Platzen der Internetblase um die Jahrtausendwende rund ein Drittel. 1995 wäre also ein gutes Jahr für Aktienbesitz gewesen, weil die folgenden fünf Jahre fette Gewinne brachten, wie die Kursentwicklung des SMI zeigt (rote Linie). Das Jahr 2000 dagegen war ein schlechter Zeitpunkt für Aktien.

Quelle: Aktienbesitz in der Schweiz, Universität Zürich

Doch woran lässt sich erkennen, ob alle anderen gierig oder ängstlich sind? Eine intuitive Möglichkeit ist, darauf zu achten, wie viele Freunde, Arbeitskolleginnen und Bekannte darüber diskutieren, welche Aktien man noch kaufen könnte. Wenn alle beginnen darüber zu reden, sogar die, die sich sonst nie mit dem Thema beschäftigt haben, sind Aktien eher teuer. Wenn kaum jemand etwas von Aktien wissen will, sind sie eher günstig.

Der Zusammenhang zeigt sich auch darin, wie viele Schweizer Privatanleger Aktien besitzen. In verschiedenen Umfragen wurde das immer wieder eruiert, zuletzt in einer Umfrage der Universität Zürich im Jahr 2010 bei 2000 Schweizer Privatanlegern. Damals hatte nur jeder Sechste in Aktien investiert; im Jahr 2000 – vor dem Platzen der Internetblase – war es noch fast jeder Dritte gewesen (siehe Grafik).

117

Reich mit Apple und Tesla

Vor allem dank der Börsenhausse der 90er-Jahre liess sich in den vergangenen 25 Jahren bis Anfang 2019 mit Aktien ein Vermögen verdienen. Breit gestreut am Schweizer Aktienmarkt investiert, wären aus 100 000 Franken, gemessen am Aktienindex SPI, rund 920 000 Franken geworden. Mit einzelnen Aktien konnten Anleger Glück oder Pech haben. Glück hatte, wer in Aktien von Nestlé investierte: Aus 100 000 in die Titel des Nahrungsmittelkonzerns investierten Franken wurden rund 980 000 Franken. Weniger Glück hatten Anleger, die Aktien von Zurich Insurance oder UBS gekauft hatten, denn daraus wurden im gleichen Zeitraum nur 200 000 bzw. 183 000 Franken. Riesendusel hatte, wer Anfang der 90er-Jahre in Aktien von Apple investierte. Aus 100 000 Dollar sind rund 10 Millionen geworden. Auch wer in Tesla-Aktien investierte, ist reich geworden. Wer im Jahr 2012 Tesla-Aktien für 5000 Dollar kaufte, hat bis November 2021 rund eine Million Dollar daraus gemacht.

In den vergangenen 25 Jahren lag der Anteil der Aktionäre an der Gesamtbevölkerung jeweils zwischen 10 und knapp über 30 Prozent. Dummerweise besassen jeweils dann, wenn die Börse Höchststände erreicht hatte, am meisten Menschen Aktien. Der absolute Höchststand wurde im Jahr 2000 erreicht, kurz bevor die Kurse einbrachen. Drei Jahre später war die Aktienquote auf unter 20 Prozent gefallen. Just dann setzte die Börse zu einem neuen Höhenflug an, der bis zur Finanzkrise im Jahr 2007 anhielt. Trotz des Börsenaufschwungs hat sich der Anteil der Aktienbesitzer in der Schweiz kaum mehr erholt. Mit der Finanzkrise ist er nochmals gesunken, auf 17 Prozent im Jahr 2010. Auch seit dem Jahr 2010 hat sich der Anteil der Aktienbesitzer gemäss Auskunft verschiedener Banken nur wenig erholt.

Banker als Kontraindikatoren

Neben der oben beschriebenen eher intuitiven Herangehensweise können Sie auch die empfohlenen Aktienquoten von Schweizer Banken anschauen. Wenn die Banken den Anlegern empfehlen, einen eher grossen Teil ihres Vermögens in Aktien zu investieren, ist es oft ein schlechter Zeitpunkt, um Aktien zu kaufen – und umgekehrt. Dies mag Sie überraschen, doch die Erfahrung zeigt, dass die Banker in dieser Hinsicht Kontraindikatoren sind.

Die Empfehlungen der Banken erscheinen jedes Quartal in der Neuen Zürcher Zeitung im «Anlagepanorama». Je höher die dort empfohlenen Aktienquoten, desto tiefer sind tendenziell die Aktienrenditen in den folgenden zwölf Monaten. Diesen Zusammenhang hat der Schweizer Vermögensverwalter Parsumo über einen langen Zeitraum hinweg analysiert. Aktien sind also tendenziell günstig, wenn die von Banken empfohlenen Aktienquoten tief sind, und teuer, wenn die empfohlenen Aktienquoten hoch sind.

DAS GEGENTEIL TUN VON DEM, WAS BANKEN EMPFEHLEN

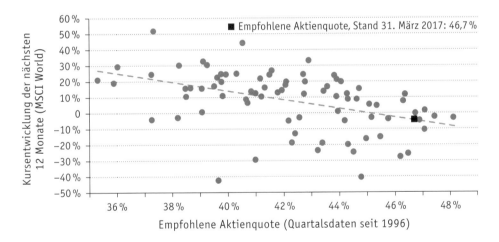

Die blauen Punkte zeigen vergangene, von den Banken empfohlene Aktienquoten (horizontale Achse) und die Rendite des Weltaktienindex MSCI World in den folgenden zwölf Monaten (vertikale Achse). Daraus wird ersichtlich, dass die Wahrscheinlichkeit von negativen Renditen (also Kursverlusten) umso höher wird, je höher die empfohlenen Aktienquoten der Banken waren. Diesen Zusammenhang zeigt die rote Linie. Im Frühling 2017 lag die empfohlene Aktienquote der Banken bei 46,7 Prozent. Daraus prognostiziert dieses Modell eine leicht negative Rendite des Weltaktienindex für die nächsten zwölf Monate.

Quelle: Parsumo

119

Das veranschaulicht der «Parsumo Contrarian Indicator», der bis Frühling 2017 erhoben wurde (siehe Grafik). Wenn die durchschnittlich empfohlenen Aktienquoten im NZZ-Anlagepanorama über 45 Prozent steigen, fallen die Aktienkurse in den folgenden zwölf Monaten tendenziell. Also sollten Sie dann Aktien eher untergewichten, das heisst verkaufen. Fallen die empfohlenen Aktienquoten dagegen unter 42 Prozent, sollten Sie Aktien eher kaufen, weil die Kurse in den folgenden zwölf Monaten tendenziell steigen. In dieser Frage sollten Sie eher das Gegenteil von dem tun, was die Banken Ihnen empfehlen.

Sind Aktien günstig oder teuer? Indikatoren

Neben dieser eher kurzfristigen Betrachtungsweise über zwölf Monate gibt es auch Indikatoren, die langfristigere Prognosekraft besitzen.

Relativ verlässliche Prognose: das ZAKGV

Besonders herauszuheben ist eine einfache Kennzahl, die von Robert Shiller entwickelt wurde. Er hat für seine Arbeiten zur Bewertung von Wertpapieren den Nobelpreis erhalten. Die Kennzahl wird oft nach ihm «Shiller P/E» oder «Shiller KGV» genannt, wobei P/E für den englischen Begriff «Price Earnings Ratio» steht, KGV für «Kurs-Gewinn-Verhältnis». Manchmal wird die Kennzahl auch CAPE genannt, die Abkürzung für das englische «Cyclically Adjusted Price Earnings Ratio», was auf Deutsch in etwa zyklisch adjustiertes Kurs-Gewinn-Verhältnis heisst, abgekürzt ZAKGV.

Trotz der vielen komplizierten Namen verfolgt die Kennzahl ein relativ einfaches Konzept. Sie setzt den Börsenwert eines Korbes von börsenkotierten Unternehmen – etwa der 500 US-Firmen, die im US-Aktienindex S&P 500 enthalten sind – ins Verhältnis zum von diesen Firmen erwirtschafteten Gewinn. Allerdings nicht einfach zum Gewinn des laufenden Jahres, sondern zum durchschnittlichen, inflationsbereinigten Gewinn der vorangegangenen zehn Jahre (daher «zyklisch adjustiert»).

Mit dieser Kennzahl lassen sich langfristige Überbewertungen der Aktienmärkte in etwa abschätzen. In der Datenreihe von Shiller, die bis ins Jahr 1881 zurückreicht, war das ZAKGV beispielsweise vor dem Börsencrash, der die Weltwirtschaftskrise des Jahres 1929 mit auslöste, und vor dem Platzen der Internetblase im Jahr 1999 sehr hoch (siehe Grafik).

DAS ZAKGV SEIT DEM JAHR 1881

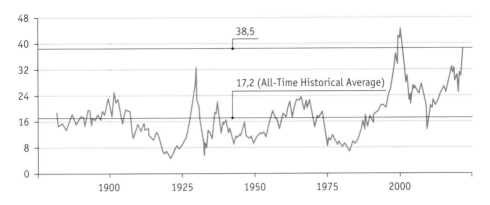

Das zyklisch adjustierte Kurs-Gewinn-Verhältnis (ZAKGV) – die blaue Linie – gibt gute Hinweise darauf, ob Aktien eher teuer oder günstig sind. Besonders hoch war das ZAKGV (auch Shiller PE Ratio genannt) um die Jahrtausendwende, kurz bevor die Internetblase an der Börse platzte. Auch aktuell – Stand Januar 2022 – ist es relativ hoch: Es steht bei 38,5, während der langjährige Durchschnitt bei 17,2 (All-Time Historical Average) lag. Das deutet darauf hin, dass die Aktienkurse nicht mehr allzu viel Spielraum nach oben haben könnten.

Quelle: GuruFocus.com

Der historische Mittelwert des ZAKGV liegt bei 17,2. Lag die Kennzahl jeweils in diesem Bereich, konnte in den folgenden zehn Jahren im Durchschnitt eine jährliche Rendite von etwas über 9 Prozent erwartet werden. Wenn das ZAKGV unter 10,6 lag, konnte man in den folgenden zehn Jahren gar mit einer jährlichen Durchschnittsrendite von über 15 Prozent rechnen. Lag das ZAKGV allerdings über 25,1, durfte in den folgenden zehn Jahren jeweils nur noch eine jährliche Durchschnittsrendite von knapp über drei Prozent erwartet werden (siehe Grafik auf der nächsten Seite).

TIPPS *Als Faustregel können Sie sich merken, dass ein ZAKGV unter 15 eher tief ist, über 25 dagegen hoch. Bei hohen Werten gilt es, mit Investitionen in Aktien eher vorsichtig zu sein, dagegen bedeuten tiefe Werte tendenziell gute Einstiegspunkte. Allerdings ist*

DAS ZAKGV ZEIGT DIE RENDITEN DER NÄCHSTEN ZEHN JAHRE

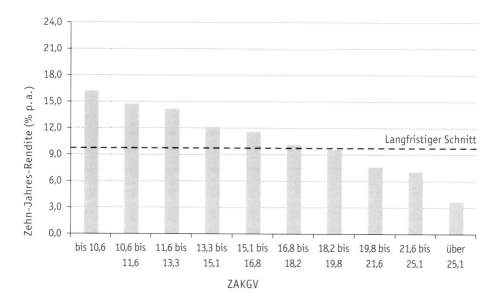

Lag das ZAKGV tief, wurden in den folgenden zehn Jahren relativ hohe Gewinne mit Aktien erzielt. Lag es über 25,1 – wie zurzeit –, resultierten in den folgenden zehn Jahren durchschnittlich noch Gewinne von etwas über drei Prozent pro Jahr.

Quelle: Malkiel, Fintool

auch dies mit Vorsicht zu handhaben; Sie sollten sich bewusst sein, dass selbst Renditen von drei Prozent, wie sie bei hohen ZAKGV erreicht werden, langfristig oft höher sind, als diejenigen von Obligationen – insbesondere etwa von Schweizer Staatsanleihen.

Das aktuelle ZAKGV finden Sie im Internet beispielsweise unter www.gurufocus.com/shiller-PE.php oder direkt auf der Website von Professor Shiller www.econ.yale.edu/~shiller/data.htm (unter CAPE).

Kurs-Gewinn-, Kurs-Buchwert- und Kurs-Cashflow-Verhältnis
Selbstverständlich gibt es noch viele andere Bewertungsindikatoren, die aber für die langfristige Perspektive bei Weitem nicht so erfolgreich sind

wie das ZAKGV. Dazu gehören etwa das Kurs-Gewinn-Verhältnis (KGV), das Kurs-Buchwert-Verhältnis (KBV) und das Kurs-Cashflow-Verhältnis (KCV). Bei allen drei wird der Börsenwert der Aktie einer Firma oder eines ganzen Korbes von Aktien jeweils ins Verhältnis zu einer Kennzahl gesetzt – beim KGV zum Gewinn, beim KBV zum Buchwert und beim KCV zum Cashflow.

KBV und KCV bedürfen einer kurzen Erklärung: Der Buchwert eines Unternehmens entspricht in etwa dessen Eigenkapital, das der Firmenbilanz entnommen werden kann. Der Cashflow entspricht dem Betrag, der während eines Jahres zusätzlich in die Kasse des Unternehmens geflossen ist. Er kann in der Mittelflussrechnung abgelesen werden.

Alle drei Indikatoren haben gemein, dass tiefere Werte darauf schliessen lassen können, dass eine Aktie oder ein ganzer Aktienmarkt eher günstig ist. Allerdings ist auch bei allen drei Indikatoren Vorsicht geboten, weil die Zahlen jeweils nur auf Grundlage eines Jahres erhoben werden. So kann es durchaus sein, dass eine Firma in einem Jahr einen ausserordentlich hohen Gewinn erwirtschaftet hat, der sich schon im nächsten Jahr nicht mehr wiederholen lässt. Aus einem tiefen KGV lässt sich also nicht in jedem Fall eine günstige Bewertung einer Aktie ablesen.

Die Dividendenrendite

Dasselbe gilt auch für die Dividendenrendite als Indikator. Allerdings ist sie umgekehrt zu interpretieren: Eine Aktie erscheint umso günstiger, je höher die Dividendenrendite ist. Für die Berechnung wird die Dividende pro Aktie durch den Wert einer Aktie geteilt.

Die Dividendenrendite wird allerdings meist mithilfe der vergangenen Dividende berechnet, und diese wird Anlegern, die die Aktie neu kaufen, möglicherweise nicht mehr ausgezahlt. Die Dividende erhält ja nur, wer die Aktie am sogenannten Dividenden Ex-Tag hält. Dieses Datum wird vom Unternehmen definiert, genauso wie die Höhe der Dividendenzahlung. Die Unternehmen versuchen zwar, die Dividendenauszahlungen pro Aktie möglichst jedes Jahr zu steigern, schaffen das aber natürlich nicht immer. Denn Dividenden dürfen nur aus erwirtschafteten Gewinnen ausgeschüttet werden. Sind keine Gewinne vorhanden, dürfen normalerweise auch keine Dividenden bezahlt werden.

Die Aktie mit dem künftig höchsten Gewinn finden? Kaum möglich

Prognosen über die künftige Kursentwicklung einer einzelnen Aktie sind noch schwieriger als über die Entwicklung eines ganzen Aktienindex (also eines Korbs von Aktien). Der Ansatz, die besten Aktien auszuwählen und nur diese zu kaufen, ist daher kaum umsetzbar. Wissenschaftliche Studien zeigen immer wieder, dass eine zufällige Auswahl von Aktien oft ähnlich gut funktioniert, wie die Auswahl Profis zu überlassen.

DIE JÄHRLICHEN RENDITEN AM SCHWEIZER AKTIENMARKT SEIT 1926

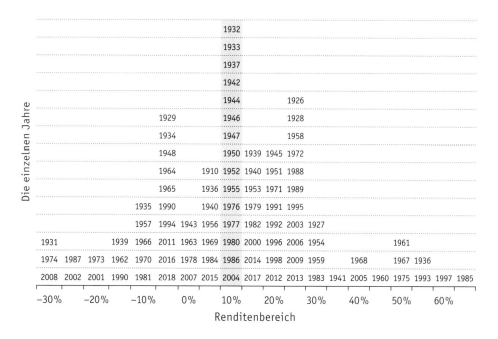

Hätten Sie im Jahr 1985 den ganzen Korb von Schweizer Aktien besessen, hätten Sie sich über einen Gewinn von rund 65 Prozent freuen können. Dagegen hätten Sie im Jahr 2008 damit rund 30 Prozent verloren. In den meisten Jahren hätten Sie mit Schweizer Aktien aber Gewinne erzielt: am häufigsten zwischen 5 und 25 Prozent.

Quelle: Fintool

124

Viele Finanzwissenschaftler gehen davon aus, dass alle verfügbaren Informationen über einzelne Unternehmen sehr schnell in den Aktienkursen enthalten sind. Echte Informationsvorsprünge haben nur Anleger, die die Gewinnzahlen von Unternehmen schon vorher kennen (etwa die Geschäftsleitung eines Unternehmens). Profitieren könnte auch, wer im Voraus über eine allfällige Firmenübernahme informiert ist. Der kleine Personenkreis, der von diesen Informationen profitieren könnte, darf das aber nicht tun: Insiderwissen auszunutzen, ist gesetzlich verboten.

Wissenschaftliche Studien bestätigen immer wieder, wie schwierig es ist, diejenigen Aktien zu identifizieren, die künftig die grössten Gewinne bringen. Als Schlussfolgerung wird den Anlegern meist geraten, einen ganzen Korb von Aktien zu kaufen. Das senkt zwar die mögliche Rendite bei einem Glückstreffer, aber es reduziert die Gefahr von Verlusten überproportional – wegen des Diversifikationseffekts (zur Diversifikation siehe Seite 51).

Für Sie als Privatanleger oder Privatanlegerin ist vor allem wichtig zu wissen, dass die Mehrzahl der Kalenderjahre Aktiengewinne bringt, oft zwischen 5 und 25 Prozent, die allermeisten eine Rendite von rund 10 Prozent – auch wenn es nach unten und oben Ausreisser gibt (siehe Grafik auf der vorangehenden Seite).

INFO *In einzelne Aktien zu investieren, lohnt sich erst mit grösseren Vermögen. Der Aktienanteil in Ihrem Portfolio muss dafür rund 200 000 Franken betragen. So können Sie Ihr Geld auf 20 verschiedene Titel à je 10 000 Franken verteilen. Wie gross der Aktienanteil insgesamt sein soll, bestimmt sich nach Ihrem Risikoprofil (siehe Fragebogen auf Seite 62).*

Exkurs: Die erste Aktie und der erste Börsencrash

Im 17. Jahrhundert ist es das lukrativste Geschäft der Welt: der Handel mit Gewürzen. Heute ist das kaum mehr vorstellbar, aber Pfeffer, Gewürznelken und Muskat sind damals wertvoller als Gold. Sie werden nicht nur zum Würzen von Speisen und Getränken und als Konservierungsstoffe verwendet. Sie sind auch Grundlagen für Arzneien und werden als Gewürzkugelketten, die vor Krankheiten schützen, um den Hals getragen.

Nicht zuletzt sind Gewürze Statussymbol, allen voran die Muskatnuss, deren Bäume in Indonesien gedeihen.

Das Geschäft ist lukrativ, aber auch hoch riskant. Von der Überfahrt nach Indonesien kehren viele Schiffe nicht zurück. Falls sie wieder in Europa ankommen, ist oft nicht mal mehr die Hälfte der Matrosen am Leben. Deswegen haben die wohlhabenden Kaufleute in Amsterdam ein Problem: Ihnen fehlt das Kapital für die Finanzierung der Risiken, um das Geschäft systematisch zu betreiben.

Die Lösung ist die «Vereenigde Oostindische Compagnie», kurz VOC, die erste Aktiengesellschaft. Gegründet im März 1602, ist sie fast 200 Jahre lang das grösste Wirtschaftsimperium der Welt. Es ist das erste Mal, dass Wertpapiere ausgegeben werden, die nicht wie Schuldscheine zurückgezahlt werden müssen. Die Aktionäre werden Miteigentümer, erhalten Stimmrechte und Dividenden. Bis zum Jahr 1645 werden Naturaldividenden bezahlt, oft Pfeffersäcke. Die reichen Kaufleute werden darum auch Pfeffersäcke genannt. Kein Wunder, ein Pfeffersack ist damals so wertvoll wie ein Haus in Amsterdam.

Der höchste Tagesgewinn

Am Montag, 13. Oktober 2008, schiesst der Schweizer Leitaktienindex 11,4 Prozent nach oben, so viel wie nie zuvor an einem einzelnen Börsentag. International abgestimmte Rettungspläne lösen das Kursfeuerwerk aus: Die Mitgliedsländer der Eurozone erklären das gemeinsame Ziel, Banken vor dem Zusammenbruch zu bewahren. Allein die deutsche Bundesregierung stabilisiert den Finanzsektor mit einem Hilfspaket von rund 500 Milliarden Euro. Es ist das grösste Rettungspaket der Nachkriegsgeschichte. Investoren atmen auf und kaufen massenhaft Aktien, was zum grössten Börsengewinn eines einzelnen Tages im Schweizer Aktienindex führt.

Im Jahr 1604 stechen die ersten Schiffe der VOC in See, um Gewürze aus Indien und Indonesien, Tee, Seide und Porzellan aus China oder Kupfer und Edelsteine aus Siam zu importieren. Die VOC ist äusserst erfolgreich, der Aktienkurs entwickelt sich prächtig. Bereits nach kurzer Zeit ist er um 15 Prozent gestiegen, bis zum Jahr 1622 hat sich der Wert verdreifacht. Die Dividende beträgt durchschnittlich 18 Prozent pro Jahr, die höchste Dividende wird 1606 mit 75 Prozent ausgeschüttet. Bis zu ihrem Niedergang besitzt die VOC über 150 Handelsschiffe sowie 40 Kriegsschiffe, beschäftigt 20 000 Seeleute, 10 000 Soldaten und beinahe 50 000 weitere Angestellte.

Viele Niederländer werden sehr reich. Geld ist im Überfluss vorhanden. Eine exotische Blume aus dem osmanischen Reich wird zum Statussymbol der Pfeffersäcke: die Tulpe. Die Nachfrage steigt mit dem Reichtum, die Preise steigen. Spekulanten steigen ein, es werden Auktionen veranstaltet und Börsen entstehen. Immer mehr Menschen wollen mitverdienen, vom Knecht bis zum Grafen, die Preise erreichen immer schwindelerregendere Höhen. Die teuerste jemals gehandelte Tulpenzwiebel wird im November 1636 für 17 280 Gulden verkauft – mehr als das Hundertfache des Jahreslohns eines Zimmermanns.

Die Preise sind zu hoch: An einer Auktion am 7. Februar 1637 finden die wertvollsten Zwiebeln keine Käufer mehr, auch nicht, als der Auktionator zweimal den Preis senkt. Die Nachricht spricht sich herum, Panik bricht aus, die Spekulationsblase platzt, die Tulpenpreise fallen ins Bodenlose. Viele verlieren ihr ganzes Vermögen, auch der Maler Rembrandt.

Die VOC gedeiht jedoch weiter; bis zum Jahr 1720 verzwölffacht sich ihr Wert. Doch in der zweiten Hälfte des 18. Jahrhunderts ändern sich die Konsumwünsche in Europa. Statt Gewürze, bei denen die VOC eine Monopolstellung hat, sind andere Güter gefragt. Besonders bei Tee, Seide und Porzellan gibt es harte Konkurrenz durch die Britische Ostindien-Kompanie. Die Gewinne sind rückläufig. Zudem leidet die VOC unter dem vierten Englisch-Niederländischen Krieg (1780–1784).

Als 1781 die Schwierigkeiten der Gesellschaft öffentlich bekannt werden, sackt der Aktienkurs ab bis auf ein Viertel des anfänglichen Ausgabekurses. Durch die verlustreichen Jahre ist die VOC finanziell nur dünn ausgestattet und verliert ihre Kreditwürdigkeit. Ihr Schicksal wird mit dem Einmarsch der Franzosen in den Niederlanden 1795 besiegelt. Sie wird aufgelöst, nur wenige Jahre vor ihrem zweihundertjährigen Bestehen. Ihre

Schulden von 110 Millionen Gulden übernimmt der niederländische Staat.

Aktien sind ein bewährtes Konzept

Trotz Börsencrash und Untergang von bedeutenden Aktiengesellschaften wie der VOC hat sich das Konzept der Aktiengesellschaft aber bewährt. Sie ermöglicht die Bündelung von Kapital, wodurch grosse Infrastrukturprojekte, etwa der Bau von Eisenbahnlinien und die Verbreitung der elektrischen Telegrafie, überhaupt erst realisiert werden konnten.

Im Gegensatz zu früher werden Aktien heute kaum mehr als physische Wertpapiere an die Eigentümer ausgeliefert, sondern zentral gelagert, beispielsweise im Fort Knox der Schweiz: Unter einem Oltener Bürogebäude lagern acht Millionen Wertpapiere im Wert von rund 3000 Milliarden Franken, erdbeben-, bomben- und feuersicher, 25 Meter im Untergrund und durch eine 3455 Tonnen schwere Decke geschützt. Die Anlage kann auf Anfrage besichtigt werden (www.six-securities-services.com).

VOR- UND NACHTEILE VON AKTIEN

Vorteile

+ Langfristig attraktives Renditepotenzial
+ Über die Börse einfach zu kaufen und zu verkaufen
+ Mitbestimmungsrechte an der Generalversammlung
+ Dividendenzahlungen als Gewinnbeteiligung

Nachteile

− Hohe Kursschwankungen
− Totalverlust bei Konkurs der Firma, zu der die Aktien gehören
− Investition in Einzelaktien erst ab höherem Anlagevermögen sinnvoll

Fonds

Mit einem Fonds kaufen Sie einen ganzen Korb von Aktien, Obligationen oder anderen Wertpapieren. Das hat den Vorteil, dass Ihr Geld automatisch breit gestreut ist und nicht vom Schicksal einer einzelnen oder weniger Firmen bzw. Staaten abhängt.

Die Auswahl der Anlagen trifft ein Fondsmanager. Es gibt aktive und passive Fonds, wobei letztere meist günstiger sind. Zudem gibt es thesaurierende Fonds, bei denen die anfallenden Erträge wie Zinsen und Dividenden vom Fondsmanager fortlaufend wieder in den Fonds reinvestiert werden. Bei ausschüttenden Fonds werden diese Erträge dagegen den Anlegern aufs Konto überwiesen.

Weltweit gibt es rund 100 000 Fondsmanager, die um die Gunst der Anlegerinnen und Anleger buhlen. Sie bieten nicht nur Aktien-, Obligationen-, Immobilien- und Geldmarktfonds, sondern auch Strategiefonds, Exchange Traded Funds (ETFs), Hedge Funds und Dachfonds. Jede Kategorie hat wiederum Unterkategorien. Die wichtigste Entscheidung für Sie ist zunächst, ob Sie in einen aktiven oder einen passiven Fonds investieren.

Aktiv gegen passiv

Grundsätzlich gibt es zwei Arten von Fondsmanagern: Die einen versuchen, einen Vergleichsindex zu schlagen, die anderen investieren einfach genau in die Wertpapiere im Vergleichsindex und kopieren diesen (die wichtigsten Indizes finden Sie auf Seite 136). Während erstere aktiv nach Wertpapieren suchen, die sich besser als der Vergleichsindex entwickeln, sparen sich die anderen die Mühe und investieren passiv. Weil die Manager weniger Aufwand betreiben, kosten passiv verwaltete Fonds deutlich weniger als die aktiv gemanagten.

Aktiv lohnt sich selten
Meist lohnt sich die aufwendige Suche nach den besten Titeln sowieso nicht, denn die Kosten sind häufig höher als die dadurch erzielten Zusatz-

gewinne. Das lässt sich damit erklären, dass viele Investoren und Fonds-manager über einen fast identischen Wissensstand verfügen. So gibt es kaum Informationsvorteile für einzelne Fondsmanager, dank derer sie ihre höheren Kosten wieder wettmachen könnten.

Die Manager von aktiven Fonds wissen, dass es sehr schwierig ist, ihren Vergleichsindex zu schlagen. Deshalb kommt es oft vor, dass sie das meis-te Geld analog zum Vergleichsindex investieren, was fachsprachlich «in-dex hugging» (den Index umarmen) genannt wird. Damit stellen sie sicher, dass sie zumindest nicht viel schlechter als der Index abschneiden – aller-dings auch nicht besser.

Dieses Verhalten können Sie als Anleger oder Anlegerin auch günstiger haben, indem Sie einen passiven Fonds kaufen, der einfach in den ent-

Der grösste Anlagefonds der Welt

Das gefällt dem Börsenstar Warren Buffett: Der grösste Anlagefonds der Welt ist ein Indexfonds. Der Fonds «Vanguard Total Stock Market» verwaltet 708 Milliarden Dollar (Stand Ende 2018), was ungefähr der gesamten Wirtschaftsleistung der Schweiz entspricht (gemessen am Brutto-inlandprodukt BIP). Mit diesem Vermögen bildet er die Kursentwicklung aller US-Aktien ab. Die Firma Vanguard ist ein Pionier auf dem Gebiet der passiven Fonds und hat den ersten Indexfonds für Privatanleger lanciert. Heute verwaltet Vanguard über 3900 Milliarden Dollar Kundengelder.

Ihr Gründer John Bogle ist sozusagen der Gottlieb Duttweiler der Fondsindustrie. Wie Duttweiler bei der Migros hat sich Bogle dem Prinzip der tiefen Kosten und einer Art genossenschaftlichem Gedanken verschrieben: Anleger, die Fonds von Vanguard kaufen, werden nicht nur Kunden, sondern Mitbesitzer der Firma. Kein Wunder, gehören die passiven Fonds von Vanguard zu den günstigsten weltweit. Den «Vanguard Total Stock Market» gibt es zu Kosten von 0,14 Prozent pro Jahr. Und die Performance des Fonds stimmt; er liegt im Schnitt nur 0,1 Prozent hinter seinem Vergleichsindex zurück.

sprechenden Index investiert. Denn die aktiven Fondsmanager verlangen selbst dann noch viel höhere Preise, wenn sie fast das Gleiche tun wie ein passiver Fonds.

Tiefere Handelskosten

Passive Fonds verursachen auch deshalb weniger Kosten, weil ihre Fonds-manager weniger Handelstransaktionen vornehmen. Während bei aktiven Fonds die Umschichtungsquote (Portfolio Turnover Ratio, siehe Seite 150) bei durchschnittlich 90 Prozent liegt, sind es bei passiven Fonds durchschnittlich bloss 9 Prozent. Jede Transaktion aber kostet.

Höhere Kosten heisst langfristig weniger Gewinn

Die hohen Kosten der aktiven Fonds führen dazu, dass sie kaum erfolg-reich sind. In einer Analyse zeigt Standard & Poor's immer wieder, dass aktive Manager über einen Zeitraum von zehn Jahren kaum je gegen ihren Vergleichsindex gewinnen. Über 80 Prozent der Fondsmanager verlieren das Rennen. Jetzt könnten Sie denken, Sie könnten einfach in die besten 20 Prozent der Fonds investieren. Leider ist es ähnlich schwierig, die besten Fonds im Voraus zu identifizieren wie die besten Aktien zu finden. Deswegen laufen den aktiven Fonds die Kunden davon. In den USA sind schon 40 Prozent von insgesamt neun Billionen Dollar, die in der Fonds-industrie investiert sind, in passiven Anlagevehikeln angelegt.

TIPP *Versuchen Sie nicht, die besten aktiven Fonds zu finden, sondern investieren Sie in passive Fonds, in Index-fonds oder Exchange Traded Funds (ETFs).*

Indexfonds und ETF

Diese Fonds bilden einfach einen Vergleichsindex ab, etwa den SMI als Aktienindex oder einen Obligationenindex (die wichtigsten Indizes finden Sie auf Seite 136). Der Hauptunterschied zwischen den Indexfonds und den Exchange Traded Funds (ETFs) ist, dass Letztere an einer Börse kotiert sind und dort gehandelt werden können. Das erleichtert Transaktionen und erhöht die Transparenz. Deshalb haben die ETFs den Indexfonds inzwischen den Rang abgelaufen.

Während Indexfonds nur einmal – jeweils am Tagesende – gehandelt werden können, ist dies bei ETFs während der Börsenöffnungszeiten dauernd möglich. Gerade darin sieht der Börsenstar Warren Buffett allerdings auch eine Gefahr: Die einfache Handelbarkeit von ETFs verführe Privatanleger dazu, zu oft zu handeln, ETFs schnell zu kaufen und wieder zu verkaufen und so unnötig hohe Transaktionskosten zu generieren. So behinderten sie ihren Anlageerfolg auf selbstzerstörerische Weise. Buffett rät Anlegern zwar zu passiven Fonds, aber aus diesem Grund eher zu Indexfonds.

Dass die Fondsgesellschaften bei ETFs häufiger mit Käufen und Verkäufen konfrontiert werden, mindert ihre Performance im Vergleich zu den Indexfonds ganz leicht. Allerdings handelt es sich um Differenzen im Promillebereich. Zudem ist anzumerken, dass der Kauf von Indexfonds andere Gebühren verursachen kann. Da sie nicht über eine Börse, sondern über einen Vermittler – etwa eine Bank oder einen unabhängigen Berater – gekauft werden, können Verkaufsprovisionen anfallen (beim Direktkauf vom Anbieter fallen sie oft weg). Bei ETFs sind Sie diesbezüglich auf der sichereren Seite. Da diese Produkte an einer Börse gekauft werden, fallen beim Kauf nur Handelstransaktionskosten an (mehr zu den Kosten von Fonds lesen Sie auf Seite 147).

Erfolgreiche ETFs

Auf jeden Fall sind die passiven ETFs wegen ihrer Vorteile äusserst beliebt und haben ein rasantes Wachstum hinter sich: Waren Anfang dieses Jahrtausends an der Schweizer Börse noch nicht mal eine Handvoll ETFs erhältlich, sind es inzwischen weit über 1000. Der Handelsumsatz mit ETFs an der Schweizer Börse beträgt inzwischen rund 100 Milliarden Franken pro Jahr.

Wie andere Fonds unterstehen auch ETFs der Aufsicht durch die Schweizer Finanzmarktbehörde Finma. Die Schweizer Börse muss zudem darüber wachen, dass für jeden ETF jederzeit faire Kauf- und Verkaufskurse angeboten werden. Mindestens eine Bank muss stets dafür sorgen, dass ein marktgerechtes Kaufs- und Verkaufsangebot vorhanden ist.

Vorsicht – es gibt auch teure ETFs

Etwas Vorsicht ist bei aktiven ETFs geboten. Dabei handelt es sich um an der Börse kotierte aktive Fonds. Diese sind dann wieder deutlich teurer

KOSTENGÜNSTIGE ETFs

Mit einem ETF erwerben Sie einen Anteil an einer Aktiengesellschaft, deren einziger Zweck es ist, einen Index exakt nachzubilden. Das Geld, das Sie in den ETF investieren, ist so rechtlich vom Anbieter des ETF (etwa einer Bank) getrennt. Sollte dieser Anbieter Konkurs gehen, ist Ihr Vermögen im ETF sicher, weil es sich um eine separate Aktiengesellschaft handelt.

ETFs sind oft sehr günstig: An der Schweizer Börse gibt es gemäss der Fondsanalysefirma Morningstar ETFs auf einen europäischen Aktienindex mit Kosten von nur 0,05 Prozent pro Jahr. ETFs auf den Schweizer Leitaktienindex SMI sind ab 0,21 Prozent laufende Kosten zu haben, ETFs auf mittelgrosse Firmen im Aktienindex SMIM ab 0,27 Prozent (Stand Herbst 2021).

Damit sind die ETFs durchschnittlich weit mehr als ein Prozent günstiger als die aktiven Fonds – pro Jahr. Über die Jahre sparen Sie damit zigtausend Franken.   ■

als die passiven ETFs. Zudem ist der langfristige Mehrwert, den diese Fonds bieten sollen, umstritten.

Sie sollten auf jeden Fall auch bei ETFs auf die Kosten achten und verschiedene Produkte miteinander vergleichen. Oft investieren teure ETFs in sehr spezielle Werte. So investiert der gemäss Morningstar teuerste ETF an der Schweizer Börse in spezielle Kontrakte, die die Kursschwankungen an der Börse abbilden – und ist ein sehr spezieller ETF, der sich nur für Anleger eignet, die sich sehr gut auskennen. Im Spätherbst 2021 kostete er über drei Prozent.

TIPPS *Kostet ein ETF mehr als 0,6 Prozent pro Jahr – gemessen an der sogenannten Total Expense Ratio (TER, siehe Seite 147) –, setzt das ein grosses Fragezeichen. Überlegen Sie gut, ob Sie ihn kaufen wollen.*

Neben der TER ist bei einem ETF auch die Differenz zwischen An- und Verkaufskursen an der Börse – der sogenannte Spread – zu beachten. Die Banken verkaufen die Fondsanteile zu leicht teureren Kursen, als sie sie gleichzeitig zurückkaufen würden. Die Spreads können zwischen 0,01 Prozent und über 2 Prozent liegen. Ein Spread von zwei Prozent bedeutet, dass der Wert des Fonds zwei Prozent

*steigen muss, bis Sie die Fondsanteile wieder mit Gewinn ver-
kaufen können.*

Kleiner Nachteil der ETFs

Viele ETFs sind nicht thesaurierend, das heisst: Die Dividenden werden
ausgeschüttet und Sie müssen das Geld selber wieder anlegen (reinvestieren). Bei thesaurierenden Fonds dagegen übernimmt der Fondsmanager
die Reinvestition. Auf der Schweizer Website der Fondsanalysefirma
Morningstar können Sie nachschauen, zu welcher Sorte ein ETF gehört
(www.morningstar.ch → ETF → ETF Screener → bei «Ertragsverwen-
dung» Acc [thesaurierend] wählen).

TIPP *ETF-Basiswissen für Einsteiger finden Sie unter
www.justetf.com, Informationen zu bestimmten ETFs unter
www.morningstar.ch und www.etfinfo.ch.*

VOR- UND NACHTEILE VON ETFs

Vorteile

+ Keine Ausgabe- oder Rücknahmekommissionen, nur übliche Transaktions-
  kosten für Kauf und Verkauf von Wertpapieren über die Börse
+ Handelbarkeit an der Börse (kann auch ein Nachteil sein, wenn Anleger zu
  oft kaufen und verkaufen)
+ Meist geringe Spanne zwischen An- und Verkaufspreis
+ Tiefe Kosten

Nachteile

− Grosse und verwirrende Auswahl an ETFs
− Dividenden werden oft ausgeschüttet und Sie müssen sich selber um
  Reinvestition kümmern.

Der richtige Index

Bei ETFs – und allgemein beim passiven Investieren – müssen Sie darauf achten, welcher Index abgebildet wird. Die Auswahl des Index entscheidet zum grössten Teil über die Performance des Fonds. Aber auch wenn Sie aktiv gemanagte Fonds kaufen, sind Indizes eine wichtige Grösse. Dann gilt es, zu entscheiden, an welchem Vergleichsindex die Leistung des aktiven Fondsmanagers gemessen werden soll.

Es gibt nicht nur Indizes auf verschiedene Anlageklassen, etwa Aktien oder Obligationen, sondern innerhalb dieser gibt es auch spezifische Länderindizes (wie den Schweizer SMI) oder Branchenindizes (zum Beispiel den EURO STOXX Banks, der die Aktien von Banken in Europa enthält). Zudem unterscheiden sich die Indizes nach der Art und Weise, wie sie berechnet werden. Es gibt preis-, kapitalisierungs- und gleichgewichtete Indizes sowie solche, die mit Dividende berechnet werden, und andere ohne. Die wichtigsten Aktienindizes finden Sie auf der nächsten Seite.

Der dumme preisgewichtete Index

Zuerst zum dümmsten Index, dem preisgewichteten. Zu dieser Kategorie gehört beispielsweise der bekannteste Aktienindex der Welt, der Dow Jones Industrial Average aus den USA. In diesem werden die einzelnen Aktien mit dem aktuellen Kurs gewichtet, zu dem sie an der Börse gehandelt werden. Wenn die Aktie der Firma A 180 Dollar wert ist, hat sie doppelt so viel Gewicht im Index wie die Aktie einer anderen Firma B, die nur 90 Dollar wert ist. Eine Veränderung des Kurses der Aktie A um ein Prozent beeinflusst die Veränderung des Index also doppelt so stark, wie wenn Aktie B sich um ein Prozent verändert.

Diese Gewichtungsmethode ist darum sehr dumm, weil der Kurswert einer Aktie eine sehr zufällige zahl ist. Unternehmen können den Startwert ihrer Aktien relativ frei wählen. Ein Unternehmena, das 100 Millionen Dollar wert ist, kann sich entscheiden, nur 100 Aktien auszugeben, was zu einem Kurswert von einer Million pro Aktie führt. Gibt das gleiche Unternehmen aber 100 Millionen Aktien aus, ist die einzelne Aktie nur einen Dollar wert. Ein entsprechend tieferes Gewicht hätte sie in einem preisgewichteten Index.

Der Aktienkurs hat also nichts mit der Bedeutung oder dem gesamten Wert einer Firma zu tun. So ist die Apple-Aktie derzeit rund 100 Dollar wert, jene der Firma 3M rund 180 Dollar. 3M hat also im Dow Jones ein fast doppelt so hohes Gewicht wie Apple. Dabei ist Apple als Firma an der Börse insgesamt 560 Milliarden Dollar wert gegenüber den rund 100 Milliarden Dollar von 3M.

DIE WICHTIGSTEN AKTIENINDIZES FÜR SCHWEIZER ANLEGER

- **SMI, Swiss Market Index:** Darin enthalten sind die grössten und am meisten gehandelten Schweizer Aktien (gewichtet nach der Marktkapitalisierung, gemessen ohne Dividenden). Am meisten Gewicht im Index haben Nestlé, Roche und Novartis.
- **SPI, Swiss Performance Index:** Enthält alle im Hauptsegment der Schweizer Börse SIX kotierten Unternehmen.
- **Dow Jones Industrial Average:** Preisgewichteter Index auf die 30 grössten US-Aktiengesellschaften
- **Nasdaq 100:** die 100 grössten US-Technologiefirmen
- **S&P 500:** die 500 grösstenn US-Aktiengesellschaften
- **MSCI World:** mit den rund 1700 grössten Aktiengesellschaften aus über 20 Industrieländern (kapitalgewichtet, der MSCI Performance-Index ist mit Dividenden, der MSCI Price-Index ohne)
- **EURO STOXX 50:** die 50 grössten Unternehmen der Eurozone (üblicherweise ohne Dividenden, gewichtet nach Marktkapitalisierung, wobei kein Unternehmen mehr als zehn Prozent Gewicht haben darf)
- **STOXX Europe 50:** die 50 grössten Unternehmen in Europa – auch von Staaten, in denen der Euro nicht eingeführt ist, etwa der Schweiz (üblicherweise ohne Dividenden, Gewichtung wie beim EURO STOXX 50)
- **Nikkei 225:** die wichtigsten 225 japanischen Unternehmen (preisgewichtet, ohne Dividenden)
- **Hang Seng:** Leitindex der Börse in Hongkong, bildet die Aktienkurse der 50 grössten und am meisten gehandelten Unternehmen in Hongkong ab (gewichtet nach der Marktkapitalisierung der Firmen, berechnet ohne Dividenden)
- **Shanghai Composite:** Wichtigster Aktienindex in China, umfasst alle in Shanghai gehandelten Aktiengesellschaften (gewichtet anhand ihrer Marktkapitalisierung im Index)

Weltweit gibt es gegen 200 Aktienindizes. Eine Liste finden Sie bei Wikipedia: https://de.wikipedia.org/wiki/Liste_von_Aktienindizes.

Neben dem Dow Jones Industrial Average gehört auch der bekannteste japanische Aktienindex, der Nikkei 225, in die Kategorie der preisgewichteten Indizes.

Der wissenschaftliche kapitalgewichtete Index

Während der preisgewichtete Dow-Jones-Index auf einer historischen Einzelinitiative und seiner einfachen Berechnung beruht (siehe Seite 139), entsprechen kapitalgewichtete Indizes einer wissenschaftlichen Idee. Diese besagt, vereinfacht ausgedrückt, dass es für Anleger am besten wäre, einen Teil des gesamten Marktportfolios zu halten. Dieses würde alle auf der Welt verfügbaren Anlagen enthalten. Das Marktportfolio wäre also automatisch kapitalgewichtet, weil jede verfügbare Anlage vollständig mit ihrem gesamten Wert darin einfliessen würde. Das Marktportfolio wäre optimal für Anleger, weil sie damit maximal diversifiziert wären.

Der wissenschaftlichen Idee entsprechend werden bei kapitalgewichteten Indizes die einzelnen Firmen mit ihrer Marktkapitalisierung gewichtet. Dazu gehören neben den Schweizer Aktienindizes SMI und SPI auch der US-Aktienindex S&P 500, der deutsche Aktienindex DAX sowie alle Indizes der bekannten Morgan Stanley Capital International (MSCI), etwa der MSCI Switzerland, der MSCI World sowie alle anderen Länder- und Branchenindizes aus der MSCI-Familie.

Die Kapitalgewichtung führt in einem Index allerdings dazu, dass die grossen Firmen sehr viel Gewicht erhalten und die Rendite des Index – wie auch eines ETF, der diesen abbildet – von sehr wenigen Firmen bestimmt wird. So haben im SMI mit Aktien von insgesamt 20 Firmen die Aktien der drei Firmengiganten Nestlé, Novartis und Roche zusammen ein Gewicht von über 50 Prozent. Die anderen 17 Firmen müssen sich mit der restlichen knappen Hälfte an Gewicht begnügen. Die Rendite des SMI wird also sehr dominant vom Nahrungsmittelmulti mit Hauptsitz in Vevey und von den beiden Basler Pharmakonzernen bestimmt.

Der gleichgewichtete Index

Anders ist dies bei den gleichgewichteten Indizes. Dort wird den Aktien jeder Firma im Index das gleiche Gewicht gegeben. Sind also Aktien von zehn Firmen in einem Index, erhält jede Firma ein Gewicht von zehn Prozent. Dabei spielen weder die Marktkapitalisierung der einzelnen Firma noch der Kurswert einer einzelnen Aktie eine Rolle. Ein Beispiel für einen gleichgewichteten Index ist der amerikanische NYSE Arca Biotech, der die Aktien von 20 Biotechfirmen enthält. Für die Schweiz können Sie sich als Anleger der Gleichgewichtung nähern, indem Sie ETFs kaufen, die den Swiss Leader Index (SLI) abbilden. Er enthält die 30 liquidesten Schweizer Titel, wobei die grössten vier auf ein maximales Gewicht von neun Prozent begrenzt werden.

Neben der Tatsache, dass bei der Replikation von gleichgewichteten Indizes mehr in kleinere Firmen investiert werden muss, haben solche ETFs auch den Nachteil, dass mehr Handelstransaktionen anfallen. Wenn eine Aktie stärker steigt als die anderen, steigt auch ihr Gewicht im ETF. Um wieder ein Gleichgewicht herzustellen, muss ein Teil der gestiegenen Aktien verkauft, die zurückgebliebenen müssen gekauft werden. Dadurch wird bei Aktien mit zuvor guter Performance ein Teil der Gewinne realisiert, während schwächere Titel zugekauft werden. Bei passiven Fonds auf gleichgewichtete Indizes wird das Gleichgewicht einmal pro Quartal oder alle Halbjahre wiederhergestellt.

DER GLEICHGEWICHTETE INDEX NYSE Arca Biotech enthält 20 Einzelwerte. Diese werden alle drei Monate auf einen Anteil von jeweils fünf Prozent zurückgesetzt. Das kann dazu führen, dass diejenigen Aktien verkauft werden, die schon teuer sind, und jene zugekauft werden, die günstig sind. Allerdings kann es auch genau umgekehrt kommen und die Titel, die schon gut gelaufen sind, würden weiter Gewinn bringen, während die anderen weiter verlieren.

ETFs auf kapitalgewichtete Indizes sind kostengünstig

Weitaus am verbreitetsten sind Indizes, die nach der Marktkapitalisierung gewichtet sind. Ein Grund für ihre Popularität liegt darin, dass sie für Manager von ETFs kostengünstig und einfach zu replizieren sind. Es ist günstiger, Aktien von Grossunternehmen zu handeln, weil diese liquider sind, das heisst, häufiger gehandelt werden. Bei sehr illiquiden Aktien kann es vorkommen, dass ein ETF-Manager gar niemanden findet, der ihm ein grosses Paket der Aktie abnimmt oder verkauft, oder wenn, dann nur zu einem überhöhten Preis.

Das passiert bei Aktien von Grossunternehmen seltener als bei jenen von kleineren Unternehmen. Da Grossunternehmen in einem kapitalge- wichteten Index per Definition ein höheres Gewicht haben als bei den

Geburt eines Index

*Am 26. Mai 1896 wurde zum ersten Mal der Stand des Dow Jones
Industrial Average publiziert – nur ein Jahr, nachdem die USA fast bankrott
gegangen wären. Den ersten Stand des Index notierte der bärtige,
gross gewachsene Charles Dow bei 40.94 Punkten. Der 1851 geborene Erfin-
der des Index war damals Herausgeber des Wall Street Journals.
Er beabsichtigte, ein Mass zu kreieren, das die Temperatur an der Börse
messen konnte. Dow brauchte damals für die Berechnung des Dow nur
einen Stift und ein Blatt Papier: Er zählte alle (damals) zwölf Aktienkurse im
Index zusammen und teilte die Summe durch zwölf.*

*Dows Index hatte keinen guten Start. Er fiel bis zum August 1896
auf 28.48 Punkte, so tief, wie er danach nie mehr notierte. Auch nicht
in den 40 Jahren von 1923 bis 1963, in denen Arthur Harris den
Indexstand stündlich berechnete. Danach ging Harris in Pension und
Computer übernahmen seine Arbeit. Diese ist inzwischen bei Weitem nicht
mehr so einfach wie am Anfang. Denn Unternehmen können
ihre Aktie splitten: Wenn die Aktie eines Unternehmens 200 Dollar wert ist,
kann es jedem Aktionär für seine Aktie eine zweite dazugeben, sodass
die einzelne Aktie nur noch 100 Dollar wert ist. Deswegen fällt der Dow Jones
Index aber natürlich nicht, solche Splits müssen in der Berechnungsweise
des Index aufgefangen werden. Seit der ersten Berechnung des Index
gab es nicht nur sehr viele Splits, auch die Anzahl der Unternehmen im Index
ist von zu Beginn 12 auf heute 30 gestiegen. General Electric ist die
einzige Firma, die bei der Geburt des Index dabei war und es auch heute
noch ist. Ansonsten waren damals ganz andere Firmen im Dow:
Sie produzierten Kupfer, Leim, Nadeln, Zucker, Mehl, Whiskey, Flachglas,
Kohle, Drahtnägel, Stahl. Einige davon fielen in Konkurs oder wurden
von anderen Firmen übernommen. U.S. Rubber etwa wurde zuerst zu Uniroyal
und ist heute Teil des französischen Reifenherstellers Michelin.*

anderen Indexvarianten, können ETFs und Indexfonds solche Indizes kostengünstiger nachbilden.

Gleichgewichtete Indizes bieten oft höhere Renditen

Allerdings tendiert ein marktkapitalisierter Index auf jeden Fall dazu, Aktien, deren Kurse gestiegen sind, hoch zu gewichten, andere Titel dagegen weniger stark. Marktgewichtete Indizes sind darum der Gefahr ausgesetzt, sehr überteuerte Aktien sehr hoch zu gewichten. Das passierte etwa mit den Internetfirmen Ende der 90er-Jahre oder auch mit Bankentiteln in der Finanzkrise.

Ein gleichgewichteter Index ist dieser Gefahr weniger ausgesetzt. Zudem gewichtet er die Aktien von kleineren Firmen höher als ein kapitalgewichteter Index. Und die Renditen der Titel von kleineren Firmen sind denjenigen von grösseren Firmen auf längere Sicht oft überlegen. Deshalb bringen gleichgewichtete Indizes längerfristig oft auch höhere Gewinne.

Insgesamt ist unklar, welche Indexvariante nun die bessere ist. Dass der Aktienindex STOXX Europe 600 Equal Weighted (gleichgewichtet) den STOXX Europe 600 Index (kapitalgewichtet) zwischen 2002 und Februar 2014 um insgesamt 56 Prozentpunkte geschlagen hat, beantwortet die Frage nur auf den ersten Blick. Die rückwärtsgerichtete Betrachtung kann einzig darüber Aufschluss geben, wie sich die Indizes in der Vergangenheit bewährt haben. Es wäre gefährlich, aus dieser Rückschau zu schliessen, dass auch in Zukunft der gleichgewichtete Index besser sein wird.

TIPP *Am besten kaufen Sie ETFs auf Indizes, in denen die Dividenden enthalten sind (Total Return Indizes). Diese Indizes sind eine höhere Messlatte als jene ohne Dividenden. Die Manager müssen sich also mehr anstrengen, um nicht von ihrem Vergleichsindex abgehängt zu werden. In der Schweiz gehört der SPI zu den Indizes mit Dividenden. Der bekanntere SMI wird ohne berechnet, achten Sie also darauf, dass Sie einen ETF kaufen, der seinen Zwilling mit Dividenden, den SMIC, als Vergleichsindex benutzt (manchmal auch SMI TR genannt, also SMI Total Return). Gleiches gilt für den Swiss Leader Index (SLI) und dessen Zwilling mit Dividenden, den SLIC.*

Wie smart ist Smart Beta?

Rückschauen auf vergangene Renditen werden oft verwendet, um ETFs zu verkaufen, die Strategie-Indizes abbilden. In diesen Indizes – sie werden Smart Beta genannt – wird die Gewichtung der einzelnen Titel nach Kriterien vorgenommen, die mehr Gewinne versprechen sollen. Die einzelnen Aktien in einem Index werden etwa nach der Höhe der Dividendenrendite gewichtet oder anhand der Kursschwankungen in der Vergangenheit oder anhand ihres vergangenen Kursanstiegs.

Das sind alles gute Konzepte. Allerdings müssen Sie vorsichtig sein: Nur weil etwas in der Vergangenheit funktioniert hat, muss es in Zukunft noch lange nicht gleich gut sein. Es kann auch schiefgehen. Das zeigte die Firma Vanguard, ein Anbieter von passiven Fonds, in einer Studie, in der die Performance solcher smarter ETFs gemessen wurde. Die Autoren wählten eine Stichprobe von ETFs, deren Strategie über mindestens fünf Jahre zurück getestet worden war, bevor die Smart ETFs tatsächlich lanciert und Anlegern zugänglich gemacht wurden. In diesen Rückschauen waren die smarten Indizes im Schnitt 12,25 Prozentpunkte besser als ihr nicht smarter Ursprungsindex. Sobald die Smart ETFs aber tatsächlich in den Verkauf gingen, änderte sich das Bild: In den auf die Lancierung folgenden fünf Jahren waren ihre Renditen gemittelt im Schnitt 0,26 Prozentpunkte schlechter.

> **TIPP** *Die Welt der Indizes ist kompliziert und vielfältig. Wichtiger als die Gewichtungs- ist die Kostenfrage. Im Zweifelsfall kaufen Sie besser den kostengünstigeren Fonds. Denn die Kosten haben Sie sicher gespart, während eine mögliche höhere Rendite eines Index mit der richtigen Gewichtung unsicher ist. Lieber den Spatz in der Hand als die Taube auf dem Dach (mehr zu den Kosten erfahren Sie auf Seite 147).*

Strategiefonds

Strategiefonds sind eigentlich die Königsklasse der Fonds, weil hier ein Manager nicht nur Aktien oder Obligationen kauft, sondern in beide Kategorien investiert und möglicherweise auch noch in weitere Anlageklassen. Der Fondsmanager versucht nicht nur, die besten Aktien und Obligationen auszuwählen, sondern auch zu den richtigen Zeitpunkten etwas mehr Aktien oder etwas mehr Obligationen zu halten – mehr Aktien, bevor sie steigen, und weniger, bevor sie fallen.

Strategiefonds für den richtigen Mix

Ihr Vermögen richtig auf die verschiedenen Anlageklassen (insbesondere Obligationen und Aktien) zu verteilen, ist die wichtigste Entscheidung bei der Vermögensverwaltung – mehr dazu haben Sie auf Seite 60 erfahren. Viele Studien zeigen, dass diese Aufteilung im Durchschnitt deutlich mehr Einfluss auf die möglichen Gewinne einer Anlagestrategie hat, als die «richtigen» Fonds bzw. Aktien oder Obligationen zu kaufen.

Die Entscheidung über die Gewichtung der einzelnen Anlageklassen nehmen die meisten Fonds Ihnen aber nicht ab. Denn sie investieren nur in eine Anlageklasse oder gar in ein Subsegment dieser Anlageklasse (etwa Schweizer Aktien). Es erscheint etwas absurd, dass Sie als Privatanleger oder Privatanlegerin die wichtigste Entscheidung selber treffen sollen, wo doch genau dafür Profis ans Werk gehen müssten. Dass dem so ist, hängt damit zusammen, dass professionelle Anleger, hauptsächlich Pensionskassen, Versicherer, Banken und Vermögensverwalter, die Entscheidung über die Gewichtung der Anlageklassen nicht einem Fondsmanager überlassen, sondern mit ihren eigenen Fachleuten darüber entscheiden wollen.

Als Hilfe für Privatanleger bietet die Fondsindustrie aber Strategiefonds an. Diese investieren in mehrere Anlageklassen, wobei die Fondsmanager über die Gewichtung der einzelnen Anlagen entscheiden. Das ist grundsätzlich sinnvoll. Dass Strategiefonds die am meisten verkaufte Fondskategorie für Privatanleger sind, liegt auch daran, dass für jedes Risikoprofil Strategiefonds angeboten werden. Für sehr konservative Anlegerprofile gibt es etwa Strategiefonds, bei denen der Aktienanteil immer sehr tief gehalten wird (etwa immer unter 20 Prozent), und für aggressive Anlegerprofile gibt es solche, die immer beispielsweise zwischen 60 und 100 Prozent Aktien enthalten. Aber es gibt auch Strategiefonds, die den Aktienanteil frei variieren können, von 0 bis 100 Prozent.

Was bringen Strategiefonds?

Im besten Fall würden die Manager von Strategiefonds etwas mehr Aktien kaufen, kurz bevor die Kurse steigen, und den Aktienanteil etwas verringern, bevor die Kurse fallen. Allerdings ist es sehr unwahrscheinlich, dass jemand den richtigen Zeitpunkt vorhersehen kann. Das gilt auch für die Strategiefondsmanager. Manuel Ammann, Professor für Banking und Finanzen an der Universität St. Gallen, formuliert es akademisch: «Professionelle Anleger erzeugen im Schnitt keinen Mehrwert durch Market Timing.» (Market Timing ist der Fachbegriff dafür, Aktien im richtigen Moment zu kaufen, bzw. zu verkaufen). Die Renditen der Strategiefonds bleiben darum langfristig meist bescheiden. Insgesamt lässt sich sagen: Gemessen an ihrer Leistung sind Strategiefonds oft zu teuer.

Klar gibt es sehr gute Fondsmanager. Aber sie sind selten und schwierig im Voraus zu erkennen. Glück und Können lassen sich eben nur schwer unterscheiden. Zudem darf daran gezweifelt werden, dass von den Gewinnen eines sehr guten Fondsmanagers viel für Sie übrig bleiben würde. Denn Manager mit einem überragenden Performance-Ausweis lassen sich auch überragend entschädigen.

Bauen Sie sich Ihren Strategiefonds selber

Günstiger wird es, wenn Sie einen sehr einfachen Strategiefonds selber bauen und damit über ein Prozent jährlich an Kosten sparen. Das ist schon mit lediglich zwei Exchange Traded Funds möglich. Im Folgenden werden ein paar Fonds aufgeführt, die Ende 2018 zu den Spitzenreitern gehörten und auch langfristig eine gute Performance versprachen. Natürlich gibt es aber in jeder Kategorie andere Fonds mit ähnlichen Charakteristiken

Und das könnte Ihre Zusammensetzung sein, wenn Sie in den Schweizer Markt investieren wollen:

- ein ETF auf Schweizer Aktien, zum Beispiel der iShares Swiss Dividend (ISIN: CH0237935637) von Vermögensverwalter BlackRock. Dieser ETF investiert in Schweizer Firmen, die konstant hohe Dividenden ausschütten. Infrage kommt auch der iShares Core SPI von BlackRock (ISIN: CH0237935652) oder der UBS ETF SPI (ISIN: CH0130595124). Es ist weniger wichtig, welchen der drei ETFs Sie auswählen. Wichtig ist, dass Sie in einen davon investieren.
- ein ETF auf einen Schweizer Staatsanleihenindex, etwa der iShares Swiss Domestic Government Bond (ISIN: CH0016999861) oder der UBS Domestic Government (ISIN: CH0118923918)

Für eher risikofreudige Investoren fällt die Aufteilung des Anlagevermögens stärker zugunsten des Aktien-ETF, für die anderen zugunsten des Obligationen-ETF aus.

TIPP *Die für Sie richtige Aufteilung des Anlagevermögens auf die zwei ETFs können Sie mithilfe des Risikoprofil-Fragebogens auf Seite 62 berechnen.*

Noch besser, als nur in Schweizer Aktien zu investieren, ist es, weltweit an den Aktienmärkten dabei zu sein. Statt des ETF auf Schweizer Aktien kaufen Sie dann einen ETF auf einen Weltaktienindex, zum Beispiel den Vanguard FTSE All-World ETF CHF (ISIN: IE00B3RBWM25). Alternativ können Sie den iShares Edge MSCI World Minimum Volatility CHF wählen (ISIN: IE00B8FHGS14). Beide ETFs werden in Schweizer Franken gehandelt. Auch für weltweite Obligationen gibt es ETFs, etwa den Xtrackers II Global Aggregate Bond Swap ETF CHF (ISIN: LU0942970103).

ACHTUNG *Wenn ein Fonds in Schweizer Franken gehandelt wird, bedeutet das nicht unbedingt, dass Schweizer Anleger kein Währungsrisiko tragen. Das gilt nur, wenn der Fonds währungsgesichert ist – wenn also die Kursschwankungen der Fremdwährungen sich nicht auf den Gewinn bzw. Verlust in Schweizer Franken auswirken. Eine Absicherung, die natürlich Kosten verursacht. Fragen Sie im Zweifelsfall beim Fondsanbieter nach, ob ein bestimmter Fonds währungsgesichert ist (der oben genannte Barclays Global Aggregate Bond ETF und der MSCI World CHF sind es).*

Mehrarbeit mit Eigenbau

Wer die kostengünstige Strategie mit börsengehandelten Fonds wählt, muss etwas Arbeit auf sich nehmen., vor allem für das sogenannte Rebalancing: Angenommen, Sie haben sich für eine 50:50-Strategie entschieden: 50 Prozent Aktien, 50 Prozent Obligationen. Wenn die Aktienkurse steigen, erhöht sich der Aktienanteil in Ihrer Investition. Von Zeit zu Zeit, beispielsweise alle sechs Monate, müssen Sie also Anteile des Aktien-ETF verkaufen und dafür Anteile des Obligationen-ETF dazukaufen, wenn Sie Ihrer Strategie treu bleiben wollen. Wenn die Aktienkurse fallen, findet das Rebalancing in umgekehrter Richtung statt (siehe auch Seite 233).

Und die Ausschüttungen?

Bei der Selfmade-Strategie wartet eine weitere Zusatzarbeit auf Sie. Denn die meisten ETFs sind nicht thesaurierend, das heisst, sie reinvestieren die Dividenden nicht, sondern schütten sie an die Anleger aus. Um das volle Potenzial der Strategie auszuschöpfen, müssen Sie diese Ausschüttungen jeweils selber reinvestieren. Falls Sie sich für einen Strategiefonds entscheiden, fragen Sie deshalb nach, ob er thesaurierend ist, die Ausschüttungen also reinvestiert werden.

VOR- UND NACHTEILE VON STRATEGIEFONDS

Vorteile

+ Der Fondsmanager übernimmt die Entscheidung über die Gewichtung der Anlageklassen (vor allem Aktien und Obligationen). Im besten Fall erhöht er das Gewicht der Aktien, bevor sie steigen, und senkt es, bevor sie fallen.
+ Der Fondsmanager übernimmt das Rebalancing.
+ Der Fondsmanager übernimmt die Reinvestition der Dividenden von Aktien und der Coupons von Obligationen.

Nachteile

− Meist sind Strategiefonds zu teuer für den Mehrwert, den sie bieten.

Hedge Funds

Über Hedge Funds wird viel erzählt, manchmal wird dabei positiv übertrieben, manchmal negativ. Dabei ist die einfachste und wahrste Beschreibung eines Hedge Funds, dass die Manager Strategien anwenden dürfen, die anderen Fondsmanagern verboten sind. Sie können etwa darauf setzen, dass ein Aktienkurs fällt, und damit Geld verdienen. Oft setzen sie auch Finanzinstrumente ein oder investieren in Märkte, die traditionell nicht unbedingt von Anlagefonds genutzt werden. Beispielsweise gibt es Hedge Funds, die sich auf den Handel mit Elektrizität spezialisiert haben. Die Strategien von Hedge Funds können kompliziert und für Privatanleger völlig unverständlich sein.

Was auch immer über Hedge Funds gesagt wird, günstig sind sie kaum. Trotzdem können sie hohe Renditen erreichen. Zudem sind sie für Investoren zur Diversifikation sinnvoll, denn sie können auch Gewinne bringen, wenn Aktien, Obligationen und Immobilien an Wert verlieren. Das gilt nur schon aus dem einfachen Grund, dass sie auch an fallenden Kursen verdienen können.

 ACHTUNG Für Privatanleger ist es schwierig, an die wirklich guten Hedge Funds heranzukommen – es sei denn, sie verfügen über ein sehr grosses Vermögen. Denn Hedge Funds verlangen oft einige 100 000 Franken oder mehr als Mindestanlagesumme. Für Hedge Funds, die für Privatanleger leicht zugänglich sind, gilt: Viele sind Schrott.

Allen Anlegern, die nicht wirklich grosse Ahnung haben, kann nur davon abgeraten werden, in Hedge Funds zu investieren. Dies auch, weil viele der Hedge Funds langfristig dann doch weniger Gewinne bringen, als es mit einem einfachen Aktien-ETF möglich gewesen wäre. Oft ist es also besser, langfristig in einen kostengünstigen ETF investiert zu bleiben, statt einen teuren Hedge Fund zu kaufen. Natürlich gibt es Ausnahmen – aber ob ausgerechnet Sie eine der wenigen finden?

Viele Hedge Funds verkaufen zudem simple Strategien für teures Geld, zum Beispiel:

- Studien haben gezeigt, dass Hedge Funds einfach die Aktien von kleineren Firmen kaufen. Diese bringen langfristig oft höhere Renditen.
- Zudem setzen Hedge Funds auf Momentum-Strategien: Sie kaufen Aktien, deren Kurse schon gestiegen sind, in der Erwartung, dass sie weiter steigen. Das ist oft der Fall, was erklärt, warum Momentum-Strategien sehr populär sind.
- Ein weiterer einfacher Trick der Hedge-Fund-Manager ist es, die Aktienquote zu senken, wenn die Börse eine Zeit lang nicht gut gelaufen ist, und im umgekehrten Fall ihr Risiko zu erhöhen. Dieses Trendfolgeverhalten hat sich in der Vergangenheit mehrheitlich bewährt.

 TIPP In Hedge Funds sollten Sie nur investieren, wenn Sie zumindest die oben genannten einfachen Strategien verstehen – mit allen ihren Vor- und Nachteilen. Wenn nicht, gilt: Hände weg von

Hedge Funds. Zudem: Wenn Sie eine der geschilderten Strategien
wirklich verstehen, können Sie sie tendenziell günstiger gleich selber
umsetzen.

TER und mehr – die Kosten von Fonds

Die Kosten eines Fonds werden vom Anbieter meist in Form einer Kennzahl, der Total Expense Ratio (TER), ausgewiesen. Dabei werden die
Kosten als Prozentsatz vom investierten Vermögen angegeben.

SIE INVESTIEREN 10 000 FRANKEN in einen Fonds mit einer
TER von zwei Prozent. Dann werden Ihnen jährlich 200 Franken
abgezogen. Diese Kosten haben Sie auf jeden Fall – egal, ob der Fonds
Gewinne oder Verluste bringt.

Diese Kosten gehören zur TER

Zwar suggeriert die Bezeichnung Total Expense Ratio, dass damit alle
Kosten abgegolten seien. Dem ist aber nicht so – in der TER sind folgende Positionen enthalten:

- **Managementgebühr:** Sie wird oft auch Verwaltungsgebühr genannt.
  Damit werden die Kosten für die Arbeit des Fondsmanagers und allfälliger Mitarbeiter abgegolten. Auch die Gewinnmarge der Fondsgesellschaft sollte schon enthalten sein. Für einen Aktienfonds kann die
  Managementgebühr auch mal über zwei Prozent liegen, was sehr teuer
  ist. Bei den günstigsten Fonds, den ETFs und Indexfonds, liegt dieser
  Posten im Promillebereich. Der Grund: Die Manager sparen sich eine
  aufwendige Suche nach den besten Anlagen und investieren einfach in
  die Titel eines Index (siehe Seite 131).
- **Depotbankgebühr:** Wenn der Fondsmanager Wertpapiere kauft,
  müssen diese in einem Depot aufbewahrt werden. Der Depotbetreiber
  berechnet jeweils auch die Preise der darin enthaltenen Wertpapiere,
  um den Fondswert zu kalkulieren. In der Regel betragen diese Kosten
  weniger als 0,3 Prozent des Fondsvermögens pro Jahr.
- **Kosten für den Geschäftsbetrieb:** Der Verkauf von Fonds kostet
  Geld: Fondsprospekte müssen verfasst und gedruckt werden. Es müssen
  Wirtschaftsprüfer bezahlt und Rechenschaftsberichte erstellt werden.

Und wenn Fondsgesellschaften TV-Spots schalten, Veranstaltungen sponsern oder Werbebroschüren verschicken, zahlen dafür die Anleger, die bereits in den Fonds eingezahlt haben.

TIPP Als Faustregel gilt: Wenn die TER folgende Werte überschreitet, ist der Fonds (zu) teuer (natürlich können Sie auch einen teuren Fonds kaufen, wenn Sie davon sehr überzeugt sind):
- *Aktienfonds: 1,1 %*
- *Obligationenfonds: 0,9 %*
- *Immobilienfonds: 0,7 %*
- *Geldmarktfonds: 0,5 %*

Nicht in der TER enthalten: Ausgabeaufschlag und Rücknahmekommission

Wie gesagt, die TER enthält nicht alle Kosten, die Sie berappen müssen. Hinzu kommen noch drei weitere Posten:

- Beim **Ausgabeaufschlag** handelt es sich um eine einmalige Vertriebsprovision, die Sie beim Kauf eines Fonds bezahen müssen. Beträgt der Ausgabeaufschlag zum Beispiel 5 Prozent, bezahlen Sie für einen Fondsanteil von 1000 Franken beim Kauf 1050 Franken. Meist geben die Fondsgesellschaften in den Fondsunterlagen einen maximalen Prozentsatz an, den die Vertriebsgesellschaften als Ausgabeaufschlag verwenden dürfen. Dieser Maximalbetrag liegt oft bei fünf Prozent.

- Oft werden bei Fonds auch **Rücknahmekommissionen** verlangt. Wenn Sie Ihre Fondsanteile der Fondsgesellschaft zurückverkaufen, entrichten Sie eine Gebühr.

- Dafür, dass Sie die Fondsanteile bei einer Bank, die im System ist, im Depot haben, fallen Gebühren an. Die **Depotgebühren** liegen bei etwa 0,2 Prozent des Depotwerts.

Kosten über Kosten – da kann man leicht den Überblick verlieren. Hier ein Beispiel:

ANGENOMMEN, SIE KAUFEN ANTEILE eines Aktienfonds für 10 000 Franken. Sie halten diese Anteile fünf Jahre und verkaufen sie dann wieder. Dafür fallen folgende Kosten an:

Einmalig
– Ausgabeaufschlag: 2 % (Annahme)   Fr. 200.–
– Rücknahmekommission: 1 % (Annahme)   Fr. 100.–

Jährlich wiederkehrende Kosten
– Depotgebühr: 0,2 % jedes Jahr = 5 × Fr. 20.–   Fr. 100.–
– TER: 1 % (Annahme) jedes Jahr = 5 × Fr. 100.–   Fr. 500.–

Insgesamt werden Ihnen also über die fünf Jahre 900 Franken abgezogen, es bleiben Ihnen 9100 Franken. Wollen Sie wieder auf den Anfangswert Ihrer Anlage, auf 10 000 Franken, kommen, muss der Aktienfonds in den fünf Jahren also mindestens 900 Franken Gewinn bringen, was einer Rendite von 9,9 Prozent entspricht – fast 2 Prozent Rendite pro Jahr. Und damit haben Sie noch nichts dazugewonnen.

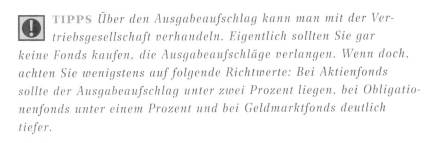 **TIPPS** *Über den Ausgabeaufschlag kann man mit der Vertriebsgesellschaft verhandeln. Eigentlich sollten Sie gar keine Fonds kaufen, die Ausgabeaufschläge verlangen. Wenn doch, achten Sie wenigstens auf folgende Richtwerte: Bei Aktienfonds sollte der Ausgabeaufschlag unter zwei Prozent liegen, bei Obligationenfonds unter einem Prozent und bei Geldmarktfonds deutlich tiefer.*

Auch Rücknahmekommissionen sollten Sie tendenziell nicht akzeptieren. Klären Sie vor dem Kauf ab, ob solche verlangt werden. Falls ja, suchen Sie besser einen anderen, ähnlichen Fonds, bei dem keine Rücknahmekommissionen fällig werden.

Gut zu wissen: Bei ETFs fallen diese Kosten nicht an, weil sie über die Börsen gehandelt werden.

Achtung: Transaktionskosten

Wenn der Fondsmanager Wertpapiere kauft oder verkauft, fallen Handelsgebühren an. Diese Kosten werden dem Fondsvermögen belastet – und drücken auf die Rendite. Bei einem durchschnittlichen Aktienfonds fallen jährlich Kosten von einem halben bis zu drei Prozent des Depotgesamtwerts an.

Die Höhe der Transaktionskosten hängt davon ab, wie oft ein Fondsmanager Wertpapiere während des Jahres verkauft und wieder neue kauft. Dazu gibt es eine Kennzahl nach der Sie fragen können, die **Portfolio Turnover Ratio** (PTR) oder auf Deutsch: die **Umschichtungsquote**. Sie zeigt, wie viele Titel, die sich zu Jahresbeginn im Fonds befinden, bis Ende Jahr ausgewechselt werden.

EINE PTR VON 100 PROZENT bedeutet, vereinfacht gesagt, dass der Fondsmanager alle Anfang Jahr gehaltenen Wertpapiere einmal verkauft und stattdessen andere gekauft hat. Die PTR kann auch über 100 Prozent steigen, wenn ein Fondsmanager Titel in seinem Portfolio mehr als einmal auswechselt. Die Fondsanalysefirma Lipper hat berechnet, dass die PTR bei aktiven Fonds durchschnittlich bei 90 Prozent liegt. Das verursacht hohe Handelskosten.

TIPP *Seien Sie bei der PTR besonders wachsam. Es bringt selten einen Mehrwert, wenn der Fondsmanager sehr oft Wertpapiere kauft und verkauft. Aber es erhöht die Transaktionskosten. Investieren Sie in Fonds mit weniger hoher PTR, sie sind günstiger.*

Erfolgsabhängige Gebühren

Einige Fonds verlangen eine Beteiligung am Gewinn. Das kann einerseits ein Anreiz für Fondsmanager sein, sich für hohe Gewinne sehr anzustrengen. Andererseits liegt darin auch eine Gefahr, weil ein Fondsmanager sich ja nicht gleichzeitig auch an den Verlusten beteiligt. Er könnte also versucht sein, mit dem Vermögen seiner Kunden hohe Risiken einzugehen. Resultieren hohe Gewinne, verdient er viel; entstehen Verluste, hat er nicht allzu viel zu verlieren – ausser seine Kunden, aber dann macht er eben einen neuen Fonds auf, und das Spiel beginnt von vorn.

Wenn ein Fondsmanager erfolgsabhängige Gebühren verlangt, sollten Sie darauf achten, dass es zwei Sicherheitsmechanismen gibt: eine High Water Mark und eine Hurdle Rate.

- **High Water Mark:** Der Fondsmanager kann nur dann erfolgsabhängige Gebühren verlangen, wenn der Fonds einen neuen Höchststand erreicht – ein Beispiel: Fonds A fällt im ersten Jahr von 100 auf 80 und steigt im nächsten Jahr auf 90. Für die Kurssteigerung von 80 auf 90 müssen Anleger nichts bezahlen. Erst wenn der Stand von 100 überschritten ist, erhält der Fondsmanager eine Gewinnbeteiligung.

■ Bei der **Hurdle Rate** handelt es sich um eine Mindestrendite, die der Fondsmanager erreichen muss, bevor er sich eine Erfolgsprämie auszahlen lassen darf. Idealerweise ist sie mit der Rendite eines Vergleichsindex verknüpft. Ein Fondsmanager, der sich auf Anlagen in Schweizer Aktien spezialisiert hat, müsste dann beispielsweise mehr Rendite erwirtschaftet haben als der Swiss Performance Index (SPI).

TIPP *Erfolgsabhängige Prämien für Fondsmanager sind sehr kritisch zu hinterfragen – insbesondere bei Fonds, die einfach in Aktien oder Obligationen investieren. Bedenken Sie, dass es oft nicht am Können des Fondsmanagers liegt, wenn er hohe Gewinne erwirtschaftet, sondern dass er einfach Glück hatte.*

Günstig ist meist gut – die Fondsauswahl

Die Auswahl an Fonds ist gigantisch. In welche sollen Sie also investieren? Als Erstes sollten Sie auf die Kosten des Fonds achten (siehe Seite 147). Denn bei Fonds gilt: Billig ist meist gut. Studien zeigen immer wieder, dass Fonds im langfristigen Durchschnitt umso mehr Gewinn für die Anleger bringen, je tiefer ihre Kosten sind. Eine Studie der Fondsanalysefirma Morningstar beispielsweise teilte die Fonds in Kostenquintale ein, also in fünf Kostenklassen von sehr günstig bis sehr teuer. Das günstigste Fünftel der Fonds wies dabei in jeder Fondskategorie die höchsten Erfolgsquoten aus. So haben im günstigsten Fünftel der US-Aktienfonds immerhin 62 Prozent der Fonds ihren Vergleichsindex geschlagen. Im zweitgünstigsten Fünftel waren es noch 48 Prozent, im teuersten Fünftel nur 20 Prozent (siehe Grafik auf der nächsten Seite). Für diese Studie hat Morningstar 4000 Aktienfonds über einen Fünfjahreszeitraum verglichen (Anfang 2011 bis Ende 2015).

Dachfonds und kleine Fonds eher meiden

Weil die Kosten ein so wichtiges Kriterium sind, gilt Vorsicht bei Dachfonds. Diese investieren nicht in einzelne Wertpapiere, sondern wiederum in Fonds. Das verursacht doppelte Kosten: erstens für das Management des Dachfonds und zweitens für jenes der Fonds, in die der Dachfonds-manager investiert.

Auch kleine Fonds sollten Sie tendenziell eher meiden. Als Faustregel gilt: Ein Fonds sollte mindestens ein Volumen – das ist das darin inves-tierte Kapital – von 50 Millionen Franken aufweisen. Bei kleineren Fonds werden die Kosten des Managements und des Vertriebs auf zu wenig Volumen umgelegt, weshalb sie oft zu teuer sind.

Fragen Sie nach

Wenn ein Fonds teuer ist, gilt es, beim Anbieter nach den Gründen zu fragen. Meist wird die Antwort dann sein, dass nicht die Kosten das Aus-schlaggebende seien, sondern die Performance (der Erfolg) nach Kosten. Das stimmt zwar, aber meist bringen Fonds mit höheren Kosten eben langfristig auch noch weniger Performance. Verkaufstechnisch wird dann

JE GÜNSTIGER DER FONDS, DESTO HÖHER SEINE RENDITEN

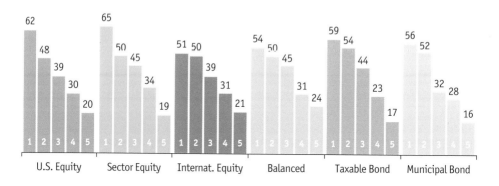

Die Studie von Morningstar teilte die Fonds in fünf Kostenkategorien ein (1 die günstigsten, 5 die teuersten Fonds). Von den Fonds, die in US-Aktien investierten (U.S. Equity), schlugen 62 Prozent der günstigsten ihren Vergleichsindex, in der teuersten Kategorie waren es nur 20 Prozent. Dieses Muster zeigte sich bei allen Fondsarten: Branchenfonds (Sector Equity), Internationale Aktien (International Equity), Ausgewogene Fonds (Balanced, je zur Hälfte Aktien und Obligationen) sowie Obligationenfonds (Taxable Bond und Municipal Bond).

Quelle: Morningstar (vollständige Studie: www.morningstar.ch, im Suchfeld «Die grosse Vorhersagekraft der Fondskosten für die Performance» eingeben)

oft darauf hingewiesen, dass die vergangene (kurzfristige) Performance des teuren Fonds doch so toll war. Doch kommt diese gute Leistung meist nicht von Können, sondern von Glück und könnte sich schon bald in Pech ändern – möglicherweise genau dann, wenn Sie gerade erst in den Fonds investiert haben.

Während es kurzfristig einigen Fondsmanagern gelingen mag, ihre Kosten wieder herauszuholen, gelingt das langfristig, beispielsweise über einen Zeitraum von zehn Jahren, kaum einem. Der Grund dafür ist schon lange gefunden: Die Finanzmärkte sind relativ effizient. Das heisst, dass es für den einzelnen Fondsmanager sehr schwierig ist, einen dauerhaften Informationsvorsprung auf seine Konkurrenten zu halten. Seit dem Jahr 1968 bestätigen Studien dies immer wieder.

Fondsmanager sind gute Verkäufer

Natürlich sehen das die Fondsmanager selber anders. Das zeigt eine Studie der Warwick Business School. Richard Taffler und David Tuckett, ein Finanz- und ein Psychologieprofessor, führten vertiefte Interviews mit über 50 Fondsmanagern, die zusammen rund 10 Milliarden Franken verwalteten. Die Erkenntnisse der Studie: Fondsmanager arbeiteten zwar durchaus hart und hätten sehr viele Informationen, aber trotzdem kaum jemals genug, um damit wirklich die Konkurrenz abzuhängen, ihre Kosten wieder hereinzuholen und echten Mehrwert zu generieren. Diesen Umstand würden sie überspielen, indem sie im Verkauf ihre vielen Informationen verwendeten, um gute, emotionale Geschichten zu erzählen. Die Zuhörer (und auch die Fondsmanager selber) hätten danach das Gefühl, die Fondsmanager besässen wirklich einen Informationsvorsprung und alle Wertpapierkurse müssten sich tatsächlich so entwickeln, wie sie es erzählen.

Magerer Mehrwert, aber hohe Löhne

In einem Interview äussern sich die beiden Professoren auch zum Thema der Entschädigung der Fondsmanager und zu den Einnahmen der gesamten Fondsindustrie. Ihrer Meinung nach findet ein massiver Vermögenstransfer von den Kunden zur Fondsindustrie statt, der schwierig zu rechtfertigen sei. Angesichts des mageren Mehrwerts, den die Fondsindustrie bietet, ist das kein Wunder. So scheinen Gewinnmargen von über einem Drittel, wie sie die Beratungsgesellschaft Boston Consulting für die Fondsindustrie berechnete, schon überrissen hoch. Auch die Lohntüte der Fondsmanager erscheint im Vergleich zum Mehrwert, den sie bieten, als übermässig hoch. Die Beratungsgesellschaft Johnson Associates berechnete, dass ein US-Fondsmanager im Jahr 2016 im Durchschnitt über 600 000 Dollar pro Jahr verdient habe. Die Fondsmanager wüssten selber schon auch, dass ihre hohen Löhne nur schwierig zu rechtfertigen seien, so Taffler und Tuckett, aber niemand wolle das Geschäft kaputt machen. Es profitieren ja nicht nur die Fondsmanager, sondern etwa auch die Finanzberater, die Fonds empfehlen.

Auch wenn Fondsmanager langfristig nach Kosten meist schlechter als ihr Vergleichsindex abschneiden, ist zur Verteidigung ihrer Leistung anzuführen, dass sie immerhin fast immer bessere Renditen erwirtschaften, als Privatanleger selber mit Investitionen in einzelne Wertpapiere herausholen würden – zumindest, wenn sie die Regeln in diesem Buch nicht kennen.

Das Fondsrating als Auswahlkriterium

Wenn Sie Fonds bei der Bank kaufen, bei der Sie auch Ihr Konto führen, wird Ihnen diese oft die bankeigenen Fonds anbieten. Dabei wäre die Qualität der Fonds für die Kaufentscheidung viel wichtiger als deren Herkunft.

Achten Sie auf das Rating von Fonds. Es gibt eine ganze Reihe von spezialisierten Fondsanalysefirmen, die Qualität und Performance der Fonds prüfen und Sterne verleihen: zum Beispiel Lipper, Ifund Services und Morningstar. Letztere ist die wohl erfolgreichste Ratingagentur für Privatanleger. Sie bietet auf ihrer Website viele frei zugängliche Informationen (www.morningstar.ch). In den USA ist die Firma schon so erfolgreich, dass der überwiegende Teil der Gelder, die in Fonds fliessen, nur noch in solche investiert werden, die Morningstar als top bewertet.

Vergangene Performance als Auswahlkriterium
Die vergangene Performance eines Fonds kann ein Auswahlkriterium sein. Wichtig ist dabei, dass die vergangene Performance nicht absolut gemes-

FONDS CLEVER KAUFEN

- Auf die Kosten achten: Im Zweifelsfall ist der günstigere Fonds der bessere.
- Wenn Ihnen ein ganz heisser Fonds verkauft werden soll, gilt es, besonders vorsichtig zu sein – selbst wenn der Fonds in der Vergangenheit sehr hohe Gewinne brachte. Denn vergangene Gewinne sind keine Garantie für zukünftigen Erfolg. Oft ist genau das Gegenteil der Fall. Ende 2006 etwa hätte ein Branchenfonds mit Bankaktien als ganz heiss verkauft werden können. Bankaktien hatten damals drei Jahre lang sehr gute Performance gebracht, der Kurs der UBS etwa hatte sich verdoppelt. Doch hätten alle, die zu diesem Zeitpunkt in den Fonds investiert hätten, schon im folgenden Jahr ihr blaues Wunder erlebt: Die Aktie der UBS zum Beispiel fiel von über 70 Franken auf zeitweise unter 10.
- Fonds sind langfristige Anlagevehikel. Sie sollten sich daran halten und nicht kurzfristige Spekulation betreiben. Das brockt Ihnen meist nur unnötige Handelskosten ein.
- Diversifizieren: Mit einigen wenigen Fonds können Sie gut diversifizieren. Schon mit einem weltweiten Aktienfonds und einem Obligationenfonds ist Ihr Vermögen sehr gut gestreut. Sie könnten zusätzlich noch einen Immobilien- und einen Rohstofffonds kaufen, was die Diversifikation etwas erhöhen würde, aber wirklich nötig ist das nicht.

sen wird, sondern im Vergleich zu den Konkurrenzfonds der gleichen Anlagekategorie. Beispielsweise sollten also Fonds, die in Aktien von kleineren Schweizer Firmen investieren, nur mit direkten Konkurrenten verglichen werden.

Die vergangene Performance als Auswahlkriterium ist umstritten. Es ist nämlich durchaus möglich, dass ein Fonds, der in einem Jahr zu den besten gehörte, im nächsten Jahr unter den schlechtesten zu finden ist. Trotzdem scheint die Performance als Kriterium nicht völlig wertlos: Die Fondsratingagentur Lipper hat nämlich ausgerechnet, dass ein Anlagefonds, der in der Vergangenheit zu den besten 20 Prozent seiner Anlagekategorie zählte, im folgenden Jahr mit 67,6 Prozent Wahrscheinlichkeit wieder in den Top-20 zu finden ist. Bei einer rein zufälligen Fondsauswahl würde die Wahrscheinlichkeit, einen aus den besten 20 Prozent auszuwählen, nur bei 20 Prozent liegen.

Wenn Sie auf das Kriterium «Performance» achten, haben Sie also zumindest kurz- bis mittelfristig einige Chancen, künftig in recht gute Fonds zu investieren. Die Wahrscheinlichkeit, dass ein Top-Fonds nach einem

Jahr plötzlich zu den schlechtesten 20 Prozent seiner Kategorie zählt, liegt nämlich nur bei 0,9 Prozent.

Allerdings nimmt die Wahrscheinlichkeit, dass die überdurchschnittliche Performance anhält, Jahr für Jahr ab. Sind nach einem Jahr 67,6 Prozent der Top-Fonds immer noch top, gehören nach zwei Jahren noch 55,3 Prozent zu den besten. Nach drei Jahren sind es nur noch 43 Prozent.

ACHTUNG *Eine Warnung zum Schluss: Selbst ein Fonds, der in seiner Kategorie top ist, kann Verluste machen. Denn top zu sein bedeutet nur, dass der Fonds besser abschneidet als die Konkurrenten in der gleichen Anlagekategorie. Auch gute Aktienfonds können sich aber einem Börsencrash nicht entziehen.*

VOR- UND NACHTEILE VON FONDS

Vorteile

+ Sie investieren in einen ganzen Korb von Wertschriften, sind also breit diversifiziert.
+ Fondsmanager nehmen Ihnen viel Arbeit ab. Bei thesaurierenden Fonds übernehmen sie auch die Reinvestition allfälliger Dividenden.
+ Fondsmanager schlagen zwar selten ihren Vergleichsindex, aber holen doch oft mehr Rendite heraus als Privatanleger.

Nachteile

− Viele Fonds sind zu teuer für den Mehrwert, den sie bieten.
− Sehr grosse, unübersichtliche Auswahl
− Fondsmanager sind grosse Geschichtenerzähler und Überzeugungskünstler, was Sie zu falschen Kaufentscheidungen verleiten kann.

Derivate und strukturierte Produkte

Weltweit werden Derivate und strukturierte Produkte im Wert von Tausenden Milliarden gehandelt. Grundsätzlich sind sie eher etwas für erfahrenere Anleger. Die Produkte sind nicht ganz einfach zu verstehen, bieten aber Möglichkeiten, Gewinne aufzubessern.

«Derivate sind das Kokain des Kapitalismus», schrieb die Schweizer WOZ in einem Artikel während der Finanzkrise im Jahr 2008. Derivate werden oft verteufelt, doch so schlimm sind sie gar nicht – sofern sie richtig eingesetzt werden. Entstanden sind sie nämlich als Absicherungsinstrumente für den Handel mit Gütern. Schon zweitausend Jahre vor Christus fanden Termingeschäfte statt. Dabei wurden Handelsgüter, damals etwa Olivenöl, auf einen Termin in der Zukunft hin verkauft. Das sicherte die Produzenten gegen einen Preiszerfall ab. Ein organisierter Handel mit solchen Derivaten lässt sich bis ins Venedig des 12. Jahrhunderts zurückverfolgen.

Derivate als Absicherungsinstrumente

Heute bilden die Derivate einen Billionenmarkt. Es können nicht nur Versicherungen auf Preiszerfälle von Agrargütern, sondern auch von Aktien

---

DERIVAT: EINE DEFINITION

Der Name Derivat kommt aus dem Lateinischen und bedeutet «abgeleitet». Derivate sind von anderen Produkten oder Finanzinstrumenten abgeleitet. Die Wertveränderung eines Derivats hängt also ab vom Marktpreis eines Basiswerts, eines anderen Produkts oder Finanzinstruments. Basiswerte für Derivate können alle möglichen Wertpapiere sein (etwa Aktien oder Obligationen), es können auch finanzielle Kennzahlen sein (Zinssätze, Indizes, Bonitätsratings) oder Handelsgüter (Agrargüter und andere Rohstoffe, Edelmetalle, Devisen). ■

---

und von einer Vielzahl anderer Finanzinstrumente gekauft werden. Es gibt zudem nicht nur Versicherungen auf Preiszerfälle, sondern es können auch Derivate gekauft werden, mit denen man vom Kursanstieg eines Basiswerts (eines Agraguts oder irgendeines anderen Finanzinstruments) profitieren kann.

Im Grunde ist es heute möglich, mit Derivaten auf alle möglichen Kursveränderung eines anderen Finanzinstruments zu setzen oder sich dagegen abzusichern. Am meisten Bedeutung für Privatanleger haben Warrants und strukturierte Produkte.

Warrants

Ein Warrant enthält das Recht, einen Basiswert entweder zu verkaufen (Put) oder zu kaufen (Call). Mit einer Put-Option können Sie auf fallende Preise spekulieren, mit einem Call auf steigende.

- Der **Put** ist ein Vertrag, in dem der Käufer das Recht bekommt, einen Basiswert (meist eine Aktie) an einem Termin in der Zukunft zu einem im Voraus bestimmten Preis zu verkaufen. Wenn der Marktpreis des Basiswerts unter den im Voraus bestimmten Preis fällt, lohnt es sich, das Recht zu nutzen und zum höheren, im Put definierten Preis zu verkaufen. Put-Käufer spekulieren also auf fallende Preise. Oder sie besitzen den Basiswert und sichern sich mit dem Put gegen einen Preiszerfall ab.

- Umgekehrtes gilt für einen **Call:** Ein Käufer erhält das Recht, einen Basiswert zu einem Zeitpunkt in der Zukunft zu einem im Voraus bestimmten Preis zu kaufen – was dann lukrativ ist, wenn der Preis gestiegen ist. Ist der Preis nicht gestiegen, muss der Käufer sein Recht nicht ausüben, verliert aber natürlich den Betrag, den er in den Call investiert hat.

Warrants sind hoch spekulative Finanzinstrumente. Ihre Preisschwankungen können enorm sein; ihre Preise können sich fünfmal schneller verändern als diejenigen ihrer Basiswerte. Fällt also der Basiswert um 10 Prozent, kann ein Call 50 Prozent seines Wertes oder mehr verlieren. Genauso schnell geht es nach oben: Wenn der Basiswert um 10 Prozent steigt, kann der Call 50 Prozent oder auch mehr gewinnen.

Nur für erfahrene Anleger

Das Verhalten von Warrants ist hier nur in den Grundzügen beschrieben. Weitere Faktoren – etwa Dividenden, Zeit bis zum Ablauf eines Warrants, Zinssätze und nicht zuletzt die Intensität der Kursschwankungen (Volati-

Bären, Bullen und Derivate

Vor der Börse in Frankfurt stehen sich ein Bulle und ein Bär gegenüber. Beide schauen sich kampfbereit an, wobei die Bullenstatue den überlegeneren Eindruck hinterlässt. Kein Wunder, denn der Bär steht im Börsenjargon für fallende Kurse. Selbst diese allseits bekannten Börsensymbole sind auf Termingeschäfte zurückzuführen.

Entstanden sind die beiden Symbole in den USA aufgrund eines gravierenden Unterschieds zwischen der Bären- und der Bullenjagd. Während die Bullen innerhalb einer relativ kurzen Zeitspanne gejagt, erlegt und verkauft werden konnten, dauerte die Bärenjagd oft Monate. Während der Bärenjäger unterwegs war, konnten die Preise von Bärenfellen so stark fallen, dass die Jagd schliesslich ein Verlustgeschäft wurde. Weil die Bärenjäger dieses Risiko nicht eingehen konnten, schlossen sie ein Termingeschäft ab: Sie verkauften die Bärenfelle bereits, bevor sie auf die Jagd gingen, zu einem bestimmten Preis. Kamen sie von der Jagd zurück und die Preise waren gefallen, konnten sie aufatmen. Natürlich hätten die Bärenjäger bei einem Preisanstieg die Felle besser zum aktuellen Marktpreis verkauft. Doch das Risiko, dass der Marktpreis fallen und die monatelange Jagd in einem Verlust enden würde, konnten sie einfach nicht tragen. Die Bärenjäger mussten quasi auf fallende Kurse spekulieren.

Ganz anders die Bullenjäger: Sie gingen kein Termingeschäft ein, sondern verkauften erst zum aktuellen Marktpreis. Sie waren also froh, wenn die Preise in der Zeitspanne zwischen Jagdbeginn und Verkauf gestiegen waren. Sie spekulierten sozusagen auf steigende Kurse.

lität) des Basiswerts – können die Preise beeinflussen. Warrants sind deshalb nur etwas für Anleger, die sich mit diesen Faktoren auskennen.

Strukturierte Produkte mit schicken Namen

Es gibt viele solche Strategien, die sich mithilfe von Derivaten umsetzen lassen. Entweder können Sie als Privatanleger dies selber tun oder Sie können strukturierte Produkte – kurz Strukis – kaufen. Das sind kleine Finanzpakete, in denen zum Beispiel die oben beschriebene Strategie umgesetzt sein kann. Häufig handelt es sich aber um viel kompliziertere Strategien; in strukturierte Produkte wird meist eine Vielzahl von Derivaten verpackt und das Ganze wird mit einem schicken Namen versehen.

Strukturierte Produkte erfreuen sich einer gewissen Beliebtheit, sind aber nicht ganz ohne Gefahren, die von Anlegern teilweise unterschätzt werden. Das kann so weit gehen, dass nicht nur das ganze investierte Kapital verloren ist, sondern die Anleger gar noch mehr Geld nachschiessen müssen – ein extremes Beispiel ist aus Asien bekannt, ein Produkt mit dem schönen Namen «Accumulator».

Barrier Reverse Convertibles – die beliebtesten Strukis in der Schweiz

Nicht nur Asiaten sind mit strukturierten Produkten auf die Nase gefallen, sondern auch so mancher Schweizer Anleger. Zum Beispiel mit Barrier Reverse Convertibles. Diese sind zwar bei Weitem nicht so riskant wie Accumulators, meist sogar sicherer als Aktien. Aber so sicher, wie Anleger oft glauben, sind sie eben doch nicht.

Barrier Reverse Convertibles bieten, was Investoren auf der Tiefzinsinsel Schweiz so sehnsüchtig vermissen. Während es auf dem Sparkonto und auf vielen Obligationen kaum mehr Zinsen gibt, bieten Reverse Convertibles teilweise zweistellige Zinssätze, Coupons genannt. Die hohen Coupons sind dermassen verlockend, dass Barrier Reverse Convertibles mitunter die beliebtesten strukturierten Produkte in der Schweiz sind. Viele Anlegerinnen und Anleger sind von den hohen Zinsen so hingerissen, dass sie die Risiken ausblenden.

Mit dem Kauf eines Barrier Reverse Convertible gehen Sie ein Katastrophenrisiko ein. Garantiert ist bei diesen Produkten zwar der Zins, nicht aber, dass die ganze Anlagesumme zurückgezahlt wird. Den vollen Betrag erhalten Sie nur zurück, wenn die dem Produkt unterliegenden Aktien einen bestimmten Schwellenwert, die Barriere, während der ganzen Laufzeit nicht unterschreiten. Diese Barriere liegt zwar häufig 20 Prozent oder mehr unter dem Kurs der Aktie zum Kaufzeitpunkt des Barrier Reverse Convertible. Das erscheint relativ sicher. Aber in der Baisse passiert, was Anleger oft ausblenden: Die Aktien stürzen ab, und sie erhalten am Ende der Laufzeit die gebeutelte Aktie ins Depot geliefert. Diese ist jedoch viel weniger wert, als das, was seinerzeit für den Reverse Convertible bezahlt wurde.

In Börsenbaissen passiert das tausendfach in der Schweiz, aber nicht nur dann: Die Bank Vontobel hat 2012 (kein Jahr der Börsenbaisse) 2045 Barrier Reverse Convertibles analysiert und dabei festgestellt, dass 49 Prozent davon ihre Barriere gerissen hatten.

Das muss Ihnen bewusst sein

Derivate sind nicht Teufelswerk, aber wenn Sie sie kaufen, müssen Sie verstehen, was in welcher Situation passieren kann. Insbesondere natürlich, in welchen Fällen Verluste resultieren können. Zu beachten ist auch, dass der Einsatz von Derivaten und strukturierten Produkten kostet. Teilweise entstehen nur Transaktionskosten, aber meist kommen noch weitere Kosten dazu. Bei strukturierten Produkten muss durchaus damit gerech-

---

KAPITALSCHUTZPRODUKTE

Diese Art von strukturierten Produkten verspricht eine Absicherung des Kapitals. Oft wird garantiert, dass bei Ablauf 100 Prozent des investierten Kapitals zurückgezahlt werden, manchmal auch nur 90 oder 95 Prozent. Wegen des Kapitalschutzes haben diese Produkte aber in der Regel wenig Gewinnpotenzial. Meist ist es daher besser, Obligationen und Aktien zu kaufen und das Vermögen entsprechend dem individuellen Risikoprofil langfristig anzulegen.

Dies insbesondere auch deshalb, weil Anleger vor allem dann den Drang zum Kauf von Kapitalschutzprodukten spüren, wenn es falsch ist, diese zu kaufen. Diese sollten – wenn überhaupt – gekauft werden, wenn an der Börse die Sonne scheint, in der Börsenhausse. Tatsächlich ist die Nachfrage nach Kapitalschutzprodukten aber vor allem dann hoch, wenn es regnet, nach einem Börsencrash also. Doch dann sind die Kurse ja bereits gefallen, also sind Kapitalschutzprodukte nicht nur unangebracht, sondern auch besonders teuer. ▪

---

net werden, dass Anbieter das Paket zwei Prozent teurer verkaufen, als die Einzelteile kosten würden, aus denen das Produkt zusammengesetzt wird.

TIPP *Der Schweizerische Verband für strukturierte Produkte bietet viele Informationen zu den Produkten und zum Markt in der Schweiz (www.svsp-verband.ch).*

VOR- UND NACHTEILE VON DERIVATEN UND STRUKTURIERTEN PRODUKTEN

Vorteile

+ Können die Rendite für Privatanleger optimieren
+ Anleger können mit diesen Produkten auch Gewinne einfahren, wenn die Kurse fallen oder seitwärts tendieren.

Nachteile

− Eher schwierig zu verstehen
− Können risikoreich sein

Edelmetalle und Co. – die Sachwerte

Zur breit diversifizierten Vermögensanlage gehören auch Sachwerte, insbesondere als Schutz vor der Inflation. In die Kategorie der Sachwerte fallen neben Immobilien (siehe Seite 170) vor allem Edelmetalle. Aber auch Edelsteine, Kunst, Oldtimer, Violinen und Weine zählen dazu. Hier erfahren Sie, welche Sachwerte eher fragwürdig sind, welche Aspekte Sie bei Anlagen in Sachwerte berücksichtigen sollten und warum auch Aktien eine Art Sachwerte sind.

In regelmässigen Abständen rufen irgendwelche Experten dazu auf, in Sachwerte zu investieren, weil das derzeitige Wirtschaftssystem vor dem Abgrund stehe und Papiergeld bald nichts mehr wert sein werde. Derzeit ist etwa die These von einer «heimlichen Enteignung» über Negativzinsen oder über künftige hohe Inflationsraten ein Grund für Aufrufe zu Anlagen in reale Werte, wie Sachwerte dann gern auch genannt werden.

Aktien sind auch eine Art Sachwerte

Bei allen Aufrufen zu Anlagen in Sachwerte sollten Sie beachten, dass Aktien auch reale Werte sind. Statistiken zeigen, dass sie auch in Hochinflationsphasen gute, reale Renditen bringen können, auch wenn Gold und Immobilien in der Vergangenheit in solchen Zeiten noch etwas besseren Schutz geboten haben. Für Privatanleger stehen bei den Sachwerten meist Immobilien im Fokus. Immer wieder werden aber auch weitere Sachwerte als lohnende Investitionen präsentiert: Frachtschiffe etwa, Edelholzplantagen, Kunst, Violinen, Wein und Oldtimer. Solche Investments sind meist höchst fragwürdig.

Immer wieder: Angst vor Inflation und Staatsbankrott

Ängste vor einer heimlichen Enteignung oder vor dem Zusammenbruch des Wirtschaftssystems sind nichts Neues und werden immer wieder auftauchen. Ein Beispiel: «Das Spiel ist aus. Alle Staaten gehen bankrott.» Die beiden Sätze könnten gestern geschrieben worden sein, es ist aber schon über dreissig Jahre her. Sie stammen aus einem Buch, das 1982 unter dem Titel «Wann kommt der Staatsbankrott?» erschien, einem damals viel beachteten Druckwerk, das eine Auflage von 80 000 Exemplaren erreichte. Der populärwissenschaftliche Autor Paul C. Martin riet zu Goldanlagen. Aktien hielt er für keine gute Wahl.

Dumm gelaufen: Die zwei Jahrzehnte nach Erscheinen des Buches gehören zum Besten, was Aktien je erlebt haben, auch in der Schweiz: Wer im Jahr 1982 einen Betrag von 100 000 Franken in Schweizer Aktien investierte, konnte sein Vermögen bis zum Jahr 2000 auf 1,5 Millionen Franken wachsen sehen, wie die Genfer Privatbankiers von Pictet in einer Studie darlegen.

Wenn die Angst gross ist, lohnen sich Aktien oft

Im Nachhinein ist man immer klüger. 1982 in Aktien zu investieren, erforderte viel Mut. Schulden, hohe Arbeitslosigkeit, Wirtschaftsflaute und Geldentwertung plagten die Menschen. Der Geschäftsbericht der Schweizerischen Nationalbank (SNB) von 1983 etwa hielt fest, dass eine stagnierende Wirtschaft, steigende Arbeitslosigkeit sowie eine Verdüsterung der internationalen Finanzszene dominierende Kennzeichen des Jahres 1982 gewesen seien. Die Arbeitslosenrate in den USA lag bei 9,7 Prozent – höher als heute.

Vor diesem Hintergrund in Aktien zu investieren, kam damals den meisten Anlegern nicht im Traum in den Sinn, vor allem auch, weil die Börse seit 1962 am Stottern war. Um mit Aktien wieder auf das Niveau von 1961 zu kommen, dauerte es real gerechnet bis zum Jahr 1985, wie Daten von Pictet zeigen.

In der langen Baissephase entfremdete sich fast eine ganze Generation den Dividendenpapieren. Im Jahr 1979 proklamierte das renommierte Magazin Businessweek gar den Tod der Aktie auf dem Titelblatt. Im Artikel wurde nicht nur argumentiert, dass nur noch die ältere Generation bei ihren Anlagen überhaupt an Aktien denke, sondern auch, dass die Inflation den Aktienmarkt töten werde. Tatsächlich lag diese damals unglaublich hoch, war in den USA zeitweise im zweistelligen Prozentbereich, während US-Staatsanleihen mit einer Laufzeit von 20 Jahren mit 15 Prozent pro Jahr rentierten (heute sind es noch rund 2 Prozent).

Aktien trotzen allem

Ab 1982 begannen die Aktienkurse aber wieder zu steigen. 7 Prozent waren es real gerechnet im Jahr 1982, 24 Prozent ein Jahr später und immerhin noch 2 Prozent 1984. Auch 1985 stiegen die Aktienkurse bis Juli noch einmal. Anleger, die noch nicht auf den fahrenden Börsenzug aufgesprungen waren, fragten sich, ob es dafür nicht schon zu spät sei. Der Tages-Anzeiger kommentierte im Juli 1985: «Die internationale Schuldenkrise ist alles andere als bereinigt.» Dieser Satz würde auch heute zutreffen.

Anleger, die im Juli 1985 trotz aller Bedenken investierten, haben aber ein Vermögen verdient: Das Jahr 1985 war das beste für Schweizer Aktien. Über 56 Prozent gewannen sie real, also nach Abzug der Inflation. Wer weiter dabeiblieb, konnte sein Vermögen bis ins Jahr 2000 real gerechnet vervierelnhalbfachen.

Für die heutige Zeit lässt sich aus der Geschichte folgende positive Schlussfolgerung für Aktien ziehen: Auch wenn die Welt am Abgrund zu stehen scheint, können Dividendenpapiere zu einer Hausse ansetzen. Allerdings: Ein Beweis dafür, dass die Dividendenpapiere noch weiter steigen müssten, lässt sich aus der Vergangenheit nicht ableiten. Einen Anteil des Vermögens in andere Sachwerte zu investieren, kann nicht schaden und ist aus Gründen der Diversifikation sogar empfehlenswert.

Gold

In Krisenzeiten suchen viele Anleger Zuflucht bei einem gelb glänzenden Metall: Gold. Es ist zumindest chemisch fast unzerstörbar. Nur ein Gemisch aus Salz- und Salpetersäure im Verhältnis 3:1, Königswasser genannt, vermag es aufzulösen. Deshalb ist auch fast alles jemals geförderte Gold noch erhalten. Das sind rund 175 000 Tonnen, wie der World Gold Council schätzt. Würde alles Gold in einen Würfel gepresst, hätte dieser eine Kantenlänge von bloss etwa 21 Metern.

Neben der chemischen Sicherheit bot Gold in der Vergangenheit auch finanziellen Schutz. Zuletzt war dies während der Schuldenkrise in Europa feststellbar. Immer wieder kommt sogar das Argument, dass eine Unze Gold, in Einkaufswaren gemessen, noch heute den gleichen Wert besitze wie im alten Rom. Damals reichte eine Unze (28,35 Gramm), um eine Toga mit Gürtel und Lederschuhen zu kaufen. Auch heute lassen sich mit dem Gegenwert einer Unze ein Anzug, ein Gürtel und Schuhe kaufen – im Herbst 2021 notierte die Unze bei einem Preis von 1785 US-Dollar.

Schon seit über 5000 Jahren ist Gold ein begehrtes Gut. Während Währungen wertlos werden oder gar untergehen können, hat Gold eine sehr lange Geschichte. Nicht nur im alten Rom, sondern auch bei den Azteken, im alten Ägypten und im Mittelalter in Europa war Gold gesucht und wurde teuer bezahlt.

Gründe für den Kauf von Gold

Für Sie als Anleger, als Anlegerin gibt es zwei Hauptgründe, Gold zu kaufen: Sie spekulieren auf Preissteigerungen oder darauf, dass Gold ein Retter in einer Krise sein kann, wenn die Wirtschaft aus den Fugen gerät und die Währungen an Wert verlieren. Weder das eine noch das andere vermag das gelbe Edelmetall immer zu erfüllen.

Der Preis von Gold ist alles andere als stabil, sondern schwankt stark. 1999 kostete die Unze nur 252 Dollar, das hätte wohl nicht einmal im Ramschregal für Anzug, Gürtel und Schuhe gereicht. Seit damals ist der Goldpreis über ein Jahrzehnt lang gestiegen, er hatte seinen Höhepunkt 2011 bei 1921 Dollar die Unze. Seither ist der Preis aber wieder gefallen.

Älteste Handelswahrung der Welt

Während mit Gold schon über 5000 Jahre gehandelt wird, ist die älteste noch existierende Währung, das Pfund Sterling, nur rund 1200 Jahre alt. Das Pfund ist auch die älteste noch existierende Papierwährung. Im Jahr 1694 begann die Bank of England Noten in Umlauf zu bringen, zuerst noch handgeschrieben, später gedruckt.

Den Schweizer Franken gibt es erst seit dem Jahr 1850. Vorher war der Gulden die Hauptwährung in der Schweiz. Trotzdem erscheint der Franken in den vergangenen 47 Jahren krisensicher, auch im Vergleich zu Gold. Sein Wert hat sich gegenüber der Weltwährung US-Dollar fast verfünffacht. Mussten Anfang der 70er-Jahre noch fast 4.30 Franken pro Dollar bezahlt werden, ist es inzwischen nicht einmal mehr ein Franken (siehe auch Grafik auf Seite 83).

Begrenztes Angebot

Der Vorteil von Gold gegenüber allen Währungen ist, dass es ein begrenztes Gut ist. Derzeit können pro Jahr rund 3000 Tonnen neu gefördert werden. Schätzungen gehen davon aus, dass bei diesem Tempo alles vorhandene Gold in weniger als 20 Jahren gefördert sein wird. Das könnte zu Wertsteigerungen von Gold führen oder zumindest dazu, dass der Wert von Gold hoch bleibt.

Im Gegensatz dazu können die Zentralbanken theoretisch unbegrenzt neue Noten drucken – die Schweizerische Nationalbank zum Beispiel Schweizer Franken. Ein stark erhöhtes Angebot an Schweizer Franken könnte theoretisch dazu führen, dass sein Wert fällt. Nun hat die Schweizerische Nationalbank in den vergangenen Jahren das Angebot an Schweizer Franken massiv ausgeweitet. Gefallen ist der Wert des Schweizer Frankens deswegen nicht, weder in ausländischen Währungen gerechnet noch in Einkaufswaren. Der reale Wert des Schweizer Frankens ist tendenziell sogar gestiegen.

Das muss allerdings nicht so bleiben. Das scheinen auch die Zentralbanken selber so einzuschätzen, denn sie gehören zu den grössten Eigentümern von Goldbeständen. Sie horten unglaubliche Mengen des gelben Metalls, am meisten die US-Zentralbank mit 8133 Tonnen, vor Deutschland (3359 Tonnen) und Italien (2452 Tonnen). Die Schweiz befindet sich im Ranking auf Platz sieben, mit 1040 Tonnen im Gegenwert von rund 42 Milliarden Franken (bei einem Kilopreis von 40 000 Franken).

> **❗ TIPP** *Natürlich ist es nicht sicher, dass der Schweizer Franken ein Hort der Sicherheit bleibt. Auch er kann sich eines Tages abwerten. Wer sich davor schützen will, ist vielleicht gut beraten, Gold zu kaufen. Zumindest können Sie mit Gold als Anlage Ihr Vermögen breiter diversifizieren. Empfehlenswert ist allerdings, nur einen kleinen Teil Ihres Gesamtvermögens in Gold zu investieren.*

Möglicherweise bietet das Edelmetall also Schutz, falls Währungen an Wert verlieren sollten. Im Vergleich zu anderen Anlagen hat Gold aber den Nachteil, dass es keine Erträge abwirft – keine Zinsen und keine Dividenden. Ganz im Gegenteil: Es verursacht Kosten, nämlich Lagerkosten.

Alternative: Gold-ETFs und Aktien von Goldminen
Um sich an der Wertentwicklung von Gold zu beteiligen, müssen Sie das Metall nicht besitzen (und lagern). Sie können stattdessen einen ETF kau-

fen. Der grösste in der Schweiz ist der ZKB Gold ETF der Zürcher Kantonalbank. Er wird sogar in Schweizer Franken, währungsgesichert, gehandelt, ist aber nicht ganz billig, die Fondsanalysefirma Morningstar berechnet laufende Kosten von 0,4 Prozent pro Jahr.

Wer nur darauf aus ist, sich an der Wertentwicklung von Gold zu beteiligen, kann dies mit günstigeren Aktienfonds tun. Das funktioniert so, dass Sie ETFs kaufen, die in Goldminenaktien investieren. Diese profitieren ebenfalls, wenn der Goldpreis steigt, oft legen sie sogar um ein Vielfaches zu. Die Kehrseite ist allerdings, dass Goldminenaktien auch überproportional tief fallen, wenn der Goldpreis fällt. Für eine Investition in Goldminenaktien gibt es – als ein Beispiel von vielen – den UBS ETF Solactiv Global Pure Gold Miners CHF (ISIN: IE00B7KMNP07). Er wird zwar in Schweizer Franken gehandelt, ist aber nicht währungsgesichert. Die Fondsanalysefirma Morningstar hat für den Fonds laufende Kosten von 0,43 Prozent berechnet. Ebenso gibt es den VanEck Vectors Gold Miners in Schweizer Franken, mit laufenden Kosten von 0,53 Prozent.

> **TIPPS** *Wenn der Besitz von Gold Ihr Sicherheitsempfinden erhöht, warum nicht einen Teil Ihres Vermögens darin investieren? Allerdings dürften fünf bis zehn Prozent dafür reichen.*

Neben Gold gibt es weitere Edelmetalle, in die Sie investieren können, vor allem Platin und Silber. Sie sind aber etwas für Spezialisten, die sich damit auskennen. Oft sind ihre Kurse noch viel schwankungsanfälliger als jener von Gold.

VOR- UND NACHTEILE VON GOLDANLAGEN

Vorteile

+ Goldanlagen bringen eine zusätzliche Diversifikation für Ihr Vermögen.
+ Gold kann in Krisenzeiten Vermögenswerte sichern.

Nachteile

− Gold bringt keine Erträge, keine Zinsen, keine Dividenden.
− Der Wert von Gold schwankt oft stark.

Edelsteine, Kunst, Pferde, Oldtimer, Violinen, Bäume, Weine

Neben den Edelmetallen gibt es immer wieder Angebote, in weitere Sachwerte zu investieren. Meist sind solche Anlagen nur etwas für Kenner. Das gilt beispielsweise auch für Edelsteine.

Edelsteine

Einerseits wird der Edelsteinmarkt von ein paar grossen Händlern beherrscht. Andererseits ist das Anlageobjekt an sich sehr komplex. Selbst wenn Sie sich auf Diamanten beschränken und alle anderen Edelsteine ausblenden, müssen Sie sich ein erhebliches Wissen aneignen, um zu verstehen, was Sie kaufen. Die Beurteilung von Reinheit, Farbe und Schliff will gelernt sein. Auch die Herkunft der Steine ist ein schwieriges Thema. Wie wollen Sie als Laie beurteilen, ob ein Edelstein mit der Finanzierung eines Bürgerkriegs in Zusammenhang steht? Auch schreitet die Entwicklung synthetischer Diamanten rasch voran. Selbst Experten sind sich uneinig, was das für die Preisentwicklung im Edelsteinmarkt bedeuten wird.

ACHTUNG *Investitionen in Edelsteine sind nur unter einer Bedingung eine gute Idee: Sie haben die Zeit und das Interesse, sich mit der Materie intensiv auseinanderzusetzen, bevor Sie einen Kaufentscheid treffen. Wenn Sie Edelsteine als Geldanlage kaufen wollen, sollten Sie schon Experte auf dem Gebiet sein.*

Für die exotischeren Sachwerte – Kunst, Wein, Schmuck, Uhren, Oldtimer, Pferde, Violinen – gilt das zu den Edelsteinen Gesagte umso mehr: Jeder Kaufentscheid setzt spezifisches Fachwissen voraus. Selbst mit zeitaufwendig erarbeitetem Expertenwissen bleiben entscheidende Faktoren unvorhersehbar. Welcher heute vielversprechende Künstler wird in zwanzig Jahren noch gefragt sein? Aus welchem Anbaugebiet wird der neue Rekordwein kommen? Werden Pferd und Reiter in Bestform sein, wenn es um die Olympia-Teilnahme geht?

Zum Beispiel Violinen

Trotzdem werben Verkäufer immer wieder bei unbedarften Anlegern für Investitionen in solche Sachwerte. Die Argumente sind meist, dass solche

Anlagen äusserst wertstabil seien und sich zur Vermögenssicherung eignen würden. Exemplarisch hier ein Zitat aus einer Werbemail für Violinen: «Spitzeninstrumente sind ausserordentlich wertstabil», lässt ein Christian Reister, Mitinhaber von Violin Assets GmbH, in einer E-Mail verlauten. Das junge Unternehmen sei auf Schloss Bedburg bei Köln beheimatet und habe sich auf den Handel mit hochwertigen Streichinstrumenten spezialisiert. «Der Wert von Streichinstrumenten entwickelt sich nahezu abgekoppelt von anderen Anlageklassen», erklärt Christian Reister. Zudem sei der Instrumentenmarkt von langfristig orientierten Investoren geprägt. Laut der für diesen Markt massgeblichen «Fuchs-Taxe» hätten hochwertige Streichinstrumente in den vergangenen 100 Jahren einen durchschnittlichen Wertzuwachs von zwischen fünf und acht Prozent pro Jahr verzeichnet. Besonders exponierte Einzelstücke lägen deutlich darüber. Die Preise für moderne Instrumente würden bei etwa 30 000 Euro beginnen, historische Instrumente eigneten sich ab etwa 100 000 Euro als Kapitalanlage.

TIPP *Hört sich alles fantastisch an. Aber wenn Sie nicht wirklich Experte für Violinen – oder andere reale Sammlerwerte – sind, lassen Sie besser die Finger davon.*

Spezieller Sachwert: Immobilien

Gerade in unsicheren Zeiten erscheint es naheliegend, statt auf komplizierte Finanzprodukte auf physisch greifbare Sachwerte zu setzen. Immobilienanlagen sind denn auch ein breites Phänomen. In der Schweiz gibt es über 1,3 Millionen Haushalte, die in den eigenen vier Wänden zu Hause sind (Haus oder Stockwerkeigentum).

Es wird gern behauptet, dass die Schweizer ein Volk von Mietern seien. Das mag zwar im Vergleich zu manchen anderen Ländern immer noch Geltung haben, doch die Wohneigentumsquote ist in den letzten Jahrzehnten stark gestiegen. Wohnten 1990 noch rund 31 Prozent der Schweizer in den eigenen vier Wänden, waren es gemäss dem Bundesamt für

Statistik im Jahr 2016 schon 38,2 Prozent. Die kantonalen Unterschiede sind aber recht gross. Während im Kanton Wallis fast 60 Prozent der Bevölkerung nicht zur Miete, sondern in den eigenen vier Wänden wohnen, sind es im Kanton Basel-Stadt nur etwa 15 Prozent.

Selbst bewohnte Immobilie

Für den Schritt zum Hauseigentümer fehlt vielen Mietern das nötige Kapital. Banken verlangen in der Regel, dass ein Käufer 20 Prozent des Kaufpreises für eine Immobilie als eigenes Kapital mitbringt. Hypotheken werden höchstens im Umfang der übrigen 80 Prozent gewährt. Hat das gewünschte Einfamilienhaus einen Wert von 1 000 000 Franken, lässt es sich bei einer eigenen Investition von 200 000 grundsätzlich mit der Hilfe einer Bank finanzieren.

Fremd- und Eigenfinanzierung

Die Aufteilung auf die Eigen- und die Fremdfinanzierung ist – neben der Wahl der Immobilie – der wichtigste Investitionsentscheid. Viele Banken bieten bei einem Eigenmittelanteil, der das Minimum übersteigt, besonders vorteilhafte Konditionen für eine Hypothek. Wie bei jeder Verschuldung ist auch die Tragbarkeit zu berechnen. Als Faustregel geht man davon aus, dass die Wohnkosten, einschliesslich Unterhalt der Liegenschaft, ein Drittel des Einkommens nicht übersteigen sollten. Das alles spricht für einen hohen Eigenmittelanteil. Es ist aber zu bedenken, dass die Mittel damit langfristig gebunden bleiben. Es ist daher sinnvoll, vorhandenes Investitionskapital nicht vollständig in den Hauskauf zu investieren, um Spielraum für Unvorhergesehenes und für allfällige künftige Investitionsgelegenheiten zu haben.

Feilschen lohnt sich

Für eine Hypothek sollten Sie immer mehrere Offerten einholen, am besten nicht nur von Banken, sondern auch von Versicherern und

BUCHTIPP

Von der Suche des richtigen Objekts über den Kauf oder Bau und den Unterhalt bis hin zum allfälligen späteren Wiederverkauf – alle wichtigen Informationen finden zukünftige Eigenheimbesitzer in diesen beiden Beobachter-Ratgebern: **Der Weg zum Eigenheim** und **Stockwerkeigentum.**

www.beobachter.ch/buchshop

STEUERVORTEILE MIT HYPOTHEKEN

Sind zusätzliche Mittel vorhanden, stellt sich die Frage, ob man den Kaufpreis gleich vollständig selbst finanzieren sollte. Ein solcher Barkauf hat den Vorteil, dass er zu unbelastetem Eigentum führt. Man verfügt über ein eigenes Haus, braucht weder Miet- noch Hypothekarzins zu zahlen und muss sich nicht verschulden.

Eine Eigenheit des Schweizer Steuersystems spricht gegen einen Hauskauf ganz ohne Hypothek: die Besteuerung des Eigenmietwerts. Der Fiskus berechnet für Personen, die ihre eigene Immobilie bewohnen, einen hypothetischen Mietzins und addiert diesen zum Einkommen – schliesslich «spart» der Hauseigentümer diese Ausgaben. Das kann einen erheblichen Zuschlag zum steuerbaren Einkommen bedeuten. Abzugsfähig sind dafür die Unterhaltskosten für die Immobilie und die Hypothekarzinszahlungen. Das führt zur speziellen Situation, dass es sich für einen Schweizer Hauseigentümer kaum lohnt, keine Hypothek zu haben. Es empfiehlt sich aus steuerlicher Sicht tendenziell, trotz vorhandener Eigenmittel den Hauskauf für den eigenen Bedarf zumindest teilweise über eine Hypothek zu finanzieren. ■

Onlineanbietern. Gemäss Erfahrungen der Experten der Finanzberatungsfirma MoneyPark lassen sich Zinsrabatte von bis zu 0,4 Prozent gegenüber den sogenannten Schaufensterpreisen (publizierten Zinssätzen) herausholen. Das gilt vor allem für die Offerten von Grossbanken, bei denen häufig am meisten Spielraum für Rabatte besteht. Bei Kantonal- und Regionalbanken kann man dagegen nur selten mit Abschlägen von über 0,3 Prozent rechnen, bei Versicherungen sind es noch 0,15 Prozent, und bei Onlinehypothekenanbietern gibt es meist gar keinen Verhandlungsspielraum. Und das sind die möglichen Argumente für Rabatte:

■ **Mehr Eigenmittel:** Das grösste Verhandlungspotenzial haben Sie, wenn Sie Ihre Immobilie nicht bis zu 80 Prozent belehnen. Benötigen Sie weniger als 65 Prozent Fremdkapital, liegen bis zu 0,2 Prozent Abschlag drin. Wer also auf eine Immobilie im Wert von einer Million Franken eine Hypothek von weniger als 650 000 Franken aufnimmt, hat gute Argumente. Aber Achtung: Der Kaufpreis einer Immobilie muss nicht mit dem Schätzwert der Bank übereinstimmen. Bei rund einem Drittel der Immobilienkäufe setzen die Banken derzeit den Schätzwert tiefer an. Da kann es Ihnen passieren, dass Sie eine Immobilie für 1,2 Millionen Franken kaufen, die Bank aber ihren Schätzwert bei nur einer Million Franken ansetzt und auf diesem Wert die Belehnungshöhe berechnet. Als Folge müssen Sie mehr Eigenkapital aufbringen, um die tiefere Belehnungsquote zu erreichen.

■ **Zusatzgeschäfte für die Bank:** Gute Karten in der Verhandlung haben Sie auch, wenn Sie der Bank Zusatzgeschäfte anbieten können. Etwa dadurch, dass Sie Vermögen von einer anderen Bank zur Hypothekarbank verschieben – manchmal reicht es bereits, das Lohnkonto zu übertragen. Bis zu 0,15 Prozent lassen sich manchenorts mit diesem Argument herausholen.

■ **Substanzielle Barmittel:** Wenn Ihnen nach dem Immobilienkauf noch substanzielle Barmittel bei der Bank übrig bleiben, können Sie in den Verhandlungen bis zu 0,1 Prozent herausholen – mindestens 25 000 Franken sollten es allerdings schon sein, sonst wird die Bank dieses Argument kaum ernst nehmen.

■ **Hohe Hypotheken:** Noch einmal 0,1 Prozent liegen bei der Verhandlung drin, wenn die Hypothekarsumme hoch ist. Denn mit der Höhe der Hypothek nimmt der Aufwand für die Bank kaum zu, aber die Einnahmen daraus steigen, sodass sich ein Mengenrabatt rechtfertigen lässt.

■ **Gute Wiederverkäuflichkeit der Immobilie:** Wenn Sie eine Immobilie an guter Lage kaufen, können Sie auch dieses Argument in die Verhandlung einfliessen lassen, was wiederum bis zu 0,1 Prozent Nachlasspotenzial ergibt. Sie müssen glaubhaft machen können, dass die Immobilie eine gute Wiederverkäuflichkeit aufweist. Das ist insbesondere für Stadtwohnungen an gesuchter Lage der Fall.

■ **Gute Tragbarkeit:** Rund 0,05 Prozent Verhandlungsspielraum sind bei guter Tragbarkeit drin. Etwa dann, wenn fünf Prozent des Hypothekarvolumens (plus allfällige Amortisationen und ein Prozent des Kaufpreises für Unterhalt) nicht mehr als 30 Prozent Ihres jährlichen Einkommens ausmachen – im Gegensatz zum Branchenstandard von 33 bis 35 Prozent.

■ **Mittleres Alter:** Noch einmal 0,05 Prozent Abschlag können Sie in den Verhandlungen um die Hypothek herausholen, wenn Sie im mittleren Alter sind, also etwa zwischen 39 und 49 Jahren. Das ist die von Banken bevorzugte Altersgruppe. Angehörige dieser Gruppe sind im Beruf oft bereits etabliert und doch noch relativ weit von der Pensionierung entfernt, nach der das Einkommen meist sinkt und sich die Tragbarkeit der Hypothek verschlechtert.

- **Heiraten:** Als weiteres Argument für Rabatte lässt sich der Zivilstand einsetzen. Verheiratete können bis zu 0,05 Prozent herausholen. Dies, weil der Ehemann, die Ehefrau solidarisch mithaftet und zwei Schuldner aus Sicht der Bank oder des Versicherers besser sind als nur einer.

Alle beschriebenen Rabatte zusammengenommen addieren sich zwar auf 0,9 Prozent. Aber in der Praxis können Sie kaum solch hohe Abschläge herausholen. Selbst bei einwandfreien Voraussetzungen lassen sich gemäss den Erfahrungen der Experten von MoneyPark kaum je mehr als 0,4 Prozent realisieren.

Die höchsten Rabatte lassen sich auf langfristigen Hypotheken erzielen, aber auch bei Libor-Hypotheken (das sind eher kurzfristige Hypotheken, deren Zinssätze schwanken) können Abschläge verhandelt werden.

Die Immobilie als reines Anlageobjekt

Es sind in der Regel eher die institutionellen Anleger wie Pensionskassen und Versicherungen, die Immobilien als reine Anlageobjekte erwerben. Diese Anlageform ist jedoch auch privaten Anlegerinnen und Anlegern zugänglich – und die Renditeaussichten sind durchaus attraktiv. Die Neue Zürcher Zeitung bezifferte die möglichen Renditen auf dem eingesetzten Eigenkapital im Jahr 2015 auf sieben bis acht Prozent. Weil die Immobilienpreise seither weitergestiegen sind, dürfte es heute jedoch sehr schwierig sein, Objekte zu finden, die so hohe Renditen bieten.

Allerdings erscheint die Rendite – im Vergleich zu anderen Anlagen – immer noch als sehr hoch. Daher ist es kein Wunder, dass im Frühling 2017 jeder fünfte Hypothekarantrag einer Privatperson nicht für eine selbst bewohnte Immobilie war, sondern für eine, die vermietet werden sollte.

Wer auch in dieses Geschäft einsteigen will, sollte aber bedenken, dass es sich bei den hohen Renditen um Bruttorenditen handelt. Davon muss man die Auslagen abziehen, die für Erneuerungen an der Immobilie irgendwann fällig werden. Zudem müssen Steuern und Versicherungsprämien bezahlt werden. Die Nettorendite ist also einiges kleiner und schon gar nicht risikofrei. Eine grosse Gefahr ist, dass die Hypothekarsätze steigen könnten, was die Rendite schmelzen liesse wie Schnee an der Sonne.

Laien unterschätzen den Aufwand oft

Gerade, wenn Sie noch nie eine Immobilie gekauft haben, ist grosse Vorsicht angezeigt. Zunächst gilt es, ein geeignetes Objekt zu finden. Zwar wird Ihnen jeder Makler gern dabei behilflich sein. Ob sich dessen Einschätzung zur Eignung der Immobilie als Renditeobjekt bestätigt, ist jedoch schwierig vorauszusehen. Laien können weder den Zustand und den allfälligen Sanierungsbedarf einer Liegenschaft noch den zu erwartenden Mietertrag zuverlässig einschätzen.

TIPP *Planen Sie, eine Immobilie als Renditeobjekt zu erwerben, ist fachmännische Beratung dringend zu empfehlen. Den Kaufentscheid sollten Sie nicht überstürzt fällen. Lassen Sie bei der Berechnung des Potenzials einer Immobilie auf keinen Fall den künftigen Sanierungsaufwand ausser Acht – das gilt auch für einen Neubau.*

Nicht zu unterschätzen sind die beim Liegenschaftserwerb zusätzlich anfallenden Kosten. Je nach Kanton können erhebliche Gebühren und Steuern für den Grundstückserwerb anfallen. Ist das Eigentum erst einmal erworben, gilt es, geeignete Mieter zu finden oder die bestehenden Mietverhältnisse zu übernehmen.

Die höchsten Hürden sind schliesslich bei der fortdauernden Verwaltung einer Mietimmobilie zu nehmen. Bereits der ordentliche Gang eines Mietverhältnisses verursacht Verwaltungsaufwand. Als Eigentümer, Eigentümerin müssen Sie den Unterhalt der Immobilie sicherstellen und die finanzielle Seite abwickeln. Jeder Mieter hat einen gesetzlichen Anspruch auf eine Nebenkostenabrechnung, deren Erstellung Laien rasch überfordert. Erst recht kompliziert wird es, wenn rechtliche Probleme auftreten. Einen Mieter, der Probleme verursacht, können Sie nicht einfach rauswerfen. Es sind zahlreiche formelle Anforderungen zu beachten. Auch in dieser Hinsicht stösst man rasch an seine Grenzen.

Alle diese Probleme lassen sich lösen, wenn Sie die Geschäfte rund um die Liegenschaft einer professionellen Immobilienverwaltung überlassen. Das ist dringend zu empfehlen – schmälert aber natürlich den Ertrag. So lassen sich mit vermieteten Wohnimmobilien oft nicht viel höhere Nettorenditen als zwei bis drei Prozent erzielen. Ziehen Sie eine professionelle Immobilienverwaltung bei, reduziert sich dieser Ertrag nochmals – dafür werden Ihre Nerven geschont.

Fazit zur Immobilie als reinem Anlageobjekt

Immobilien sind keine einfachen Anlageobjekte. Angesichts des Aufwands, den Sie für den Unterhalt und die Verwaltung betreiben müssen, lassen sich keine Traumrenditen erzielen. Mit der Wahl der richtigen Immobilie und angemessener professioneller Unterstützung können Sie aber nachhaltig und langfristig einen gewissen Ertrag erzielen.

Und noch etwas: Sie müssen sich bewusst sein, dass Sie sich mit dem Kauf einer Immobilie oft langfristig binden, vor allem im Vergleich zu Aktien, Obligationen oder den meisten Fonds. Während sich Wertpapiere relativ einfach und schnell wieder verkaufen lassen, ist der Verkauf einer Immobilie komplizierter und einiges aufwendiger. Zudem sollten Sie bedenken, dass Immobilienpreise nicht immer steigen, sondern dass auch grosse Preiseinbrüche vorkommen können, selbst in der Schweiz.

Wenn die Hypothekarzinsen steigen, fallen die Immobilienpreise

Die vergangenen zwanzig Jahre könnten glauben machen, dass Immobilienpreise in der Schweiz nur immer steigen können. Die Immobilienpreise sind tatsächlich lange Zeit gestiegen, aber es gibt auch immer wieder Übertreibungen und Immobilienkrisen. Die letzte grosse Immobilienkrise in der Schweiz war Ende der 80er-, Anfang der 90er-Jahre (siehe Grafik).

Der Crash folgte, nachdem sich die Preise im Boom der 80er-Jahre verdoppelt hatten. Gemäss der Eidgenössischen Bankenkommission (heute Teil der Finanzmarktaufsicht Finma) wurden zwischen 1991 und 1996 im inländischen Kreditgeschäft rund 42 Milliarden Franken abgeschrieben. Ein gigantischer Betrag, vor allem für damalige Verhältnisse. Die Schweizer Banken litten stark darunter. Die Spar- und Leihkasse Thun wurde wegen Überschuldung geschlossen, in der Bilanz der Berner Kantonalbank musste ein Loch von drei Milliarden Franken mit Steuergeldern gestopft werden. Die Kantonalbanken von Genf und Waadt überlebten ebenfalls nur dank Steuergeldern. Diejenigen von Appenzell Ausserrhoden und Solothurn verschwanden als eigenständige Bankinstitute. Zudem verschwand 1993 die Schweizerische Volksbank und wurde von der heutigen Credit Suisse übernommen.

Auslöser für die Krise war neben der largen Vergabepraxis bei Neuhypotheken ein Zinsanstieg: Lagen die Zinsen für Neuhypotheken bei Kantonalbanken 1988 noch unter 5 Prozent, waren sie zwei Jahre später bereits auf 7,9 Prozent gestiegen. Viele Eigenheimbesitzer konnten ihre Hypothek nicht mehr bedienen und mussten verkaufen.

Fallende Immobilienpreise führen zu Zwangsverkäufen

In der Folge brachen die Immobilienpreise ein, entsprechend schmolz der Anteil des Eigenkapitals der Eigentümer. Die Banken forderten von ihren Kunden, Geld nachzuschiessen.

WENN EIN HAUS FÜR EINE MILLION FRANKEN zwanzig Prozent an Wert verliert, ist das ganze notwendige Eigenkapital von 200 000 Franken weg. Die Bank fordert also neue 200 000 Franken. Wer das Geld nicht hat, muss verkaufen.

EINBRÜCHE BEI SCHWEIZER IMMOBILIENPREISEN

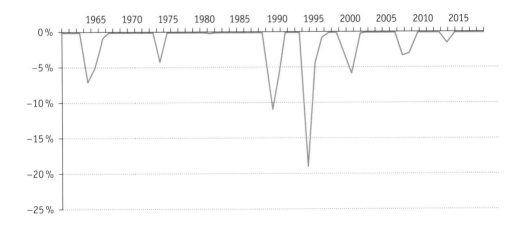

Anfang der 90er-Jahre brachen die Immobilienpreise in der Schweiz um fast 20 Prozent ein, und es dauerte Jahre, bis sie wieder das Niveau von vor der Krise erreicht hatten. Die Preiseinbrüche sind hier anhand des Rüd-Blass-Immobilien-Index erfasst, der die Entwicklung von zehn Schweizer Immobilienfonds abbildet. Die Grafik zeigt nicht die Kursentwicklung, sondern nur das Ausmass der Preiseinbrüche und wie lange es jeweils dauerte, bis sich der Markt wieder erholte.

Quelle: Fintool, Bloomberg, PPCMetrics

So geschah es Anfang der 90er-Jahre denn auch, es kam zu massenhaften Zwangsverkäufen. Plötzlich waren Tausende Liegenschaften auf dem Markt, was die Preise weiter einbrechen liess – ein Teufelskreislauf. Die Immobilienpreise fielen im Schnitt um 20 Prozent. Gemäss der Immobilienberatungsfirma Wüest & Partner verharrten die Verkaufspreise für Einfamilienhäuser damals zehn Jahre lang auf demselben Niveau (nominal, nach Abzug der Inflation). Die Preise für Eigentumswohnungen fielen über acht Jahre um gut zwölf Prozent. Gross war der Wertzerfall bei Renditeliegenschaften, die 30 Prozent verloren.

INFO *Zwar haben die Banken dazugelernt und halten sich heute bei der Hypothekenvergabe an recht strenge Vorschriften. Dennoch ist es gefährlich, an stets steigende Immobilienpreise und tiefe Hypothekarzinse zu glauben.*

Immobilienfonds

Falls Sie eine Immobilie besitzen, haben Sie wohl schon einen Grossteil Ihres Vermögens in diese Anlagekategorie investiert – ausser, Sie besitzen sehr viel Vermögen – und sollten nicht noch zusätzlich in Immobilien investieren. Falls Sie keine Immobilie besitzen, kann es sinnvoll sein, einen Teil Ihres Anlagevermögens in Immobilienfonds zu investieren. Dabei gilt es allerdings zu bedenken, dass Aktien von Immobilienunternehmen auch in Aktienindizes enthalten sind. Der Schweizer Index SXI Real Estate Shares umfasst die Aktien von 15 Schweizer Immobilienfirmen. Die grösste darunter ist die Swiss Prime Site (SPS) mit einem Börsenwert von rund 7,2 Milliarden Franken (Stand Herbst 2021). SPS und die Aktien der anderen Immobilienfirmen gewinnen tendenziell ebenfalls an Wert, wenn die Immobilienpreise steigen, und umgekehrt. Am Immobilienmarkt beteiligen können Sie sich als Anleger, als Anlegerin also auch über Investitionen in diese Aktien oder in Aktienfonds, die diese Aktien enthalten.

Immobilienfonds sind meist geschlossene Fonds

Wer darüber hinaus in die Anlageklasse Immobilien investieren will, muss nach Fonds Ausschau halten, die direkt in Immobilien investieren. Dabei handelt es sich meist um geschlossene Fonds. Das heisst, dass – im Unterschied zu den häufigeren offenen Fonds – die Zahl der Fondsanteile, die Anleger kaufen können, begrenzt ist.

Wenn die Nachfrage das Angebot an Fondsanteilen übersteigt, kann deshalb der Marktkurs aller verkauften Fondsanteile über den Wert der Liegenschaften steigen, die der Immobilienfonds besitzt. In der Fachsprache wird dies **Agio** genannt. Häufig werden damit künftige Preisanstiege bei Immobilien antizipiert. Das Agio wird in Prozent angegeben. Im langfristigen Durchschnitt liegt es bei rund 15 Prozent, das heisst, die Marktbewertung aller Fondsanteile übersteigt den Wert der Liegenschaften im Besitz des Fonds um 15 Prozent. Steigt ein Agio weit über diesen Wert hinaus, ist Vorsicht geboten.

Neben dem Agio kann es auch ein Disagio geben. In diesem Fall ist der Wert der Liegenschaften im Portfolio des Fonds höher als die Marktbewertung der Fondsanteile. Damit werden künftige Preiseinbrüche bei Immobilien vorweggenommen.

Index der Immobilienfonds

Die Schweizer Börse erfasst die Immobilienfonds in einem separaten Index, dem SXI Real Estate Index TR. TR steht für Total Return und zeigt, dass die Ausschüttungen der Immobilienfonds – ähnlich wie Dividenden bei Aktienfonds – in die Performance miteingerechnet werden. Es handelt sich um einen kapitalgewichteten Index (siehe Seite 137), der rund 30 an der Schweizer Börse gehandelte Fonds beinhaltet. Sein Wert hat sich seit dem Millennium mehr als verdoppelt (siehe Grafik auf der nächsten Seite).

Auf diesen Index gibt es auch einen ETF, der eine Total Expense Ratio (TER) von 0,25 Prozent aufweist. Im Durchschnitt hat er in den vergangenen fünf Jahren fast sechs Prozent Rendite gebracht. Obwohl der Fonds günstig erscheint, müssen Sie beachten, dass die Gelder dieses ETF in Immobilienfonds investiert werden, die auch wieder Kosten verursachen. Die Fondsanalysefirma Morningstar hat für den Fonds Kosten von insgesamt über ein Prozent pro Jahr berechnet und moniert zudem, dass die Differenz von Kauf- und Verkaufskursen gross sei, was noch einmal 0,5 Prozent kosten könne. Dieser Immobilienfonds-ETF ist eine Art Dachfonds mit dem Nachteil der doppelten Kosten und dem Vorteil der Diversifikation über alle Immobilienfonds hinweg.

Grösste Position im ETF ist der UBS Swiss Sima, der grösste Immobilienfonds im Index. Er verrechnet eine TER von 0,82 Prozent. Anleger,

STARKER KURSANSTIEG DER IMMOBILIENFONDS

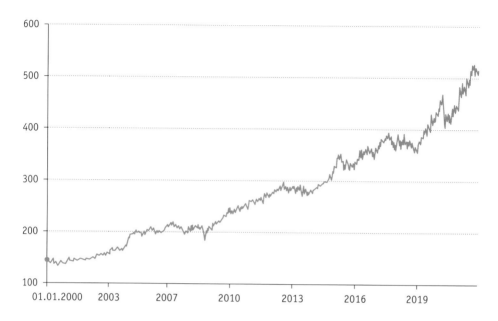

Seit dem Jahrtausendwechsel konnten Anleger mit dem Index der Schweizer Immobilienfonds ihr Vermögen mehr als verdreifachen.

Quelle: SIX

die direkt in diesen Fonds investierten, haben in den vergangenen fünf Jahren unter dem Strich um 0,9 Prozent besser abgeschnitten als mit dem ETF. Wegen seiner Dachfondsstruktur mit doppelten Kosten ist dieser ETF – für einmal – nicht wirklich empfehlenswert.

> **TIPPS** *Es ist kostengünstiger, direkt in einen Immobilienfonds zu investieren. Experten gehen davon aus, dass sich mit Immobilienfonds im langfristigen Durchschnitt Renditen von fünf bis sechs Prozent erzielen lassen. Zu beachten ist jedoch, dass die in der Schweiz kotierten Immobilienaktien in den vergangenen Jahren im Schnitt besser rentierten als die Immobilienfonds.*

Im Hinblick auf die Diversifikation ist es empfehlenswert, einen ETF zu kaufen, der in Immobilienaktien weltweit investiert, nicht nur in solche in der Schweiz. Einen an der Börse kotierten ETF gibt es mit laufenden Kosten ab 0,24 Prozent (Stand Herbst 2021), von Amundi in Euro gehandelt (Börsenkürzel EPRA). In Schweizer Franken gehandelt wird es teuer – hier ist der günstigste mit laufenden Kosten von 0,4 Prozent der iShares European Property Yield UCITS ETF EUR (Dist) CHF (Börsenkürzel IPRP). Daneben gibt es verschiedene andere, ähnliche ETFs. Immobilien-ETFs sollten Sie in Ihrem Anlagemix zu den Aktien-ETFs zählen; der Anteil Ihres Vermögens, den Sie in solche ETFs investieren, leitet sich aus Ihrem Risikoprofil ab (siehe Fragebogen auf Seite 62).

VOR- UND NACHTEILE VON IMMOBILIENANLAGEN

Vorteile

+ Investitionen in Immobilien bieten Diversifikationseffekte.
+ In der Vergangenheit brachten Immobilien in der Schweiz relativ stabile Renditen.

Nachteile

– Direktanlagen in Immobilien binden Ihr Vermögen über lange Zeit.
– Kauf und Verkauf von Immobilien sind sehr aufwendig und mit Zusatzkosten verbunden.

Vermögensverwaltung und Vertrauen

Wenn Sie Ihr Vermögen einer Bank oder einem unabhängigen Berater anvertrauen, können Sie aus zwei Dienstleistungsangeboten wählen: Vermögensverwaltungsmandat und Beratungsmandat. Daneben gibt es die Selbstverwaltung, eventuell unterstützt durch computergestützte Beratungsleistungen, sogenannte Robo-Advisors. In diesem Kapitel lernen Sie die Dienstleistungen kennen und Sie erfahren, welche Kosten damit verbunden sind und wie Sie einen vertrauenswürdigen Berater finden.

Rundumservice mit dem Vermögensverwaltungsmandat

Die umfassendste Dienstleistung bietet ein Vermögensverwaltungsmandat. Daran lassen sich auch gleich alle Kosten aufzeigen, die auf Sie zukommen können. Lesen Sie also das Unterkapitel zu den Kosten auf jeden Fall, auch wenn Sie nicht am Rundumservice interessiert sind. Mit diesem Wissen können Sie bei der Vermögensverwaltung so oder so viel Geld sparen.

Wenn Sie möglichst wenig mit dem Anlegen Ihres Geldes zu tun haben wollen, ist das Vermögensverwaltungsmandat das Richtige. Es beinhaltet einen kompletten Rundumservice. Der Vermögensverwalter erarbeitet zusammen mit Ihnen Ihr Risikoprofil und leitet daraus die Anlagen ab, in die er für Sie investiert. Dann übernimmt er die Überwachung des Portfolios sowie die Käufe und Verkäufe weitgehend selbständig – soweit die Anlagen im Rahmen des gemeinsam erarbeiteten Risikoprofils sind.

Den Komplettservice eines Vermögensverwaltungsmandats mit eigenem Berater gibt es erst ab einer bestimmten Anlagesumme; diese kann je nach Anbieter unterschiedlich hoch sein. Damit ein Vermögensverwalter für Sie ein vollständig individuelles Portfolio aus Einzeltiteln zusammenstellt, müssen Sie meist eine Million oder mehr an Vermögen bringen.

AKTEURE IN DER VERMÖGENSVERWALTUNG

- **Banken:** In der Schweiz gibt es über 200 Banken, die über eine Banklizenz verfügen. Im Bereich der Vermögensverwaltung bieten sie verschiedene Dienstleistungen an: Vermögensverwaltungsmandate, Beratungsmandate und auch reine Transaktionsdienstleistungen für Anleger, die ihr Vermögen selber verwalten wollen.
- **Unabhängige Vermögensverwalter:** In der Schweiz gibt es rund 2000 unabhängige Vermögensverwalter. Auch sie bieten Vermögensverwaltung an – sowohl Beratungs- als auch Vermögensverwaltungsmandate. Reine Transaktionsdienstleistungen sind bei unabhängigen Vermögensverwaltern kaum zu haben, weil sie diese selber von Banken beziehen.

INFO *Für kleinere Vermögen werden meist standardisierte Lösungen angeboten. Diese Standards können teure Fonds beinhalten, aber auch günstige ETFs. Darauf sollten Sie achten. Ebenso können Standardlösungen Einzelaktien oder -obligationen enthalten. Dabei handelt es sich um Titel, die der Vermögensverwalter für alle Standardkunden als bevorzugte Titel selektiert. Vermögensverwaltung über ETFs und Einzeltitel ist günstiger als über aktive Fonds.*

Die Kosten des Service

Dass ein Berater Ihnen die Arbeit abnimmt, kostet natürlich. Meist wird pauschal ein Prozentsatz des Vermögens in Rechnung gestellt, beispielsweise ein Prozent pro Jahr. Je höher Ihr Vermögen, desto bessere Karten haben Sie in den Preisverhandlungen und desto tiefer wird der Prozentsatz, der Ihnen in Rechnung gestellt wird.

Neben der Höhe des Vermögens wird der Pauschalpreis auch von Ihrem Risikoprofil beeinflusst. Je risikoreicher das Portfolio – meist ist das gleichbedeutend mit der Höhe des Aktienanteils –, desto höher ist die Pauschalgebühr in Prozent des Anlagebetrags. Eine Begründung dafür, dass risikoreichere Portfolios mehr kosten, ist oft, dass deren Kurse stärker schwanken und intensiver beobachtet werden müssen.

ACHTUNG *Lassen Sie sich nicht zu Risiken verleiten, die nicht Ihrem Profil entsprechen. Weil sie daran mehr verdienen, können Berater dazu neigen, Ihnen höhere Risiken, also höhere Aktienanteile, zu empfehlen. Seien Sie vorsichtig und fragen Sie nach, ob der Berater (bzw. die Bank) mehr verdient, wenn Sie mehr Aktien kaufen.*

Richtgrössen für die Pauschalgebühr
Für ein Vermögen von einer halben Million Franken mit sehr hohem Aktienanteil im Portfolio werden als Pauschalgebühr meist zwischen einem halben und zwei Prozent verrechnet. In Franken gerechnet, kostet Sie die Verwaltung eines Vermögens von einer halben Million Franken also zwischen 3500 und 10 000 Franken – pro Jahr. Der Pauschalpreis wird von den Banken oft All-in-Fee genannt, aber leider sind dann doch nicht alle Kosten darin enthalten, wie der Kasten auf der nächsten Seite zeigt.

KONDITIONEN VON BANKEN FÜR EIN VERMÖGENSVERWALTUNGSMANDAT

Damit Sie sich ein besseres Bild eines Vermögensverwaltungsmandats machen können, hier die Konditionen der beiden Schweizer Grossbanken für die Verwaltung eines Vermögens von einer halben Million Franken.

Credit Suisse

- In der **Pauschalgebühr inbegriffen** sind folgende Dienstleistungen: Vermögensverwaltung, Abgaben für Wertschriften- und Anlagefondstransaktionen, fiduziarische Anlagen, Aufbewahrung individueller Transaktionsbelege, Steuerauszug Schweiz.
- **Nicht enthalten** sind: Abgaben (Börsenabgaben, Stempelabgaben, sonstige Steuern usw.), zusätzliche Gebühren bei Investitionen in Anteile an Anlagefonds, die auf Fondsanbieter-ebene entstehen (wie Verwaltungsgebühren TER), bei Devisengeschäften anfallende Kosten und Depotgebühren.
- **Zusätzliche Depotgebühren:** 0,25 % bis 1 Mio. Franken, 0,2 % bis 3 Mio., 0,15 % bis 10 Mio., 0,1 % für Beträge über 10 Mio. Franken (Staffeltarif); bei auswärts verwahrten ausländischen Vermögenswerten 0,1 % Zuschlag auf die Depotgebühren.
- **Produktgebühren:** Produktkosten kommen zusätzlich hinzu.
- **Handelsgebühren:** Selbständiges Handeln nicht inbegriffen.
- **Retrozessionen:** Zugang zu retrozessionsfreien Produkten.
- **Steuern:** Stempelsteuern und MWST kommen zusätzlich hinzu.

UBS

- In der **Pauschalgebühr inbegriffen** sind folgende Dienstleistungen: Beratungsleistungen, wöchentliche Überwachung der Portfoliorisiken und Kontaktaufnahme im Bedarfsfall, Effektenhandel (Courtagen), Geldmarkt- und Treuhandtransaktionen, Zeichnung und Rücknahme von Anteilen an Anlagefonds, Depot- und Kontoführung, Anlageberatung über UBS Online Services (optional), Zugang zu Anlageklassen ohne Vertriebsentschädigung (wenn verfügbar), Markt- und Anlageanalysen, Steuerauszug Schweiz, direkter Postversand.
- **Nicht enthalten** in der All-in-Fee sind fiskalische Abgaben wie Stempelsteuern und MWST sowie Börsenabgaben. Nicht alle Produktgebühren sind in der Pauschalgebühr enthalten: So wird im Fall von Anlagefonds die TER von der Gesamtperformance abgezogen.
- **Produktgebühren:** Nicht alle Produktgebühren inbegriffen.
- **Handelsgebühren:** Trading innerhalb Mandat kostenlos.
- **Retrozessionen:** Produkte ohne Retrozessionen.
- **Steuern:** Stempelsteuern und MWST kommen zusätzlich hinzu.

Quelle: Moneyland.ch (Stand Ende 2016)

Produkt- und Depotkosten

Zur All-in-Fee kommen die Produktkosten und manchmal auch Depotgebühren. Letztere können noch einmal 0,25 Prozent pro Jahr ausmachen.
Bei den Produktkosten, die zusätzlich anfallen, kommt es sehr darauf an,
welche Produkte gekauft werden (siehe auch Seite 147 und 161).

Wie teuer die Produkte sein können, zeigt sich jeweils im Rahmen des
Private-Banking-Tests, den das Magazin Bilanz seit 2009 jährlich durch-
führt. Das geschieht undercover, die Banken werden also nicht informiert,
dass es sich um einen Test handelt. Der Test findet mit echten Kunden
statt, die über Vermögen von mehr als einer Million Franken verfügen,
und tatsächlich einen neuen Vermögensverwalter suchen.

Unter den Bankenofferten finden sich da schon mal Portfolios, in denen
mehrere Dutzend Fonds mit Kosten von jährlich zwei Prozent oder mehr
gekauft werden sollen. So können die Gesamtkosten eines Vermögensverwaltungsmandats inklusive Produktkosten auf gegen fünf Prozent pro Jahr
steigen. Bei einem Vermögen von einer Million Franken sind das 50 000
Franken pro Jahr. Selbst wenn die Anlagen sehr gute Renditen von sieben
Prozent jährlich bringen, bleibt da nicht mehr viel für die Kunden.

TIPPS *Vergleichen Sie vor dem Abschluss eines Vermögensverwaltungsmandats die Kosten und klären Sie, was genau in der
Pauschalgebühr enthalten ist und was nicht. Eine gute Übersicht bietet
der Finanzvergleichsdienst Moneyland.ch (www.moneyland.ch → Anlegen & Vorsorge → Private Banking).*

*Fragen Sie auch nach, mit welchen Produktkosten zu rechnen ist. Nur
wenige Anbieter weisen diese selber aus – mit dem Argument, es sei
nicht möglich, zu antizipieren, was in den nächsten Monaten an der
Börse und damit im Portfolio passieren werde. Mindestens einen Er-
fahrungswert sollte man Ihnen aber geben, zum Beispiel die Produktkosten des letzten Jahres für einen mit Ihnen vergleichbaren Kunden.
Am besten lassen Sie sich die Zahl als Prozentsatz von Ihrem verwalteten Vermögen schriftlich geben.*

*Auf jeden Fall lohnt es sich, Offerten bei verschiedenen Banken einzu-
holen. Damit können Sie in den Preisverhandlungen mit den einzelnen
Anbietern besser argumentieren.*

Einzeltitel verursachen keine Produktkosten

Im Private-Banking-Test der Bilanz betrachtet es die Expertenjury jeweils als besser, wenn die Vermögensverwalter in einzelne Aktien und Obligationen investieren. Diese verursachen – anders als Fonds – keine Produktkosten. Ab einem Vermögen von einer Million Franken lässt sich das Kapital mit Einzeltiteln und ohne Einsatz von Fonds genügend breit streuen. Deshalb sollten Vermögensverwalter ab diesem Betrag eigentlich ausschliesslich Einzeltitel kaufen. Der Einsatz von Fonds oder strukturierten Produkten sollte nur sehr beschränkt stattfinden und gut begründet sein.

Anders beim Einsatz von günstigen Exchange Traded Fonds (ETFs, siehe Seite 125). Diesen wertet die Jury nicht negativ.

Vorsicht: Verkaufsprovisionen

Eine weitere wichtige Frage ist, ob Verkaufsprovisionen – sogenannte Retrozessionen – vom Vermögensverwalter einbehalten werden. Als Kunde oder Kundin sollten Sie darauf bestehen, dass dies nicht der Fall ist. Sonst laufen Sie Gefahr, dass die Berater nicht unbedingt die Produkte kaufen, die für Sie am besten sind, sondern jene, die ihnen selber die höchsten Provisionen offerieren.

In Grossbritannien sind Retrozessionen deswegen inzwischen generell verboten. Auch in der Schweiz sah es einst aus, als seien sie in einem Leitentscheid des Bundesgerichts für Vermögensverwaltungsmandate verboten worden. Doch seither legt das Bundesgericht den Leitentscheid so aus, dass Retrozessionen «grundsätzlich» an die Kunden weiterzuleiten sind. Die Kunden können aber auf die Weiterleitung verzichten – und dann kassiert der Vermögensverwalter bzw. die Bank die Retrozessionen wie früher.

Es ist also sehr wichtig, dass Sie die Grundlagen der Kundenbeziehung (Verträge, Formulare usw.) auf einen solchen Verzicht hin durchsuchen. Das ist nicht so einfach, weil zum Teil verschleiernde Terminologie verwendet wird. Unklare Klauseln zuungunsten des Kunden sind zwar nicht unbedingt durchsetzbar. Doch wenn Sie darüber vor Gericht streiten müssen, hat die Bank tendenziell den längeren Atem.

Ausgezahlte Retrozessionen müssen versteuert werden

Noch besser ist es, wenn Ihnen der Berater garantiert, dass er wo immer möglich in Produkte ohne Retrozessionen investiert. Das hat den Vorteil,

CHECKLISTE: KOSTEN FÜR VERMÖGENSVERWALTUNG

Für Ihre Verhandlungen mit den Vermögensverwaltern hier eine Übersicht aller möglichen Kostenpunkte, die Sie einzeln abklären sollten:

- ☐ **Jährliche Verwaltungsgebühr,** oft auch Management-Fee, Pauschalgebühr oder All-in-Fee genannt: meist zwischen 0 und 2 Prozent des verwalteten Vermögens
- ☐ **Jährliche Performance-Gebühren:** zwischen 0 und 20 Prozent des jährlichen Gewinns
- ☐ **Jährliche Kosten für die Depotführung:** zwischen 0 und 0,5 Prozent des verwalteten Vermögens
- ☐ **Jährliche Administrationsgebühren:** zwischen 0 und 0,2 Prozent des verwalteten Vermögens
- ☐ **Jährliche Kontoführungsgebühren:** zwischen 0 und 100 Franken pro Konto
- ☐ **Ticket-Fee:** Gemeint sind die Kosten einer Börsentransaktion, also des Kaufs oder Verkaufs eines Wertpapiers. Sie liegt meist zwischen 25 und 150 Franken pro Transaktion – abhängig vom gehandelten Wertpapier und/oder von der Höhe des gehandelten Betrags. Auch Courtagen, die Gebühren für den Makler, der das Börsengeschäft vermittelt, gehören zur Ticket-Fee. Die Courtage kann auch in Prozent des gehandelten Betrags anfallen, oft zwischen 0,2 und 2 Prozent.
- ☐ **Fremdwährungsgebühren** können beim Kauf oder Verkauf von Wertpapieren in ausländischen Währungen anfallen und zwischen 0,05 und 0,15 Prozent des gehandelten Betrags ausmachen.
- ☐ **Produktkosten** fallen vor allem bei Anlagefonds an. Zum Teil werden einmalige Ausgabegebühren bis zu 5 Prozent des investierten Betrags verrechnet. Zudem können beim Verkauf einmalige Rücknahmekommissionen von bis zu 3 Prozent anfallen. Hinzu kommen noch die Verwaltungsgebühren, die meist zwischen 0,1 und 2,5 Prozent liegen (mehr zu den Kosten von Fonds auf Seite 147). Auch strukturierte Produkte kosten: Mit 1 bis 2 Prozent des investierten Betrags müssen Sie rechnen (siehe auch Seite 161).
- ☐ **Retrozessionen:** Diese Verkaufsprovisionen betragen meist zwischen 0 und 5 Prozent des investierten Betrags. In einem Vermögensverwaltungsmandat sollten sie gemäss einem Entscheid des Bundesgerichts grundsätzlich an die Kunden weitergeleitet werden (siehe vorangehende Seite).
- ☐ **Steuern,** insbesondere Stempelsteuern für Handelstransaktionen und Mehrwertsteuern, etwa für Depotgebühren
- ☐ Allfällige **Honorare** für die Berater
- ☐ Allenfalls eine einmalige **Einstiegsgebühr** zwischen 0 und 5 Prozent des verwalteten Vermögens

dass keine Steuern für Sie fällig werden. Denn die Retrozessionen, die an Sie weitergeleitet werden, müssen Sie versteuern. Allerdings ist es nicht immer möglich, Produkte ohne Retrozessionen zu kaufen. Es gibt in der Schweiz nicht jeden Fonds auch in einer retrofreien Tranche. Doch für die allermeisten Fonds müsste es inzwischen möglich sein, dass Ihr Berater Ihnen retrofreie Tranchen vermitteln kann.

TIPP *Prüfen Sie also die Verträge und Formulare genau und stellen Sie wenn nötig Rückfragen. Wenn die Situation trotzdem unklar bleibt, lassen Sie sich schriftlich bestätigen, dass Retrozessionen und ähnliche Vergütungen vollumfänglich an Sie weitergeleitet werden. Oder noch besser: dass nur in retrozessionsfreie Produkte investiert wird und dass Fonds, die es nicht retrozessionsfrei gibt, gemieden werden.*

Richtgrösse für die Kosten der Vermögensverwaltung

Als Referenzgrösse für die Kosten eines Vermögensverwaltungsmandats können die Ergebnisse aus dem Private-Banking-Rating der Bilanz dienen (siehe Grafik). Zu beachten ist, dass sie eher für höhere Vermögen ab drei Millionen Franken gelten. Trotzdem: Wenn die Pauschalgebühr Ihres Anbieters weit über dem Mittelwert notiert, sollten Sie ihn damit konfrontieren. Wie in der Grafik ersichtlich, sind die Gebühren in den vergangenen Jahren stark unter Druck geraten. Gleichzeitig ist die Differenz zwischen dem günstigsten und dem teuersten Anbieter gestiegen.

2009 betrug die Gebühr für ein Vermögensverwaltungsmandat bei Schweizer Banken noch zwischen 0,75 und 1,5 Prozent. Im Durchschnitt lag sie bei 1,1 Prozent. 2018 lag sie im Durchschnitt nur noch bei etwa 0,8 Prozent. Bei der günstigsten Bank kostete die Vermögensverwaltung 0,5, bei der teuersten 1,8 Prozent. Mehrere Offerten einzuholen und zu vergleichen, lohnt sich heute also mehr denn je!

TIPP *Vermögensverwalter können äusserst kreativ darin sein, immer wieder neue Gebühren einzuführen. Zum Abschluss der Verhandlung stellen Sie deshalb immer noch mal die Frage, ob das nun wirklich alle Kosten sind oder ob noch weitere dazukommen. Mit der Checkliste auf der vorangehenden Seite können Sie alles noch einmal mit dem Berater durchgehen und nachhaken.*

Die Risiken

Nicht nur die Kosten, auch die Risiken eines Anlagevorschlags müssen sorgfältig abgeklärt werden. Im Angebot zur Vermögensverwaltung sollte die Bank oder der Vermögensverwalter die Risiken für Ihr Vermögen spezifisch aufzeigen – das Ganze in einer Form, die Sie ohne Probleme verstehen.

Beispiele der Risikodarstellung

Das ist möglich. Beispielsweise kann in einer Risikodarstellung beschrieben werden, wie hoch die Verluste mit den vorgeschlagenen Investitionen, dem vorgeschlagenen Portfolio in vergangenen Krisen gewesen wären: Wie viel hätten Sie mit diesen Anlagen während der Finanzkrise um die Jahre 2007 bis 2009 verloren, wie viel in der Internetblase von 2000 bis 2003? So erhalten Sie einen Eindruck, was Ihnen in künftigen Krisen blühen kann.

Auch der Maximalverlust, der mit den Anlagen anfallen könnte, sollte Ihnen gezeigt werden. Oft wird er **Maximum Drawdown** genannt. Diesen leiten Vermögensverwalter entweder aus Daten der Vergangenheit ab oder mit zukunftsgerichteteren Modellen, häufig mit der sogenannten Monte-Carlo-Simulation. Dabei werden Tausende mögliche Zukunftsentwicklungen der Börsenkurse zufällig ausgewählt und es wird geschaut, mit welcher Wahrscheinlichkeit was passieren könnte.

Daraus lässt sich dann die Finanzkennzahl **Value at Risk,** kurz VaR, ableiten. Sie gibt an, wie viel Ihres Investitionsbetrags Sie verlieren können. Dieser Wert ist nicht als absolute Wahrheit zu verstehen. Aber die Wahrscheinlichkeit, mehr als diesen Betrag zu verlieren, ist statistisch relativ klein, meist kleiner als fünf Prozent.

Erwartete Rendite

Fehlen darf im Angebot zur Vermögensverwaltung natürlich auch die erwartete Rendite nicht. Das ist eine Prognose darüber, welche Gewinne auf der Grundlage Ihres Risikoprofils mit Ihrem Vermögen erzielt werden können.

Vorsicht vor Angebern

Allerdings sind die angeblich möglichen Gewinne mit Vorsicht zu geniessen. Manche Anbieter übertreiben hier gern etwas, andere sind eher konservativ mit ihren Schätzungen der erwarteten Rendite.

Mit übertrieben hohen erwarteten Renditen wollen Anbieter Sie als Kunden ködern. Dieses Vorgehen birgt zwar die Gefahr, dass Sie schon bald enttäuscht sein werden. Aber viele Berater sind sehr geübt im Umgang mit enttäuschten Kunden. Sie finden im Nachhinein immer viele gute Gründe, warum die Rendite doch tiefer ausgefallen ist als angenommen. Sie erklären ausführlich, was alles an Unvorhersehbarem passiert ist, womit damals ja nicht zu rechnen gewesen sei. Das kann sehr überzeugend sein, denn es passiert ja tatsächlich immer wieder viel Unvorhersehbares. Darum wäre es ehrlicher, sehr konservative erwartete Renditen anzugeben.

Erwartete Renditen der einzelnen Anlageklassen

Sie sollten zudem nicht nur die erwartete Gesamtrendite beachten, sondern auch die prognostizierten Renditen der einzelnen Anlageklassen: Aktien, Obligationen, Immobilien, Rohstoffe, Hedge Funds – je detaillierter, desto besser.

Im derzeitigen Umfeld von sehr tiefen Zinsen gilt es, vor allem bei der erwarteten Rendite von Obligationen genau hinzusehen. Es kann gut sein, dass diese bei null liegt oder sogar negativ ist, weil viele Staatsanleihen, die relativ sicher sind, kaum mehr etwas einbringen oder den Anlegern sogar sichere Verluste einbrocken.

> **TIPP** *Wenn die erwartete Rendite des Obligationenportfolios nur knapp über null liegt oder gar negativ ist, lassen Sie Ihr Geld besser auf einem Sparkonto – vor allem, solange dieses nicht mit einem Negativzins versehen ist.*

Ist die erwartete Rendite des Obligationenportfolios positiv, sollten Sie den Berater fragen, wie er das anstellt. Es gibt hier nur zwei Möglichkeiten: Entweder er investiert in Schuldner mit geringer Bonität oder er kauft Obligationen mit sehr langer Laufzeit. Beides ist mit einigen Fragezeichen zu versehen.

In der aktuellen Situation können Sie als Privatanleger eher noch bei den Bonitäten kleine Abstriche machen (siehe auch Seite 90). Allerdings sollte in solche Obligationen nicht gleich viel investiert werden wie in ein sicheres Obligationenportfolio, sondern höchstens die Hälfte des geplanten Betrags für sichere Obligationen. Die andere Hälfte bleibt dann besser auf einem Sparkonto.

Achtung vor Alternativen

Wenn die erwartete Rendite des Obligationenportfolios kaum über null reicht, sollten Sie die Berater nach Alternativen befragen. Bei den alternativen Vorschlägen müssen Sie aber darauf achten, dass es sich um relativ sichere Anlagen handelt. Denn das ist ja die Rolle der Obligationen im richtigen Anlagemix: sichere (wenn auch geringe) Renditen zu liefern.

Je weniger sicher die alternativen Anlagevorschläge sind, desto geringer sollte also der Betrag sein, der in sie investiert wird. Oft werden in diesem Zusammenhang auch Hedge Funds vorgeschlagen. Hier müssen Sie aber wieder ganz genau nach den Kosten dieser Produkte fragen. Oft sind sie relativ teuer – ob sie dann wirklich bringen, was sie versprechen, ist höchst unsicher (siehe auch Seite 145).

Wenn Roger Federer Sie grüsst – Zusatzleistungen

Roger Federer schüttelt einem gut gekleideten Mittfünfziger die Hand. Dieser gratuliert ihm zur Karriere und stellt ihn stolz seinem zehnjährigen Sohn vor, dessen Augen beim Anblick des Tenniskönigs zu leuchten beginnen. Daneben steht der Private-Banking-Berater einer Schweizer Bank und lächelt – wieder ein zufriedener Kunde. Auch das ist Private Banking. Als kleine Aufmerksamkeit für ihre Topkunden organisieren Banken spezielle Events. Zusatzleistungen in dieser Grössenordnung sind zwar meist den Multimillionären vorbehalten, doch kleinere Extras, etwa ein Opernbesuch oder ein gutes Essen inklusive Wein mit dem Berater, werden auch mal den Kunden mit Vermögen unter einer Million Franken zuteil.

Natürlich wissen die Berater, dass sich Fehler in der Vermögensverwaltung nicht mit Wein- und Opernkenntnissen wiedergutmachen lassen. Aber eine ihrer Hauptaufgaben ist es, das Vertrauen der Kunden zu gewinnen. Hilfreich ist es da, die Präferenzen und Vorlieben der Kunden auch über Finanzthemen hinaus zu kennen.

Vermögensverwalter wissen, dass die Kunden es schätzen, wenn nicht nur ihr Geld verwaltet, sondern auch ihr Wohlbefinden gemanagt wird. Für die exklusive Klientel organisiert ein Vermögensverwalter so einiges: Reisen, spezielle Geschenke oder Karten für Sport- und Kulturanlässe.

Welche Bank hat die richtigen Zusatzleistungen?

Einzelne Banken haben sich auf bestimmte Anlässe oder Sportarten spezialisiert. Das kann ein Argument für Sie sein, sich im Zweifelsfall – natürlich nach Überprüfung der Anlagestrategie, der Kosten, der Risiken und der Rendite – eher für die eine oder die andere Bank zu entscheiden. Lange Zeit war etwa die UBS für Segler interessant, weil die Grossbank Sponsorin von Alinghi war und eher einmal einen VIP-Platz bei einem Anlass bieten konnte. Heute ist die Bank unter anderem Sponsorin bei der Formel 1 und der Art Basel. Bei der Credit Suisse ist Roger Federer Markenbotschafter, zudem ist die Bank Sponsorin der Fussball-Nationalelf.

Ausbildung als Zusatzleistung

Neben Zusatzleistungen, die eigentlich nichts mit dem Kerngeschäft der Vermögensverwaltung zu tun haben, bieten viele Banken ihren Kunden auch Ausbildung an. Im Privat-Banking-Test von Bilanz gab es einen jungen Kunden, der von seinem Grossvater ein Vermögen geerbt hatte und auf der Suche nach einem neuen Vermögensverwalter war. Er wollte in seiner Anfrage an die Banken auch wissen, welche Schulungen sie ihm anbieten könnten.

Die Angebote waren vielfältig. Einige Banken boten an, dass der Kunde im Geschäft ein, zwei Wochen mitarbeiten und den Profis über die Schulter schauen könne. Bei anderen hätte er bei den Sitzungen des Anlagekomitees – so heisst das Team, das bei einer Bank über die Anlageentscheidungen befindet – dabei sein können und die Diskussionen verfolgen dürfen. Auch Einladungen zu Anlagesymposien, an denen Experten über die Finanzmärkte und aktuelle Investitionsideen diskutieren, sind nicht selten.

Die Betreuungsintensität

Wenn die Kurse an der Börse absacken, ein Crash mit hohen Verlusten droht, wollen alle Kunden möglichst sofort ihren Berater sprechen. Sie wollen wissen, was jetzt zu tun ist, vielleicht auch einfach nur ein beruhigendes Wort hören. Weil in solchen Situationen alle Kunden anrufen, ist die Leitung für Sie genau dann oft besetzt. Wie lange Sie warten müssen, hängt davon ab, wie viele Kunden Ihr Berater insgesamt betreut. Das können einige Hundert, aber auch Tausende sein.

Fragen Sie, wie viele Kunden Ihr Berater betreut

Vor dem Abschluss eines Vermögensverwaltungsvertrags sollten Sie unbedingt die Frage nach der Anzahl Kunden stellen, die Ihr Berater betreut. Das gibt Aufschlüsse darüber, wie viel Aufmerksamkeit er Ihnen wird widmen können. Je grösser Ihr Vermögen, mit desto weniger anderen Kunden müssen Sie einen Berater teilen. Ab einem Vermögen von 25 Millionen Franken lassen sich Kundenbetreuer finden, die insgesamt sicher unter 100 Kunden betreuen. Mit einem Vermögen ab einer Million Franken müssen Sie damit rechnen, dass Sie «Ihren» Berater mit zwischen 300 und 600 weiteren Kunden teilen müssen. Bei einem kleineren Vermögen können es auch über 1000 Kunden sein.

> **TIPP** *Je kleiner das Vermögen, desto eher lohnt sich die Überlegung, sich von einer kleineren Bank betreuen zu lassen. Während Anleger mit einer Million Franken bei einer Grossbank wie UBS und Credit Suisse oder bei grossen Privatbanken wie Julius Bär und Vontobel zu den kleinen Fischen gehören, sieht das bei kleineren Regionalbanken wie der Valiant, der Aargauer Kantonalbank oder einer kleineren Vermögensverwaltung anders aus. Hier werden die vermeintlich kleineren Fische eher auf Händen getragen.*

Transparenz in der Informationsflut

Die Offerten von Vermögensverwaltern sind oft sehr umfangreich, 300 bis 600 Seiten sind durchaus keine Seltenheit. In dieser Informationsflut geht Wichtiges oft unter oder wird von den Anbietern gar nicht erwähnt.

NACHFRAGEN ERLAUBT – CHECKLISTE ZU VERMÖGENSVERWALTUNG

Als Kunde oder Kundin fragen Sie lieber dreimal unnötig nach, als dass Sie etwas nicht richtig verstehen.

☐ So lange nachfragen, bis Sie die **Kosten** und das **Gebührenmodell** umfassend verstehen und einschätzen können. Dazu alle möglichen Gebühren mit dem Berater durchchecken (siehe Checkliste auf Seite 189).

☐ So lange nachfragen, bis Sie ein Gefühl für die möglichen **Risiken** haben und diese einschätzen können (siehe Seite 191).

☐ So lange nachfragen, bis Sie ein Gefühl für die **erwartete Rendite** haben – nicht nur für das Gesamtportfolio, sondern auch für die einzelnen Anlageklassen (siehe Seite 191).

☐ Sich über mögliche **Zusatzleistungen** und über die **Betreuungsintensität** Klarheit verschaffen.

Beim Private-Banking-Rating der Bilanz kommt es vor, dass sich auch die Expertenjury nach Durchsicht der Unterlagen fragt, wie der Anbieter mit Verkaufsprovisionen umgeht. Entweder steht es gar nicht in den Unterlagen, oder aus dem Geschriebenen wird nicht wirklich klar, ob die Bank die Provisionen einbehält oder nicht.

Auch bei den Gebühren ist allzu oft nicht klar, was die Vermögensverwaltung den Kunden wirklich kostet. Dabei sitzen in der Jury Profis, die selber schon Jahrzehnte im Geschäft tätig sind. Trotzdem haben auch sie ab und zu Mühe mit der Verständlichkeit und der Informationsflut. Kein Wunder also, wenn das Ihnen als Privatanleger, als Privatanlegerin auch so geht.

Schutz für die Bank statt Information für die Kunden

Sie dürfen ruhig nachfragen, bis Sie alles verstehen, dazu ist Ihr Berater da. Allerdings verfolgt er oft andere Ziele. Die vielen Papiere, die Berater an Kunden senden, dienen nicht unbedingt nur der Information, sondern sind zum Teil eine Absicherung für die Banken. Ihnen geht es darum, im Zweifelsfall beweisen zu können, dass die Kunden alle Informationen hatten. So erklärt sich auch das überbordend lange Kleingedruckte in den Unterlagen und Verträgen mit Banken. All das trägt zwar dazu bei, dass die Banken sagen können, sie seien transparent. Aber verständlicher wird die Information dadurch nicht – im Gegenteil.

VOR- UND NACHTEILE EINES VERMÖGENSVERWALTUNGSMANDATS

Vorteile

+ Sie müssen sich nicht um die Verwaltung Ihres Vermögens kümmern.
+ Im Idealfall wird das Vermögen professioneller, besser und zeitintensiver verwaltet, als Sie das selber könnten.
+ Die Profis verfügen über die bessere Infrastruktur, mehr Hilfsmittel und mehr Erfahrung.
+ Oft ist die Rendite umso höher, je weniger Sie bei den Anlagen mitreden. Da der Vermögensverwalter sehr selbständig entscheiden kann, ist die Rendite im Idealfall tendenziell höher.
+ Ihre Anlagen werden überwacht und je nach Marktentwicklung angepasst.
+ Die Profis übernehmen Reinvestitionen von Dividenden und überwachen das Einkommen aus Ihrem Vermögen.
+ Die Anlage erfolgt nach Massgabe Ihres Risikoprofils.
+ Auch komplexere steuerliche Aspekte werden berücksichtigt.

Nachteile

− Die professionelle Vermögensverwaltung kostet oft einige Zehntausend Schweizer Franken oder noch mehr.
− Erst ab einem Vermögen von einer Million Franken können Sie mit individueller Anlageverwaltung rechnen.
− Die Kosten der Produkte – vor allem von Fonds und strukturierten Produkten – können hoch sein.
− Wer sehr sicherheitsorientiert anlegen möchte, hat bei den derzeit tiefen Zinsen kaum eine Chance, dass die Gewinne der Anlagen die Kosten des Vermögensverwaltungsmandats übersteigen (siehe Seite 186). Möglicherweise lohnt sich also ein Vermögensverwaltungsmandat für sehr Sicherheitsorientierte derzeit nicht.
− Es braucht ein starkes Vertrauensverhältnis zwischen Ihnen und dem Berater. Denn der Berater darf innerhalb von gewissen Grenzen (etwa den im Risikoprofil festgehaltenen) selbständig über Ihre Anlagen entscheiden.

Das Beratungsmandat

Wenn Sie Angebote von einem Berater erhalten, aber am Schluss doch selber entscheiden wollen, was Sie kaufen, dann könnte ein Beratungsmandat das Richtige für Sie sein.

In diesem Dienstleistungsmodell macht Ihnen Ihr Vermögensverwalter zwar Angebote, aber für jede Anlage, jeden Kauf und Verkauf eines Wertpapiers braucht er Ihr Einverständnis.

SIE WOLLEN EINE BESTIMMTE AKTIE KAUFEN? Wenn Sie einen Finanzberater haben, werden Sie das zuerst mit ihm besprechen. Vielleicht findet er, dass Sie eine Aktie in Ihrem Depot verkaufen sollten. Dann bespricht er seine Argumente mit Ihnen. Beim Beratungsmandat sind Sie also stärker in den Anlageprozess einbezogen als bei einem Vermögensverwaltungsmandat, bei dem der Vermögensverwalter Ihr Geld im Rahmen der Abmachungen selbständig anlegt. Sie fällen die letzte Entscheidung. Sie tragen also mehr Verantwortung.

Kaum Pauschalgebühren, aber dennoch Kosten

Meist ist in keine Pauschalgebühr fällig, aber es können die gleichen Kostenpunkte anfallen wie beim Vermögensverwaltungsmandat, also:

- jährliche Kosten für die Depotführung
- jährliche Administrationsgebühren
- jährliche Kontoführungsgebühren
- Kosten für jede Börsenhandelstransaktion
- allfällige Fremdwährungsgebühren
- Produktkosten bei Anlagefonds
- eventuell Retrozessionen
- Steuern
- Kosten für das Steuerverzeichnis
- eventuell separate Honorare für Anlageberatung
- eventuell separate sonstige Honorare

▪ manchmal eine einmalige Einstiegsgebühr zwischen null und fünf Prozent des verwalteten Vermögens

Mehr zu den Kosten lesen Sie in der Übersicht auf Seite 189. Nicht bezahlen müssen Sie beim Beratungsmandat die jährliche Verwaltungsgebühr und die Performance-Gebühren.

TIPP *Auch bei einem Beratungsmandat ist es wichtig, auf die Kosten der Produkte zu achten, denn diese gehören zu den grössten Renditefressern. Da der Berater selten ein separates Honorar erhält, kann es sein, dass er bankeigene oder teure Produkte mit hoher Provision bevorzugt, obwohl es bessere gäbe (mehr dazu auf Seite 147).*

AUSGEDÜNNTES FINANZDIENSTLEISTUNGSGESETZ

Der Bundesrat und das Parlament haben neue Gesetze für Finanzdienstleister in der Schweiz erarbeitet, das Finanzdienstleistungsgesetz (FIDLEG) und das Finanzinstitutsgesetz (FINIG). Die neuen Regeln im Rahmen des FIDLEG sollten den Kundenschutz verbessern und legen fest, woran sich Anbieter von Finanzprodukten halten müssen, wenn sie Finanzdienstleistungen erbringen – etwa wenn sie Aktien für Kundinnen kaufen oder verkaufen, deren Vermögen verwalten oder in der Anlageberatung tätig sind.

Seit Januar 2020 ist das FIDLEG nun in Kraft – im Hinblick auf den Kundenschutz ist aber eine deutlich abgeschwächte Regelung eingeführt worden als ursprünglich vorgeschlagen. Eigentlich sollte jeder Kunde für jedes Finanzprodukt ein leicht verständliches Basisinformationsblatt erhalten. Nun gilt das nur bei Privatkunden, die ein Anlageberatungsmandat haben, und in begrenztem Umfang bei Kunden, die ein «Execution only»-Mandat haben, also selber alle Anlageentscheidungen eigenverantwortlich treffen. Ursprünglich sollte es Pflicht werden, dass Beratungsleistungen von Bankberatern separat und transparent verrechnet werden, was nicht eingeführt wurde. Fallen gelassen wurde auch die einst vorgesehene Beweislastumkehr: Ein Finanzdienstleister hätte beweisen müssen, dass er korrekt beraten hat. Jetzt muss der Kunde beweisen, dass er falsch beraten wurde. Zudem dürfen sich Vermögensverwalter auch weiterhin als «unabhängig» bezeichnen, auch wenn sie Provisionen (bzw. Retrozessionen) von Banken und Finanzproduktverkäufern annehmen. Die Zukunft wird zeigen, wie die neuen Regeln ausgelegt werden und ob sich die Meinung durchsetzt, dass die Finanzdienstleister nicht nur im Rahmen einer Anlageberatung, sondern auch bei «Execution only»-Geschäften genaue Angaben zu den Finanzprodukten machen müssen. ▪

Für Anleger mit Erfahrung und Zeit

Das Beratungsmodell eignet sich für Sie, wenn Sie schon etwas Erfahrung mit Investieren haben. Zudem passt es auch zu Ihnen, wenn Sie Interesse an Anlagefragen haben, Zeit für die Verwaltung Ihres Vermögens einsetzen können und über Gespräche mit einem Berater dazulernen wollen.

Der Zeitaufwand ist schwierig abzuschätzen, denn er hängt auch davon ab, ob Sie in einzelne Aktien und Obligationen investieren oder in einige wenige Fonds.

Investieren Sie nur in wenige Fonds, brauchen Sie allenfalls gar kein Beratungsmandat, sondern können Ihr Vermögen selber verwalten (siehe nächste Seite). Wenn Sie in Einzeltitel investieren, werden Sie sich mit Ihrem Berater über das Potenzial der Firmen, die Sie interessieren, austauschen wollen – mindestens jeweils bei den Quartalszahlen, bei grösseren Neuigkeiten, grösseren, unerklärlichen Kursveränderungen der Titel. Halten Sie 20 Einzeltitel im Depot, sind das schnell über 100 Ereignisse pro Jahr, bei denen Sie sich Gedanken machen und sich mit Ihrem Berater absprechen wollen.

Mehr Gewinne dank Gesprächen mit dem Berater

Die Gespräche mit dem Berater führen im Idealfall zu besseren Anlagerenditen. Denn: Privatanleger haben die Tendenz, dann zu verkaufen, wenn die Börsenkurse schon am Boden sind, und wieder einzusteigen, wenn Wertpapiere bereits wieder hoch bewertet sind (siehe Grafik auf Seite 70). Das wissen die Berater und können im Gespräch moderierend einwirken, sodass Sie besser mit der Angst bei fallenden Kursen und mit der Gier bei steigenden Kursen umgehen können.

VOR- UND NACHTEILE DES BERATUNGSMANDATS

Vorteile

+ Beratung von Profis
+ In den Diskussionen mit dem Kundenberater lernen Sie dazu und treffen im Idealfall bessere Anlageentscheidungen.
+ Die Anlagen werden überwacht, der Kundenberater kann zeit- und marktgerechte Anlagevorschläge unterbreiten.

+ Das Vertrauensverhältnis mit dem Berater muss nicht so stark sein wie beim Vermögensverwaltungsmandat. Sie behalten die Entscheidungshoheit über Käufe und Verkäufe.
+ Oft erhalten Sie direkten Zugang zu diversen Spezialisten, etwa zu Aktienanalysten einer bestimmten Branche, zu Steuer- und Immobilienexperten.

Nachteile

– Die Kosten können hoch sein (siehe Seite 198).
– Sie müssen selber mehr Zeit für die Verwaltung Ihres Vermögens einsetzen.
– Sie müssen über Vorwissen zum Thema Börsenanlagen verfügen oder bereit sein, sich dieses Wissen anzueignen.
– Sie müssen mehr Eigenverantwortung übernehmen, da Sie selber über Ihre Anlagen entscheiden.
– Sie müssen noch stärker aufpassen, dass der Berater Ihnen nicht unnötig teure Produkte verkauft.

Selber das Vermögen verwalten

Ihr Vermögen selber zu verwalten, ist die günstigste Variante. Nachdem Sie dieses Buch gelesen haben, sollten Sie vom Fachwissen her dazu in der Lage sein. Hier erfahren Sie, was Sie beachten müssen, wenn Sie Ihr Geld selber anlegen wollen.

Wer sein Geld selber verwaltet, muss keine Verwaltungsgebühren bezahlen. Trotzdem fallen aber Kosten an:
■ Transaktionskosten für den Kauf und Verkauf von Wertschriften
■ Gebühren für Depot- und Kontoführung sowie für Steuerauszüge
■ Produktkosten für Fonds und strukturierte Produkte

Die richtige Bank als Partner

Von der Übersichtlichkeit her ist die Online-Bank Swissquote bei Kunden sehr beliebt. Der Kauf von Schweizer Aktien im Wert von 2000 bis 10 000 Franken kostet hier 30 Franken oder weniger.

TIPP *Wer Gebühren der Online-Anbieter genauer vergleichen will, kann das hier: www.moneyland.ch/de/onlinetrading/index, oder auch hier: www.finanzen.ch/online-broker-vergleich.*

Wie sehr die Handelsgebühren ins Geld gehen und auf die Rendite schlagen, sehen Sie im folgenden Beispiel:

SIE KAUFEN UND VERKAUFEN Wertschriften im Wert von 5000 Franken (das ist eine typische Transaktionsgrösse für Privatanleger). Während Kauf und Verkauf zusammen bei einer traditionellen Bank 200 Franken kosten können, sind es bei einer Onlinebank oft nicht einmal 100 Franken. Bei traditionellen Banken müssen Sie zuerst 200 Franken mit Gewinnen wieder hereinholen, bevor Ihre Anlage Rendite abwirft. Das entspricht bei 5000 Franken immerhin einer Rendite von vier Prozent – bei Onlinebanken sind es zwei Prozent oder weniger.

TIPP *Eine grössere Übersicht über Onlinebanken finden Sie im Internet unter www.schweizer-banken.info (→ Vergleiche → Discount Broker).*

Anlageprinzipien

Als Selbstverwalter gilt es also, auf Transaktionskosten zu achten und die Preise von Anbietern wie Swissquote, Tradenet oder Saxo Bank zu vergleichen.

TIPP *Selbst bei diesen Discountbrokern, sollten Sie nicht zu viel traden. Denn auch bei tieferen Kosten gilt die alte Börsenweisheit: «Hin und her macht Taschen leer.» Zudem zeigen Studien immer wieder, dass Privatanleger tendenziell zum falschen Zeitpunkt kaufen* *und verkaufen (siehe Grafik auf Seite 70). Deshalb ist es besser, wenn Sie so wenig wie möglich kaufen und verkaufen.*

Vergessen Sie zudem die wichtigsten Grundsätze des Geldanlegens nicht (mehr dazu lesen Sie in Kapitel 5, ab Seite 230):

- **Diversifikation:** Wenn Sie in Einzeltitel investieren, sollten Sie mindestens 12 bis 18 verschiedene aus unterschiedlichen Branchen kaufen, besser noch 20 bis 30 (mehr dazu auf Seite 51).
- **Risikoprofil:** Ihr Risikoprofil zeigt, wie hoch der Aktienanteil in Ihrem Vermögen sein sollte (siehe Frageboben auf Seite 62). Halten Sie sich daran.

Wenige Fonds reichen

Sie können es sich auch einfach machen. Für eine effiziente Vermögensverwaltung genügen einige wenige Fonds: ein bis drei Aktienfonds und ein oder zwei Obligationenfonds. Eventuell lässt sich dieses Portfolio noch mit einem Immobilien- und Goldfonds ergänzen.

Bei den Aktienfonds wird ein kostengünstiger ETF gewählt, der den Weltaktienindex abbildet. Dazu ein ETF, der China und andere aufstrebende Märkte abdeckt, und als möglichen dritten Aktienfonds ein ETF, der auf kleinere Firmen setzt, da diese langfristig oft bessere Renditen bringen (allerdings auch höhere Risiken).

Auch bei den Obligationenfonds sind kostengünstige ETFs zu wählen, möglichst solche, die weltweit in Obligationen investieren. Zu ergänzen ist das Portfolio vielleicht noch mit einem ETF auf höher verzinsliche Obligationen (Non-Investment-Grade, siehe Seite 88). Auch ein Gold- und ein Immobilienfonds können dazugekauft werden.

Die Gewichtung aller Komponenten leitet sich aus dem Risikoprofil her (siehe Fragebogen auf Seite 62).

Ein-Fonds-Strategie

Im Minimum kommen Sie schon mit zwei Fonds aus, einem Aktien- und einem Obligationenfonds. Sind Sie sehr risikofreudig und haben Sie einen Anlagehorizont von mindestens zehn, besser zwanzig Jahren, sind Sie sogar mit nur einem Aktienfonds schon gut bedient.

Die Kosten dieser Ein-Fonds-Strategie sind mit Sicherheit viel tiefer als sämtliche Strategien im Vermögensverwaltungs- oder Beratungsmandat

– mindestens mit einem Prozent weniger Kosten dürfen Sie rechnen, wahrscheinlich ist der Unterschied deutlich grösser. Zudem muss die Performance der Ein-Fonds-Strategie nicht schlechter sein als bei einem Beratungs- oder Vermögensverwaltungsmandat. Im Gegenteil: Sie kann sogar besser sein, weil Aktien langfristig sehr wahrscheinlich weiterhin höhere Renditen als Obligationen bieten dürften – allerdings bei höheren Kursschwankungen. Und natürlich muss der eine Aktienfonds breit diversifiziert investieren, möglichst weltweit. Ein Beispiel ist der Vanguard FTSE All World UCITS ETF (ISIN: IE00B3RBWM25), der weltweit in Aktien von grossen und mittelgrossen Firmen investiert.

Steuerliche Aspekte

Auch die steuerlichen Aspekte Ihrer Anlagen sind ein paar Gedanken wert. Der Grundsatz: Erträge – also die Zinsen von Obligationen und die Dividenden der Aktien – werden als Einkommen besteuert, Kursgewinne dagegen nicht.

Zwar werfen sichere Obligationen beim aktuellen tiefen Zinsumfeld kaum Erträge ab, die besteuert werden müssten. Wenn Sie aber in Hochzins-Obligationen investieren, müssen Sie die Besteuerung in Ihrer Renditeerwartung berücksichtigen.

Bei den Aktien lohnt es sich aus steuerlicher Sicht, in Papiere zu investieren, die keine oder nur eine tiefe Dividende abwerfen – immer vorausgesetzt, sie passen zu Ihrem Risikoprofil. Gut zu wissen: Einzelne Firmen können wegen der Unternehmenssteuerreform II noch einige Jahre steuerfreie Dividenden auszahlen. Dazu gehört zum Beispiel der Versicherer Zurich Insurance.

> **TIPP** *Wichtige Elemente des Steuernsparens sind die Einzahlungen in die Säule 3a (siehe Seite 240) und Einkäufe in die Pensionskasse (siehe Seite 242). Beides können Sie in der Steuererklärung vom Einkommen abziehen.*

Einkommen aus Kursgewinnen bauen
Mancher Anleger muss von den Erträgen, die er mit seinem Vermögen generiert, einen Teil seines Lebensunterhalts bestreiten. Oft schlagen Be-

rater dann vor, dass man dies über die Dividenden der Aktienanlagen tut. Also wird in Aktien mit hohen Dividenden investiert – was überhaupt nicht steuereffizient ist.

Anstatt das jährliche Einkommen durch den Kauf von Dividenden- und Zinspapieren zu generieren, können Sie auch jedes Jahr einen Teil Ihrer Vermögensanlagen verkaufen. Steuerlich ist dieser Weg effizienter.

ANGENOMMEN, EINE ANLEGERIN mit einem Vermögen von einer Million geht davon aus, dass sie langfristig vier Prozent Rendite pro Jahr erwirtschaften kann – das sind 40 000 Franken pro Jahr. Wenn diese Anlegerin jedes Jahr Aktien im Wert von 40 000 Franken verkauft, dürfte ihr Vermögen langfristig ungefähr bei einer Million Franken bleiben. Der Erlös aus dem Verkauf ist steuerfrei.

Aber Achtung: Diese Methode funktioniert nur, wenn die Anlegerin sehr diszipliniert vorgeht. Die Börse kann auch mal schlecht laufen und das Vermögen aufgrund der Verluste weit unter eine Million Franken fallen. Dann gilt es, diszipliniert weiterzumachen. Auch wenn das Vermögen bei sehr gut laufender Börse deutlich über eine Million steigt, gilt es, bei der ursprünglichen Strategie zu bleiben und nicht übermütig zu werden.

VOR- UND NACHTEILE DER SELBSTVERWALTUNG

Vorteile

+ Kostengünstigste Variante, falls Sie kostengünstige Produkte kaufen und bei Bankangeboten auf die Handelskosten achten

Nachteile

− Die Gefahr von Fehlern ist grösser, weil Sie allein agieren und Ihre Entscheidungen nicht mit einem Berater diskutieren können.

− Sie brauchen viel Selbstdisziplin, um nicht in die psychologischen Fallen des Anlegens zu tappen (siehe Seite 68).

Robo-Advisor

Der Robo-Advisor ist eine relativ neue Dienstleistung von Banken und Vermögensverwaltern. Dabei ist nicht mehr ein Mensch für Ihre Vermögensverwaltung zuständig, sondern ein Roboter, genauer: ein mathematischer Algorithmus.

Diese Computerprogramme sollen viele Funktionen eines Kundenberaters der Bank wahrnehmen können. Sie stehen auf den Internetseiten der Anbieter für Sie bereit.

Der Zusatznutzen solcher Robo-Advisors ist (noch) nicht gut belegt. Für Investoren, die wenig Ahnung von den verschiedenen Anlagemöglichkeiten haben, bieten sie aber auf jeden Fall eine kostengünstige Alternative zum Vermögensverwaltungs- oder Beratungsmandat.

ÜBERSICHT DER ROBO-ADVISOR VON MONEYLAND

Anbieter	Pauschal-gebühren	Mehrwert-steuer	Steuer-verzeichnis	Wechselkurs-zuschlag
Clevercircles (Bank CIC)	Pauschal 0,65 %; von CHF 100 000 bis 200 000 0,55 % pro Jahr, ab CHF 200 000 0,45 % pro Jahr. Minimal CHF 40 pro Jahr	Der grosse Teil der Pauschal-gebühren ist von der MWST ausgenommen	In den Pauschal-gebühren inklusive	Vorzugskonditionen mit reduzierten Spreads für alle Fremdwährungstrans-aktionen: EUR und USD: 0,135 %
Descartes Finance	Depot bei UBS: 0,5 % bis 0,65 % pro Jahr, je nach Strategie. Depot bei Lienhardt: 0,6 % pro Jahr	Auf 0,3 % pro Jahr (Gebühren Descartes)	Bei Lienhardt gratis, bei UBS maximal CHF 250	Volumenabhängig, maximal 0,7 %

Anlageberatung vom Roboter

In der Schweiz gibt es einige Robo-Advisor, etwa True Wealth und Descartes Finance. Daneben gibt es andere Anbieter, die automatisierte Beratungsprozesse anbieten (mehr Informationen im Download beim Beobachter oder auf www.moneyland.ch im Suchfeld «Robo-Advisors: digitale Vermögensverwalter» eingeben).

Generelle Funktionsweise

Die Roboter investieren meist mit Methoden der modernen Portfoliotheorie in ETFs oder Einzelaktien. Ein Computerprogramm führt Sie als Anleger über Fragen zu den für Sie optimalen Investments. Die Fragen entsprechen in etwa denjenigen im Fragebogen auf Seite 62 – es geht darum, Ihre Risikofähigkeit und Ihre Risikobereitschaft abzuklären. Haben Sie die Anlagen entsprechend den Empfehlungen des Robo-Advisors getätigt, wird Ihr Portfolio in regelmässigen Abständen kostenlos optimiert.

Produktgebühren	Transaktionskosten	Börsenabgaben	Allg. Spreads	Stempelsteuern
Im Durchschnitt 0,15 %–0,2 %	In den Pauschalgebühren inklusive	In den Pauschalgebühren inklusive	Fallen nur bei ETFs an; abhängig vom ETF zwischen 0,04 % und 0,4 %	Fallen nur bei ETFs an
Bei den ETFs durchschnittlich 0,25 %, bei den institutionellen Tranchen der Fonds durchschnittlich 0,60 %	In den Pauschalgebühren inklusive	Keine, ausser bei ETFs	Fallen nur bei Transaktionen mit ETFs an. Handelsübliche Bid/Ask-Spreads abhängig von Börsenplatz und Marktsituation	Nur bei den ETFs, bei denen Stempelsteuern anfallen

Anbieter	Pauschal-gebühren	Mehrwert-steuer	Steuer-verzeichnis	Wechselkurs-zuschlag
Digifolio (BLKB)	Pauschal 0,75 % pro Jahr	Ja, auf dem MWST-pflichti-gen Teil der Nutzungs-gebühr	In den Pauschal-gebühren inklusive	Kassaaufschlag von 0,1 %
Findependent	Pauschal 0,44 % pro Jahr (ab Ende August 2021)	In den Pauschal-gebühren inklusive	In den Pauschal-gebühren inklusive	Maximal 0,5 % auf Transaktionen in Fremdwährung
Inyova Impact Investing	Gesamtgebühr 0,6 %–1,2 % pro Jahr je nach Anlagesumme	In den Pauschal-gebühren inklusive	In den Pauschal-gebühren inklusive	Keine Wechselkurs-Zuschläge (Rück-erstattung durch Inyova). Ausnahme: Bei Einzahlung in Fremdwährung: 0,4 %
PostFinance E-Vermögens-verwaltung	Pauschal 0,75 % pro Jahr auf dem durchschnittlichen Anlagevermögen inkl. Anlagekonto	65 % der Pauschal-gebühren sind MWST-pflichtig, restliche 35 % sind nicht MWST-pflichtig	In den Pauschal-gebühren inklusive	0,4 % pro Trans-aktion
Raiffeisen Rio	0,65 % pro Jahr	Kommt zu Pauschal-gebühren hinzu	Steuerver-zeichnis für die gesamte Kunden-beziehung kos-tet 80 Franken	Fondsanteile werden nicht in Fremd-währungen geführt
SaxoSelect (Saxo Bank)	Pauschal 0,75 % pro Jahr	MWST wird (nur) auf den Pauschal-gebühren verrechnet	Für SaxoSelect-Kunden kostenlos	0,1 %–0,2 % je nach Portfolio

Produktgebühren	Transaktionskosten	Börsenabgaben	Allg. Spreads	Stempelsteuern
ETF-Kosten (TER) kommen hinzu. Im Durchschnitt 0,28 % pro Jahr	In den Pauschalgebühren inklusive	In den Pauschalgebühren inklusive	Abhängig von Produkt und Marktsituation, ab 0,01 %	Fallen bei ETFs an. Bei Indexfonds keine Stempelsteuer
ETF-Kosten zwischen 0,12 % und 0,23 % pro Jahr je nach Anlagelösung	In den Pauschalgebühren inklusive	0,015 % oder mind. CHF 0,15 pro Transaktion	Normale Bid/Ask-Spreads von liquiden ETFs	Kommen zu Pauschalgebühren hinzu
Keine Produktkosten (Rückerstattung durch Inyova)	In den Pauschalgebühren inklusive	In den Pauschalgebühren inklusive	Echtzeitpreis: Dieser hat an allen Börsen immer einen Bid/Ask-Spread, der für alle Marktteilnehmer gilt	Kommen zu Pauschalgebühren hinzu
Im Durchschnitt 0,25 % für Anlagefokus «Global» oder «Schweiz» und im Durchschnitt 0,55 % für Anlagefokus «Nachhaltig»	In den Pauschalgebühren inklusive	Fallen nur bei Transaktionen mit ETFs an. Marktübliche Abgaben, abhängig vom Börsenplatz	Fallen nur bei Transaktionen mit ETFs an. Handelsübliche Bid-/Ask-Spreads abhängig von Börsenplatz und Marktsituation	Fallen nur bei Transaktionen mit ETFs und mit in Luxemburg domizilierten Fonds an
Im Durchschnitt 0,25 %–0,30 % pro Jahr	In den Pauschalgebühren inklusive	Kommen noch zusätzlich zu den Pauschalgebühren hinzu	Keine allgemeinen Spreads	Kommen noch zusätzlich zu den Pauschalgebühren hinzu
Produktkosten kommen bei manchen Portfolios hinzu, maximal 0,28 % pro Jahr	Abhängig von der Portfolioqualität und den gewählten Investitionen	Kommen zusätzlich zu Pauschalgebühren hinzu, zwischen 0 % und 0,59 %	Keine weiteren Kosten im gegenwärtigen SaxoSelect-Angebot	Je nach Produkt. Kommen zu Pauschalgebühren hinzu

Anbieter	Pauschal- gebühren	Mehrwert- steuer	Steuer- verzeichnis	Wechselkurs- zuschlag
Selma Finance	Unter CHF 50 000: 0,68 % pro Jahr. CHF 50 000–150 000: 0,55 % pro Jahr. Ab CHF 150 000: 0,47 % pro Jahr	In den Pauschal-gebühren inklusive	In den Pauschal-gebühren inklusive	Zuschlag durch Saxo Bank in der Höhe von 0,25 % auf den Inter-banken-Kurs. Sinkende Kurse bei steigenden Volumen
Simplewealth	Über CHF 48 000: 0,5 % pro Jahr. Unter CHF 48 000: CHF 20 pro Monat	Fallen nicht an	In den Pauschal-gebühren inklusive	Kein Zuschlag
Sparbatze	0,39 % pro Jahr	Kommt zur Pauschal-gebühr hinzu	CHF 100 (Im Fall der Säule 3a: Ist in der Pauschal-gebühr inklusi-ve)	Je nach Portfolio können auf maximal 20 % des Portfolios die Fremdwährungskosten der Zuger Kantonalbank hinzukommen (1,5 %)
Swissquote Robo-Advisor	0,75 % pro Jahr	Wird nur auf den Verwaltungs-gebühren (0,5 %) erhoben	In den Pauschal-gebühren inklusive	Kommen noch hinzu. Im Durch-schnitt 0,95 %
True Wealth	Pauschal 0,5 % pro Jahr. Ab CHF 500 000 sinken die Gebühren weiter (0,49 % bis 0,25 % pro Jahr)	In den Pauschal-gebühren inklusive	In den Pauschal-gebühren inklusive	0,1 %
Vontobel Volt®	Pauschal 0,96 % pro Jahr	In den Pauschal-gebühren inklusive	In den Pauschal-gebühren inklusive	Kein Zuschlag

Alphabetisch sortiert, Infomationen gemäss Anbietern. Zum Vergleich Gebühren in der Vermögensverwaltung von «klassischen» Banken: www.moneyland.ch/de/private-banking-vergleich.

Produktgebühren	Transaktionskosten	Börsenabgaben	Allg. Spreads	Stempelsteuern
TER kommt hinzu, im Durchschnitt 0,22 % pro Jahr	In den Pauschalgebühren inklusive	In den Pauschalgebühren inklusive	Normale Börsenspreads von liquiden ETFs: ca. 0,05 %	Kommen noch hinzu
Gebühren von ETFs und Fonds kommen hinzu: zwischen 0,05 % und 0,3 %	In den Pauschalgebühren inklusive	In den Pauschalgebühren inklusive	Spreads typischerweise unter 10 Basispunkten	Kommen noch hinzu
0,36 % bis 0,50 %, je nach Auswahl der Anlagethemen	In den Pauschalgebühren inklusive	In den Pauschalgebühren inklusive	Normale Bid/Ask-Spreads von liquiden ETFs, oder Handel zum NAV	Fallen nur bei einem Anlagethema (Zertifikat) an, max. 5 % des Portfolios
Produktkosten kommen bei ETFs hinzu (abhängig vom Volumen)	In den Pauschalgebühren inklusive	Kommen noch zusätzlich zu den Pauschalgebühren hinzu	Keine, es wird direkt am Markt gehandelt	Kommen zu Pauschalgebühren hinzu
ETF-Kosten (TER) kommen hinzu. Im Durchschnitt 0,18 % pro Jahr	In den Pauschalgebühren inklusive	In den Pauschalgebühren inklusive	Abhängig von Börsenplatz und Markt, ab 0,01 %	Kommen zu Pauschalgebühren hinzu
0,45 % bis 0,60 % pro Jahr	Keine weiteren Kosten	Keine Börsenabgaben, da Fonds nicht an der Börse gehandelt werden	Keine allgemeinen Spreads	0,15 % des Transaktionsvolumens bei in Luxemburg domizilierten Fonds (nur beim Kauf) und den Themen (bei Kauf und Verkauf)

Stand: August 2021, Swissquote ab 1.10.2021.

Quelle: www.moneyland.ch

211

Vorteile

+ Robo-Advisors sind günstiger als menschliche Berater; Sie sollten trotzdem nach neusten Erkenntnissen beraten werden.
+ Die Beratung durch ein Computerprogramm ist systematisch und nicht von Gefühlsregungen und Interessen eines Kundenberaters, zum Beispiel Gier oder Angst, bestimmt.

Nachteile

- Bei vielen Robo-Advisors fehlt ein echter Berater, der Fragen umfassend beantworten und auf individuelle Bedürfnisse eingehen kann.
- Ein Robo-Advisor kann die Gefühlsregungen der Kunden weniger gut auffangen als ein menschlicher Kundenberater. Sind die Kurse gefallen, hilft das Gespräch mit dem menschlichen Berater eher gegen Ängste als eine Interaktion mit einem Roboter.
- Das Gefühl, gut aufgehoben zu sein, finden Sie eher beim menschlichen Berater. Möglicherweise fehlt Ihnen das Vertrauen, einem Computerprogramm Ihr Geld zu überlassen.
- Die Bedienung des Robo-Advisors kann für die Kunden schwierig zu verstehen sein.

Vertrauen in Berater und Spezialisten

Bei der Verwaltung Ihres Vermögens werden Sie auf andere Menschen angewiesen sein. Hier erfahren Sie, ob und inwieweit Sie wem vertrauen können und wie Sie die Vertrauenswürdigkeit einschätzen.

Wie sehr wundert es Sie, wenn Ihnen die Verkäuferin in der Boutique versichert, der teuerste Anzug, das teuerste Kleid stehe Ihnen am besten?

Sind Sie überrascht, dass der Autoverkäufer Ihnen zuerst den teuren sportlichen Audi-Kombi präsentiert und nicht den günstigen Skoda mit etwas weniger PS? Warum sollte dann ausgerechnet der Banker Ihnen zuerst die günstigsten Produkte verkaufen wollen?

So verwundert es nicht, dass Vermögensberater oft teure aktiv verwaltete Fonds anbieten. Nicht unbedingt, weil Sie als Anleger oder Anlegerin damit höhere Renditen erhalten, sondern weil die Berater daran mehr verdienen. Schaut man auf die vergangenen Jahre zurück, haben passive Fonds fast immer mehr Gewinne eingebracht. Trotzdem sind in der Schweiz deutlich mehr teure aktive Fonds zum Vertrieb zugelassen als günstige passive.

Deshalb gilt: Vertrauen ist gut, Kontrolle ist besser. Dafür brauchen Sie einen Grundstock an Wissen im Bereich der Vermögensverwaltung, damit Sie in Diskussionen mit Finanzverkäufern, Bankern und Vermögensverwaltern ein gewisses Mass an Kontrolle ausüben und die Entscheidungen und Ratschläge Ihrer Berater besser beurteilen können. Das Rüstzeug dafür bieten Ihnen die vorangegangenen Kapitel dieses Ratgebers.

Auf den folgenden Seiten werden die einzelnen Akteure in der Finanzberatung und ihre Motivationsstruktur unter die Lupe genommen.

Berater und die Kontroll-Illusion

Kundenberater sind oft sehr von sich überzeugt. Ansonsten könnten sie ihre Ideen und Produkte nicht so gut verkaufen. Lernen Sie, die Angeber von den Könnern zu unterscheiden

Wenn ein Berater Ihnen weismachen will, dass er künftige Kursentwicklungen voraussehen kann, ist er wahrscheinlich ein Scharlatan. Vielleicht glaubt er selber, dass er Kursentwicklungen voraussagen kann, weil er mit seinen Prognosen mal zufällig richtig lag. Vielleicht täuscht er diese Zuversicht auch nur vor.

Über eins müssen Sie sich im Klaren sein: Selbst ein Vermögensberater, der einfach mal eine Münze wirft, würfelt oder sonst völlig zufällig auf steigende oder fallende Kurse in einem Jahr setzt, hat eine 50-prozentige Erfolgschance. Nach zwei Jahren sind seine Chancen, in beiden Jahren richtig gelegen zu haben, immerhin noch bei 25 Prozent, nach drei Jahren bei 12,5 Prozent. Solche Glückspilze bilden sich dann gern ein, Kursent-

CHECKLISTE ZUM UMGANG MIT BERATERN

☐ Egal, ob Sie sich von einem unabhängigen Vermögensverwalter oder von einer Bank beraten lassen, verlangen Sie alle Produktinformationen schriftlich. Wichtig ist, dass in den Unterlagen die Risiken der vorgeschlagenen Produkte beschrieben werden, dazu die Laufzeit des Vertrags, die Kündigungsmöglichkeiten sowie die Kosten der Anlage. Unterschreiben Sie nichts sofort, sondern schlafen Sie mindestens eine Nacht über die Entscheidung.

☐ Ist die Situation bezüglich Retrozessionen (Verkaufsprovisionen) unklar, sollten Sie sich schriftlich bestätigen lassen, dass Retrozessionen und ähnliche Vergütungen vollumfänglich an Sie weitergeleitet werden. Noch besser ist es, wenn Sie den Berater dazu verpflichten können, nur in Produkte ohne Verkaufsprovisionen zu investieren.

☐ Ein gutes Indiz: Achten Sie darauf, ob ein Berater in der ersten Person Singular spricht, also «ich» sagt, oder stattdessen oft von «man» oder «wir» spricht. Studien haben nämlich gezeigt, dass Lügner eher «man» oder «wir» verwenden, was die Lüge sozusagen von der eigenen Person entfernen soll.

☐ Stellen Sie, nachdem der Berater mit Ihnen über die Kosten seiner Arbeit gesprochen hat, einfach mal folgende Frage: «Sind Sie sicher, dass das alle Kosten sind, die ich tragen muss?» Wurden nicht alle Kosten offenbart, beginnt der Berater jetzt zu befürchten, dass Sie es gemerkt haben.

☐ Als Kunde oder Kundin eines Vermögensverwalters oder Beraters brauchen Sie grundsätzlich vier wichtige Zahlen: die Rendite und die Kosten «Ihres» Beraters/Vermögensverwalters und jene der Konkurrenz. Lassen Sie sich diese Zahlen mindestens einmal pro Jahr geben. Fragen Sie Ihren Finanzexperten auch nach dem GIPS-Report (Global Investment Performance Standards).

☐ Sprechen Sie mit mehreren Beratern, lassen Sie sich Offerten ausstellen und vergleichen Sie diese sorgfältig.

☐ Ein Vermögensverwaltungsvertrag ist schriftlich zu vereinbaren. Auch die Anlagestrategie muss schriftlich festgehalten werden.

☐ Wenn der Berater ein Beratungsprotokoll erstellt, lesen Sie es durch. Seien Sie dabei kritisch, fragen Sie bei Unsicherheiten nach. Wenn etwas darin steht, womit Sie nicht einverstanden sind, weisen Sie das Protokoll zurück.

☐ Eine wirksame Frage an jeden Berater ist, ob er selber in die Produkte investiert, die er empfiehlt.

☐ Ein guter Berater kann seine Anlagestrategie so erklären, dass Sie als Kunde oder Kundin verstehen, was er tut.

wicklungen tatsächlich vorhersagen zu können. Sie erliegen der Kontroll-Illusion (siehe Seite 72), und Sie als Anleger oder Anlegerin glauben auch daran.

■ *TIPP Trauen Sie keinem Berater, der sehr hohe Renditen ohne Risiko verspricht. Meist droht Ihnen bei solchen Anlagen ein Totalverlust. Auch Beratern, die Investitionen abseits der Börse empfehlen, etwa in Wein, Oldtimer, Edelhölzer, sollten Sie tendenziell misstrauen (siehe auch Seite 163).*

So schaffen Anlageprofis wirklich Mehrwert für Sie

Das CFA Institute, die weltweit bedeutendste Vereinigung von Anlageprofis, hat seine Mitglieder befragt, wo und wie sie am meisten Mehrwert für ihre Kunden generieren können. Und das waren die Top-Antworten:

- Bei der Zuteilung von Vermögenswerten zu einzelnen Anlageklassen und bei der Konstruktion eines Portfolios für die Anleger. Vereinfacht gesagt, bei der Zusammenführung Ihres Risikoprofils (siehe Fragebogen auf Seite 62) mit den Renditeprognosen von Chefökonomen, Chefinvestoren und Chefanalysten. 43 Prozent der Befragten sahen dies als grössten Mehrwert, den sie Ihnen bieten können.
- 36 Prozent der Befragten sahen ihre wichtigste Unterstützung darin, den Kunden zu helfen, die psychologischen Impulse unter Kontrolle zu halten (siehe auch Seite 68). Unter diesem Gesichtspunkt ist es verständlich, dass etwa die UBS für ihre Analyseabteilungen neben Finanzspezialisten auch Psychologen engagiert.
- 16 Prozent der Anlageprofis gaben als das wichtigste Plus ihrer Arbeit die Unterstützung der Kunden bei der Entwicklung angemessener Anlageziele an.

Nur fünf Prozent der Befragten sahen ihren grössten Mehrwert für die Kundinnen und Kunden darin, die besten Einzeltitel selektieren zu können (mehr Informationen zur Umfrage unter blogs.cfainstitute.org/investor → im Suchfeld «add value» eingeben).

■ *TIPP Egal, von wem Sie sich beraten lassen, Sie sollten sich im-mer fragen: In wessen Auftrag handelt der Berater, wer bezahlt ihn und wovon hängt die Höhe seiner Bezahlung ab? Von*

den Antworten auf diese Fragen hängt viel ab. So können Sie einem
Berater, den Sie mit einem separaten Honorar für seine Dienst-
leistung bezahlen, eher vertrauen als einem, der von Verkaufspro-
visionen lebt.

Kundenberater von Banken

Bei Angeboten von Bankberatern sollten Sie bedenken, dass deren Arbeitgeber oft die bankeigenen Produkte verkauft haben wollen. Zwar sollten
die Bankberater langfristig das Wohl ihrer Kunden im Fokus haben. Allerdings werden sie für ihre Beratungsleistung selten separat von den Kunden bezahlt. Ihre Erträge müssen sie über Produkt- und Dienstleistungs-
verkäufe generieren. Seien Sie sich bewusst, dass eine kostenlose Beratung
kaum eine echte Beratung, sondern eher ein Verkaufsgespräch ist.

Vertriebssteuerung statt Rendite für Sie

Die Erträge, die ein Kundenberater für seinen Arbeitgeber generieren soll,
werden oft von einer bankinternen Abteilung festgelegt, der Vertriebssteuerung. Diese kann Vorgaben machen, welche Produkte verkauft werden sollen und wie viele davon. Da können die Kundenberater dann mehr
darauf aus sein, die Ziele der Vertriebssteuerung zu erreichen, als dass sie
wirklich Ihren Mehrwert und Ihre Bedürfnisse im Fokus haben.

DIE FACHLEUTE DER VERTRIEBSSTEUERUNG können etwa
aktuelle Themen und Trends aufgreifen, die in den Medien
breite Beachtung finden – beispielsweise die Themen selbstfahrende
Autos oder 3-D-Druck oder Social Media. Auf diesen Themen aufbauend wird ein Fonds oder ein strukturiertes Produkt lanciert, mit dem
Anleger in Firmen investieren können, die von den Trends profitieren
sollen. Die Vertriebssteuerung schätzt ab, wie viele Kunden diese
Produkte kaufen könnten, und leitet daraus Zielvorgaben für die Kundenberater ab.

TIPP *Seien Sie eher zurückhaltend beim Kauf von Anlage-*
produkten, die von Zukunftstrends profitieren sollen. Oft ist
das mehr Marketing und Verkauf als echter Mehrwert für Sie.

Die Bank verdient an jeder Transaktion

Eine Bank verdient aber nicht nur mit dem Verkauf solcher Themenprodukte, sondern auch schon, wenn Sie als Kunde oder Kundin Wertpapiere kaufen und verkaufen. Es entstehen Transaktionsgebühren. Auch hier können Bankberater Zielvorgaben erhalten, wie viele solche Wertpapiergeschäfte ihre Kunden tätigen sollten.

> **TIPP** *Seien Sie sehr zurückhaltend mit Käufen und Verkäufen von Wertpapieren, denn das kostet. Meist ist für Sie als Privatanleger die Kaufen-und-Halten-Strategie die beste.*

Selbständige Vermögensverwalter

Im besten Fall handeln selbständige Vermögensverwalter wirklich nur im Interesse ihrer Kunden. Denn sie haben keine eigenen Fonds oder andere Produkte, die sie verkaufen wollen, sondern helfen Ihnen, Ihre Anlagen bestmöglich zusammenzustellen. Das verhält sich aber nur im allerbesten Fall so.

Auch die unabhängigen Berater werden nämlich selten separat für ihre Dienstleistung entschädigt, wollen aber trotzdem gut verdienen. Und leider gibt es auch sehr schlechte Vermögensverwalter, die Sie über den Tisch ziehen wollen. Die guten und die schlechten auseinanderzuhalten, ist schwierig, vor allem auch, weil es so viele gibt: Rund 2000 unabhängige Vermögensverwalter geschäften in der Schweiz.

> **ACHTUNG** *Auch selbständige Vermögensverwalter können von den Fondsanbietern Verkaufsprovisionen erhalten. Das verleitet dazu, den Kunden teure Produkte nahezulegen, an denen es viel zu verdienen gibt. Zudem können Vermögensverwalter an den Transaktionsgebühren von Banken beteiligt sein und an jeder einzelnen Transaktion verdienen (siehe auch Churning, Seite 225).*

Vermögensverwalter ist kein geschützter Titel

Unter den unabhängigen Vermögensverwaltern gibt es schlicht auch Dilettanten, die keine Ahnung von Geldanlagen haben. Der Titel «Vermögensverwalter» ist in der Schweiz kaum geschützt. Zwar verlangt die Gesetzgebung zur Geldwäscherei, dass unabhängige Vermögensverwalter entweder einer Selbstregulierungsorganisation (SRO) angehören oder direkt der Schweizer Finanzmarktaufsicht (Finma) unterstellt sind. Die Mitgliedschaft in einem Verband oder einer SRO sagt aber über die Qualität gar nichts aus, nur darüber, dass gewisse Basics der Geldwäschereiprävention eingehalten werden.

Die Finma führt eine Warnliste mit Unternehmen, die ohne Bewilligung arbeiten oder bei denen die Finma «eine immanente, erhebliche Gefährdung von Anlegern» vermutet. Allerdings führt die Finma keine eigentliche Qualitätskontrolle durch, sondern prüft nur, ob bestimmte Kriterien erfüllt sind. Das heisst: Nur weil ein Vermögensverwalter nicht auf der Warnliste auftaucht, handelt es sich noch lange nicht um einen guten.

TIPP *Informieren Sie sich, ob ein Anbieter bereits negativ aufgefallen ist, und konsultieren Sie die Warnliste der Finma (www.finma.ch → Warnliste der Finma). Dort sind immerhin einige der schlimmsten Fälle aufgelistet.*

Finanzanalysten

In den Medien werden Finanzanalysten bei aktuellen Ereignissen oft zitiert. Sie sollen abschätzen, wie sich solche Ereignisse auf die Wirtschaft und auf Firmen auswirken können. Sie sind Spezialisten für die Analyse von Unternehmen und Wertpapieren, schreiben Studien zu bestimmten Firmen oder Branchen und fällen ein Urteil über deren Attraktivität als Anlagen.

Buy, Sell oder Hold?

Stufen Finanzanalysten eine Aktie oder eine Obligation als kaufenswert ein, erhält diese die Note **Buy** (englisch für kaufen). Wird sie zum Verkauf empfohlen, gibt es ein **Sell**. Dazwischen erhalten Wertpapiere die Note **Hold** (englisch für halten).

Gut zu wissen: Ein Hold ist oft ein verstecktes Sell. Denn diese Bewertung wollen Finanzanalysten nicht offen aussprechen, um die Beziehungen zu den Unternehmen, die sie beurteilen, nicht zu gefährden. Schliesslich will ihr Arbeitgeber, die Bank, mit diesen Unternehmen auch in Zukunft Geschäfte tätigen. Wenn nun der Bankanalyst die Aktien einer Firma zum

Verkauf empfiehlt, kann das die betreffende Firmenleitung erzürnen. Analysten berichten immer mal wieder, wie aufgebrachte Firmenchefs sie nach einem Sell-Urteil anrufen und sich beschweren. Das kann nicht nur Aufträge für die Bank gefährden, unter Umständen schadet ein Finanzanalyst mit einem Sell der Qualität seiner Arbeit. Es kann nämlich vorkommen, dass eine verärgerte Firmenleitung nach einem Sell den betreffenden Analysten von Treffen ausschliesst. Dadurch fehlen ihm anschliessend wichtige Informationen.

Die Schwierigkeit, ein Sell auszusprechen, zeigt sich auch darin, dass meist nur ein ganz kleiner Teil der analysierten Firmen zum Verkauf empfohlen wird. Der grosse Rest wird entweder mit einem Buy oder einem Hold bedacht.

Buy-Side und Sell-Side

Es gibt zwei Arten von Finanzanalysten. Die Sell-Side-Analysten gehören eigentlich zur Verkaufsmannschaft einer Bank. Sie sollen Transaktionen anregen, an denen ihr Arbeitgeber verdient – natürlich versuchen sie, solche Anregungen sehr fundiert zu machen. Die Buy-Side-Analysten dagegen sollen für die Kunden Empfehlungen erarbeiten, mit welchen Titeln diese am meisten Gewinne erzielen.

Der Wert der Empfehlungen von Finanzanalysten lässt sich aus ihren Löhnen ableiten: Sell-Side-Analysten erhalten meist deutlich höhere Gehälter als Buy-Side-Analysten. Offenbar stufen die Banken den Verkauf, das Anregen von Transaktionen, als wertvoller ein als das Erarbeiten von Empfehlungen, die den Kunden am meisten Gewinne versprechen.

Und Ihr Mehrwert?

Tatsächlich zeigte schon eine Studie von Alfred Cowles aus dem Jahr 1933, dass die Empfehlungen der Analysten nicht zu höheren Renditen führen als eine passive Kaufen-und-Halten-Strategie. Daran hat sich bis heute kaum etwas geändert, wie Studien immer wieder gezeigt haben. Eine Doktorarbeit an der Universität Hamburg etwa kam im Jahr 2005 zum Schluss, dass es einem Anleger nichts nützt, den Kauf- und Verkaufsempfehlungen der Analysten zu folgen.

Trotzdem: Für das Verständnis von Firmen erarbeiten Analysten sehr lesenswerte Studien. Darin versuchen sie auch abzuschätzen, wie hoch der faire Wert einer Firma sein sollte. Dafür schätzen sie die zukünftigen

Gewinne eines Unternehmens, leiten mögliche Dividendenzahlungen ab und errechnen daraus ein Kursziel für eine Aktie.

 TIPP *Die Überlegungen, die Finanzanalysten machen, können Ihnen durchaus wertvolle Informationen liefern, dank derer Sie Ihre Anlageentscheidungen besser treffen.*

Chefökonomen, Chefinvestoren und Chefanalysten

Chefökonomen, Chefinvestoren und Chefanalysten einer Bank widmen sich weniger einzelnen Firmen, sondern gesamten Märkten, etwa dem Aktienmarkt, dem Immobilienmarkt oder den Rohstoffmärkten. Sie betrachten das Geschehen aus volkswirtschaftlicher Perspektive und versuchen, das Wirtschaftswachstum weltweit und von verschiedenen Ländern abzuschätzen. Auf diesen Erkenntnissen bauen wiederum die Finanzanalysten auf, wenn sie die Gewinne einzelner Firmen prognostizieren.

Leider verfügen auch diese Spezialisten genauso wenig über eine prophetische Glaskugel wie Finanzanalysten. Deshalb liegen sie mal richtig und mal falsch mit ihren Aussagen darüber, ob die Kurse von Aktien, Obligationen oder auch die Werte von Immobilien steigen oder fallen.

 TIPP *Die Einschätzungen dieser Experten verhelfen Ihnen zu einem besseren Verständnis dessen, was in der Weltwirtschaft und an den Finanzmärkten aktuell passiert. Das liefert Ihnen wertvolle Grundlagen für die Festlegung Ihrer Anlagestrategie.*

Die Medien

Auch die Medien haben einen Einfluss auf Investorenentscheide. Um solche Medienbeiträge richtig einschätzen zu können, müssen Sie wissen, wie Geschichten funktionieren: Eine gute Geschichte handelt meist von Extremen. In Bezug auf die Börse ist das entweder die Gefahr einer Krise, eines Börsencrashs oder die Aussicht auf einen Börsenboom. Darum drehen sich die meisten Börsengeschichten in den Medien.

Boom-Geschichten – Krisen-Geschichten

Oft wird in Boomzeiten die Börsenhausse von den Medien angeheizt, mit Schlagzeilen wie «Chefökonom sieht den SMI auf 20 000 Punkte steigen». Oder es werden bestimmte Boombranchen ausgemacht, was zu Geschichten führt wie «Diese Aktien werden vom Trend zum selbstfahrenden Auto profitieren». Auch bestimmte Anlagetrends werden beworben mit Storys wie «Zehn Dividendenaktien, die Sie jetzt kaufen müssen», dabei wird mit dem Wort «jetzt» unterlegt, dass Sie als Anleger etwas verpassen könnten.

Die anderen Geschichten handeln von der Gefahr einer Börsenkrise; die Schlagzeilen lauten dann etwa: «Wie Sie sich jetzt vor dem Zerfall des Geldsystems schützen» – «So sichern Sie Ihr Depot gegen die Eurokrise» – «Was Sie jetzt tun müssen, um von der nächsten Krise verschont zu bleiben» oder gar «Wie Sie von der nächsten Krise profitieren».

Solange die Börsen gut laufen, sind die Chancengeschichten in den Medien in der klaren Mehrzahl. Meist ändert sich das erst, wenn es zu spät ist, wenn die Kurse schon auf Talfahrt sind. Daran sind nicht die Medien selber schuld, sie sind zumindest nicht alleinige Verursacher. Die Leser, die Zuschauerinnen und Zuhörer sind mitbeteiligt. Denn sie konsumieren Medien nicht unbedingt, um informiert zu werden, sondern um eine Bestätigung ihrer Ansichten zu erhalten. Dieser Zusammenhang zeigt sich auch in den Sozialen Medien, etwa bei Facebook. Der Konzern hat einen Mechanismus entwickelt, mit dessen Hilfe die Nutzerinnen und Nutzer häufig nur noch Inhalte angezeigt erhalten, die ihre vorgefassten Meinungen bestätigen. Facebook macht das, weil es für seine Nutzer dadurch (unbewusst) attraktiver wird. In der Folge wird Facebook öfter und länger genutzt, womit der Konzern sein Ziel erreicht hat.

Im Unterschied zu den bestätigenden Medien werden diejenigen, die immer gegen den Strom schwimmen, mit der Zeit gar nicht mehr gehört. Irgendwann verschwinden sie vom Markt, weil sie keine Nutzer mehr haben.

Gekauft wird, was in den Medien erwähnt wird

Privatanleger tendieren stark dazu, Aktien zu kaufen, die aktuell in den Medien erwähnt werden, wie die kalifornischen Professoren Brad Barber und Terry Odean anhand von Millionen von Börsenaufträgen herausgefunden haben. Das ist an sich gar nicht mal so schlimm. Allerdings ist es unwahrscheinlich, dass mit diesen Titeln eine höhere Rendite erzielt wird als mit anderen nicht so oft in Medien erwähnten. Wenn die Medienberichte jedoch dazu führen, dass Anleger häufiger neue Aktien kaufen und alte verkaufen, also ihr Depot häufiger umschichten, kann das schädlich für das Vermögen sein – nur schon wegen der Transaktionskosten.

Privatanleger können kaum von schnellen Börsennews profitieren, denn die Profi-Börsianer sind immer schneller. Eine Ausnahme können Gewinn- und Verlustüberraschungen sein, über die oft in den Medien berichtet wird. Wenn eine Firma mehr Gewinn ausweist, als geschätzt wurde (etwa von Analysten), entwickelt sich ihre Aktie in den Tagen danach – nicht nur an dem Tag, an dem die Gewinnüberraschung bekannt wird – häufig besser als die Börse allgemein. Das Umgekehrte gilt, wenn die Gewinne einer Firma tiefer ausfallen, als erwartet wurde.

Achtung, Betrüger!

Wenn Sie Vermögen besitzen, müssen Sie davon ausgehen, dass Personen mit krimineller Energie es darauf abgesehen haben. Auf den folgenden Seiten lernen Sie einige Maschen von Betrügern kennen und erfahren, wie Sie sich schützen können.

Ein erhebliches Vermögen kann nicht nur Neider auf den Plan rufen, sondern auch das Interesse von Personen mit krimineller Energie wecken. Diese wollen Sie vielleicht zu vermeintlich lukrativen Investitionen überreden oder es wird versucht, über Ihre Hausbank an Ihr Geld zu gelangen.

Achtung: E-Mail

Auch aufmerksame Personen können zu Opfern von Straftaten werden, wenn die Täter zu raffinierteren Vorgehensweisen greifen.

 EIN SEHR VERMÖGENDER SCHWEIZER, der sich als Mäzen betätigt und junge Musiker fördert, wurde kürzlich Ziel eines äusserst raffinierten Angriffs. Seinem Kundenberater bei der Hausbank wurde eine E-Mail zugestellt, in der der Mäzen den Auftrag gab, einem jungen Musiker in Südamerika 20 000 Franken für den Kauf einer wertvollen Violine zu überweisen. Der Mäzen hatte in der Vergangenheit schon mehrmals Zahlungen auf diesem Weg in Auftrag gegeben. Die Absenderadresse weckte auch kein Misstrauen. Trotzdem hatte der Kundenberater ein ungutes Gefühl, weil er in der E-Mail mit «Lieber Andreas» angeredet wurde. Sonst hatte der Kunde immer mit «Hoi Andi» begonnen. Ein Kontrollanruf ergab, dass der Mäzen den Zahlungsauftrag nie gesendet hatte.

Die Bank stellte Nachforschungen an und entdeckte schliesslich auch eine Abweichung in der Absenderadresse: ein g war mit einem q ausgetauscht worden. Eine Änderung, die beim unterstrichenen Absender im Schriftbild kaum zu erkennen ist. Offenbar hatte jemand das Kommunikationsverhalten des Mäzens genau ausgekundschaftet. Die E-Mail war an den zuständigen Kundenberater adressiert, ihr Tonfall passte zur bisherigen Korrespondenz, selbst der Betreff ähnelte denjenigen früherer E-Mails. Der Täter wurde nie gefunden.

Der Fall zeigt, dass die auf dem elektronischen Weg ausgeführten Straftaten gezielter, aufwendiger und raffinierter werden. Jedermann weiss, dass die üblichen E-Mails, die auf eine einmalige Geschäftsgelegenheit in Nigeria hinweisen, umgehend zu löschen sind. Aber wer überprüft schon E-Mail-Adressen auf abweichende Einzelbuchstaben, wenn sonst alles unverdächtig scheint?

Zu gut, um wahr zu sein? Richtig!

Besondere Vorsicht ist bei der Prüfung von Investitionsangeboten geboten. Die wichtigste Regel: Wenn eine Investitionsgelegenheit zu gut erscheint, um wahr zu sein, dann ist sie in der Regel genau das. Es droht der vollständige Verlust des investierten Geldes. Dieser wird in der Regel selbst dann nicht mehr wettzumachen sein, wenn der Betrüger gefasst werden kann.

Es ist nämlich eine Eigenheit des schweizerischen Strafrechts, dass von den Opfern ein hoher Grad an Selbstverantwortung verlangt wird. So kann es ohne Weiteres vorkommen, dass ein Betrüger freigesprochen wird, wenn sein Opfer bei der Investition elementare Sorgfaltsregeln verletzt hat.

VOR EIN PAAR JAHREN wurde ein Strafverfahren wegen fehlender Arglist eingestellt. Telefonverkäufer hatten Anleger zu Aktienkäufen veranlasst. Es ging um Aktien einer Firma, die Luxusautos günstig aus dem Ausland importieren und dann teuer in der Schweiz verkaufen wollte. Der Kaufpreis für die Aktien betrug das 300-Fache des Nennwerts. Gelockt wurden die Käufer mit Hochglanzprospekten über den angeblich bevorstehenden Börsengang des Unternehmens. Dieser hat allerdings bis heute nie stattgefunden. Das Unternehmen existiert mittlerweile gar nicht mehr. Die Anleger, die insgesamt rund 90 Millionen Franken investiert hatten, erlitten einen schmerzhaften Verlust.

Es gibt zwar Fälle, in denen es gelingt, die Verurteilung eines Betrügers zu erreichen. Zum Ersatz des Schadens kommt es jedoch auch dann nur äusserst selten, weil das Geld schon lange verschwunden ist. Den Opfern bleibt nur die persönliche Genugtuung, dass der Täter bestraft wird.

Verfahren gegen Anleger
Im Extremfall kann Anlegern sogar selbst ein Strafverfahren drohen. In der Ostschweiz kam 2013 ein aufsehenerregender Fall vor Gericht.

EIN NETZWERK VON BETRÜGERN hatte im grossen Stil Dokumente über Immobilien gefälscht. Der dadurch vorgetäuschte überhöhte Wert der Immobilien und die erschwindelte Bonität der Betrüger veranlassten die Banken zur Vergabe von Hypotheken, die den Wert der Liegenschaften überstiegen. In einem nächsten Schritt suchten die Täter Käufer. Diesen wurde eine 100-prozentige Finanzierung durch Hypotheken in Aussicht gestellt, ganz ohne Eigenmittel. Zudem wurde ihnen eine «Provision» von fünf Prozent der Hypothekarsumme versprochen. Rund 200 Personen liessen sich zu diesem Geschäft verführen. Dies, obwohl es ihnen hätte verdächtig vorkommen müssen, dass sie nicht nur ohne Eigenmittel eine Immobilie kaufen konnten, sondern dafür sogar noch eine «Provision» geschenkt erhalten sollten.

Das Resultat der Geschichte: Die Käufer mussten später die Immobilien zu einem weit tieferen Preis wieder verkaufen und blieben auf den hohen Hypothekarschulden sitzen. Die Geschädigten hatten nicht nur das Problem, dass niemand ihren Schaden ersetzte, sie gerieten selbst ins Visier der Staatsanwaltschaft. Mehrere Käufer wurden sogar dafür bestraft, dass sie sich an diesem grossangelegten Betrug in der Käuferrolle beteiligt hatten. Das Gericht warf ihnen vor, dass sie hätten merken müssen, dass es bei einem solchen Angebot nicht mit rechten Dingen zuging und dass sie sich also grobfahrlässig an einem Betrug beteiligt hatten.

Achtung: Churning

Auch bei legalen Investments ist Vorsicht geboten. Vor den Schweizer Gerichten wurden in jüngerer Zeit mehrere Fälle von Churning verhandelt. Bei dieser kriminellen Vorgehensweise löst der Täter eine möglichst hohe Anzahl von Transaktionen aus, weil er an jeder Transaktion einen gewissen Betrag verdient. Unabhängig vom wirtschaftlichen Sinn des Vorgehens wird das Kundenvermögen dauernd umgeschichtet, was zu hohen Transaktionskosten und in aller Regel zu einem Verlust führt. Das englische Verb «to churn» bezeichnet das Umrühren und Schütteln bei der Butterherstellung, wobei solange Rahm abgeschöpft wird, bis keine Milch mehr vorhanden ist.

IN EINEM FALL hatte ein Vermögensverwalter mit dem ihm anvertrauten Kundenvermögen von rund einer viertel Million US-Dollar innerhalb von zweieinhalb Monaten durch exzessive Handelstätigkeit Transaktionskosten von fast 200 000 Dollar ausgelöst. Das gesamte Vermögen wurde in der kurzen Zeit 54-mal umgeschichtet. Gegen 150 000 Dollar flossen über Transaktionsprämien an den Vermögensverwalter zurück. Der Kunde verlor einen grossen Teil seines Geldes, während der Vermögensverwalter sich durch die sehr zahlreichen Transaktionen bereicherte.

Dass der Vermögensverwalter schliesslich trotzdem freigesprochen wurde, lag wesentlich daran, dass der Kunde nicht interveniert hatte, obwohl er anhand der Kontoauszüge jederzeit hätte nachvollziehen können, was mit seinem Geld geschah. Die Lehre aus diesem Fall: Kritische Fragen sind wichtig. Wer sein Geld einem Profi anvertraut, wird dessen Anlageentscheide oft nicht auf den ersten Blick verstehen. Sie jedoch mit blindem Vertrauen einfach hinzunehmen, kann sich später rächen. Ein seriöser Vermögensverwalter muss bereit sein, seine Anlageentscheide auch einem Laien nachvollziehbar zu erklären. Fehlt diese Bereitschaft, ist das ein Warnzeichen, das Sie nicht ignorieren sollten.

Gefahr aus dem Bekanntenkreis

Die grösste Gefahr für Ihr Vermögen geht aber wohl gar nicht von den kriminellen Akteuren aus, sondern von all den wohlmeinenden – jeweils mehr oder weniger uneigennützigen – Ratschlägen aus dem persönlichen Umfeld. Wer zu Geld kommt, wird nicht lange darauf warten müssen, dass ihm ein Verwandter oder eine Bekannte ein «todsicheres» Investment empfiehlt. Oft handelt es sich dabei um ein Investment, das diese Person selbst schon getätigt hat oder an dem ihr aus anderen Gründen besonders gelegen ist. Zögern Sie dann, dem Ratschlag zu folgen, wird dies häufig als fehlendes Vertrauen in die persönliche Beziehung ausgelegt und entsprechend übel genommen.

Es ist sehr wichtig, solchen Versuchen emotionaler Erpressung zu widerstehen. Eine Geldanlage, zu der Sie sich gedrängt fühlen und die Sie aus einem anderen Grund vornehmen als aus sachlich überzeugenden Argumenten, ist kaum je eine gute Idee.

> **TIPP** *Haben Sie Zweifel gegenüber Anlagetipps aus Ihrem persönlichen Umfeld, empfiehlt es sich, das Investment einem unbeteiligten, in Anlagethemen erfahrenen Dritten zu erklären. Nur wenn es Ihnen gelingt, diesen Aussenstehenden vom Potenzial des Investments zu überzeugen, sollten Sie eine Anlage in Betracht ziehen. Gelingt es Ihnen nicht, bietet die negative Einschätzung auch gleich ein gutes Argument gegen die emotionalen Überzeugungsversuche des «Experten» aus Ihrem Bekanntenkreis.*

Strategien für jedes Vermögen

In diesem Kapitel lernen Sie Strategien kennen, von denen Sie
bei der Verwaltung Ihres Vermögens profitieren können. Sie
erhalten konkrete Tipps und erfahren, welche Unterschiede es
bei der Verwaltung von verschieden grossen Vermögen gibt.

Grundregeln der Anlage

Es gibt einige Grundregeln, die jeder Anleger, jede Anlegerin, unabhängig von der Höhe des Vermögens, beachten sollte. Diese sind hier bewusst einfach gehalten, weil in der Vermögensverwaltung die bescheidenen Strategien oft die effektiveren sind. Sie sind meist weniger risikoreich und bieten häufig auch noch bessere Renditen. Natürlich gibt es auch elaborierte Strategien, doch diese erhöhen den Zeitaufwand für die Vermögensverwaltung massiv.

Niemand weiss etwas – das seien die wichtigsten drei Worte, um die Finanzindustrie wirklich zu verstehen, sagt John Bogle. Er ist der Gründer der US-Finanzfirma Vanguard, des zweitgrössten Vermögensverwalters der Welt, und hat sich auf kostengünstige Anlagen spezialisiert. Ganz so schlimm, wie Bogle formuliert, ist es nicht. Aus den vorangehenden Kapiteln lassen sich einige einfache Grundregeln der Anlage ableiten. Es lohnt sich, sie genau zu studieren, um sich ein tieferes Verständnis dieser Regeln anzueignen.

Früher anlegen macht reicher

Die Zeit ist ein Freund der Anleger. Je früher Sie mit dem Sparen anfangen, desto imposanter fällt der Zinseszinseffekt aus (siehe Seite 39). Aus einem Betrag von 15 000 Franken, im Alter von 20 Jahren investiert, wird mit einer Durchschnittsrendite von 6 Prozent – was bei Aktien durchaus möglich ist – bis zum Alter von 65 Jahren immerhin ein Vermögen von rund 206 000 Franken.

Mit dem grösseren Zeithorizont wird nicht nur der Zinseszinseffekt imposanter, auch die Gefahr von Verlusten mit risikoreicheren Anlagen wie Aktien wird immer kleiner. Ab einem Anlagehorizont von 35 Jahren ist die statistische Wahrscheinlichkeit, dass Verluste resultieren, nur noch sehr gering, während die Chance auf hohe Gewinne relativ gross ist. Als Faustregel gilt: Für Aktienanlagen sollten Sie einen Zeithorizont von mindestens zehn Jahren haben.

Tiefere Kosten machen reicher

Neben der Zeit sind kostengünstige Anlageprodukte die Freunde der Anleger. Denn während die künftigen Renditen immer unsicher sind, fallen viele Gebühren auf jeden Fall an. Darum gilt es, die Kosten sehr genau zu kontrollieren – mehr dazu lesen Sie auf Seite 147, 185 und 197. Finanzverkäufer und -berater sollten Sie immer dazu verpflichten, alle Kosten und Gebühren offenzulegen und verständlich zu erklären sowie darzulegen, warum sie fair und angemessen sind.

> **TIPP** *Es ist sehr zeitaufwendig, die besten Aktien oder Fonds zu suchen, und meist lohnt sich der Aufwand nicht. Daher suchen Sie besser nach der günstigsten Art, breit gestreut zu investieren.*

Breit streuen macht reicher

Weil Prognosen schwierig sind – insgesamt zum Börsenverlauf, aber vor allem auch zu einzelnen Titeln –, müssen Sie Ihr Vermögen breit streuen. Bloss nicht nur einige wenige Aktien kaufen, das kann gewaltig schiefgehen. Wie Diversifikation funktioniert und wie Sie den richtigen Mix finden, können Sie im Kapitel «Finanzwissen» auf Seite 51 und 56 nachlesen.

Wichtig ist, dass Sie sich bewusst sind, dass sich Risiken nicht vermeiden lassen. Das gilt selbst dann, wenn Sie Ihr Geld auf dem Sparkonto lassen. Die Beträge, die dort ruhen, bringen kaum Zinsen und sind der Gefahr ausgesetzt, von der Inflation aufgefressen zu werden. Die Kaufkraft eines Frankens kann sich innerhalb von 30 Jahren durchaus halbieren.

Nur weil überall Risiken vorhanden sind, sollten Sie aber auch nicht übermütig werden und sehr hohe Renditen anstreben. Denn auch folgende Regel gilt: Höhere Renditen sind nur mit höherem Risiko zu haben. In Umfragen der Liechtensteinischen Privatbank LGT wurde in den vergangenen Jahren immer wieder festgestellt, dass die Kunden ab einer erzielten Rendite von fünf Prozent schon sehr zufrieden sind.

> **TIPP** *Streben auch Sie ein realistisches Ziel an: Vier Prozent Rendite nach Abzug der Inflation sind durchaus möglich in der langen Frist.*

Auf Kurs bleiben macht reicher

Wenn der richtige Mix festgelegt ist, gilt es, bei dieser Strategie zu bleiben. Nur nicht gleich beim ersten Gegenwind alles umkrempeln und unnötige Transaktionskosten verursachen. Lassen Sie sich von den Nachrichten des Tages nicht verrückt machen. Ohne eine im Voraus festgelegte Strategie und ohne Regeln werden Sie meist genau zu den falschen Zeitpunkten verkaufen und kaufen – die Seiten zur Wahrnehmungs- und Börsenpsychologie beschreiben die Mechanismen, die dazu führen (siehe Seite 68).

Schlaftabletten für Anleger

Der erfolgreiche Investor und Buchautor André Kostolany formulierte eine der besten Strategien für Privatanleger einst so: «Kaufen Sie Aktien, nehmen Sie Schlaftabletten und schauen Sie die Papiere nicht mehr an. Nach vielen Jahren werden Sie sehen: Sie sind reich.»

Beim Kurshoch verkaufen und im Tief wieder kaufen – davon träumen alle Anlegerinnen und Anleger. Dies in der Praxis zu realisieren, ist fast unmöglich. Deswegen ist es besser, immer an der Börse dabei zu sein. Dabei gilt es vor allem, die hohen Kursschwankungen von Aktien auszuhalten oder einfach zu ignorieren, nicht hinzuschauen.

Wenige Tage bringen den Grossteil der Gewinne

Immer investiert zu bleiben, ist auch deshalb wichtig, weil die langfristig hohen Renditen von Aktien oft auf nur wenige Tage mit sehr hohen Kurssteigerungen zurückzuführen sind. Wer beispielsweise seit Anfang 1999 immer in europäische Aktien investiert war, hat seinen Einsatz bis Ende Mai 2016 fast verdoppelt – gemessen am Aktienindex MSCI Europe. Die gute Performance ist aber fast ausschliesslich auf die zehn besten Börsentage in dieser Zeitspanne zurückzuführen, wie die Fondsgesellschaft Fidelity berechnete. Ohne diese zehn Börsentage wären aus 1000 Euro, Anfang 1999 investiert, nicht 1992 Euro, sondern nur 1023 Euro geworden, was einer jährlichen Rendite von bloss 0,1 Prozent pro Jahr entspricht.

> **TIPP** *Wenn Sie nur an wenigen sehr guten Börsentagen nicht investiert sind, können Sie Ihre Gesamtrendite über lange Zeiträume massiv schmälern. Deshalb ist es meist besser, einfach immer investiert zu bleiben.*

Balancieren macht reicher

Kursgewinne und -verluste können nicht nur Ihre Nerven strapazieren, sie bringen auch Ihre Strategie – den zu Anfang festgelegten, richtigen Anlage-mix – aus dem Gleichgewicht. Deshalb sollten Sie ab und zu rebalancieren, um die prozentuale Aufteilung des Anlagevermögens konstant zu halten.

ANGENOMMEN, IHR VERMÖGEN ist je zur Hälfte in Aktien und Obligationen investiert. Wenn die Aktienkurse steigen, während die Obligationenkurse gleichzeitig fallen, kann der Aktien-anteil ohne Weiteres auf 75 Prozent des Portfolio-Gesamtwerts steigen. Dann gilt es, Aktien zu verkaufen und Obligationen zu kaufen, um wieder auf die ursprüngliche Aufteilung des Anlagevermögens zu kommen. Umgekehrtes gilt, wenn die Aktienkurse fallen und Obliga-tionenkurse steigen (siehe Grafik).

REBALANCIEREN

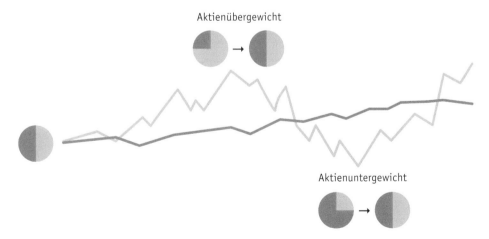

Rot: Kurs und Vermögensanteil Obligationen; blau: Kurs und Vermögensanteil Aktien. Bei Aktienüber- respektive -untergewicht wird rebalanciert, um die ursprüngliche Strategie einzuhalten.

Quelle: Fintool

Durch das Rebalancieren erreichen Sie eine kontrazyklische Strategie, die im besten Fall dazu führt, dass Sie bei tiefen Kursen kaufen und bei hohen Kursen verkaufen.

> **TIPP** *Je öfter Sie rebalancieren, desto höher werden die Transaktionskosten und desto weniger können Sie von länger anhaltenden Kurstrends profitieren. Als Faustregel gilt: Ungefähr alle zwölf Monate rebalancieren und dann, wenn sich das Gleichgewicht um mindestens zehn Prozentpunkte verschoben hat.*

Staffeln macht reicher

Aktien mögen derzeit nicht mehr sehr günstig sein, aber günstigere Einstiegszeitpunkte kommen vielleicht nicht. Und wenn sie doch kommen, werden Anleger und Anlegerinnen Angst vor Investitionen haben. Denn die Kurse fallen nicht ohne Grund.

> **BEISPIELSWEISE IN DER FINANZKRISE** zwischen 2007 und 2009. Damals waren die Kurse zwar tief, aber die Anleger hatten Angst, dass das Bankensystem zusammenbrechen könnte, deshalb investierten sie nicht zu den tiefen Kursen, sondern kauften sogar eher Kapitalschutzprodukte. Dabei sollten Anleger Kapitalschutzprodukte nicht kaufen, wenn es schon regnet (die Kurse gefallen sind), sondern – wenn überhaupt – wenn die Sonne scheint, die Kurse hoch sind. Das ist wie bei den Regenschirmen: Günstig sind sie bei Sonnenschein, wenn es regnet, werden sie teuer verkauft.

Aus dem Dilemma, dass Sie im Voraus kaum wissen können, ob Aktien aktuell gerade günstig sind oder nicht, gibt es einen einfachen Ausweg: gestaffelt investieren. Wenn Sie heute 300 000 Franken erben, sollten Sie nicht alles auf einen Schlag anlegen. Es ist besser, dies in regelmässigen Abständen über längere Zeit verteilt zu tun. Etwa heute 50 000 Franken und dann alle vier Monate wieder 50 000 Franken, bis nach 20 Monaten der gesamte Betrag investiert ist. Damit investieren Sie über den ganzen Zeitraum gesehen zu einem Durchschnittspreis und fahren günstiger. Sinnvoll ist es, auch spätere Beträge gestaffelt anzulegen.

Kosten im Auge behalten

Diese Staffelung können Sie gut selber übernehmen. Es gibt aber auch verschiedene Anbieter, die Sparpläne anbieten und Investitionen in unterschiedliche Fonds ausführen. Wollen Sie mit einem solchen Anbieter zusammenarbeiten, wählen Sie am besten einen, der Ihr Geld in kostengünstige ETFs investiert.

Solche ETF-Sparpläne bieten etwa Avadis, MoneyPark, das VZ VermögensZentrum, die Glarner Kantonalbank, Postfinance, Swissquote und die bank zweiplus an. Wer regelmässig einzahlt, erzielt einen Durchschnittskosteneffekt: Bei tiefen Kursen werden mehr Fondsanteile gekauft, bei hohen Kursen weniger. Auch hier gilt es, die Kosten zu vergleichen: Verlangen Sie eine Auflistung der All-in-Fee, der Transaktionskosten und der Depotgebühren (siehe Seite 147 und 189).

Verluste beschränken macht reicher

Sich verlieben ist etwas für das Privat-, nicht für das Investorenleben. Doch immer mal wieder «verlieben» sich Anlegerinnen und Anleger in eine Aktie, die sie gekauft haben. Bedauerlicherweise sind das oft gerade diejenigen Titel, deren Kurse gefallen sind. Wie auf den Seiten zur Wahrnehmungs- und Börsenpsychologie beschrieben, behalten Anleger die Verliereraktien oft viel zu lange (siehe Seite 70). Der Grund ist häufig, dass falsche Referenzpunkte gesetzt werden. Das heisst, Anleger ziehen folgenden Schluss: «Ich habe die Aktie beim Kurs von 1000 Franken gekauft und das damals günstig gefunden. Jetzt ist die Aktie auf 300 Franken gefallen, da muss sie jetzt ja erst recht günstig sein.»

Leider ist das eine Fehlüberlegung, denn die zukünftige Kursentwicklung hängt nicht davon ab, wo der Kurs einer Aktie einst stand, sondern von den Zukunftsaussichten der Firma. Diese können sich ganz einfach stark verschlechtert haben.

Die Hoffnung stirbt zuletzt und Verluste schmerzen

Kommt dazu, dass Verluste schmerzen. Deshalb wollen Anleger eine Aktie lieber nicht verkaufen, weil damit der Verlust nicht nur auf dem Papier bestehen, sondern endgültig realisiert werden würde. Also behalten sie die Aktie, in der Hoffnung, dass sie sich irgendwann schon wieder für mehr als den Einstiegskurs verkaufen lässt. Diese Annahme führt aber meist in die Irre.

WER DIE AKTIEN DER ZURICH INSURANCE vor der Jahrtausendwende zum Höchstwert von rund 1000 Franken gekauft hat, ist heute noch immer mit mehr als fünfzig Prozent in der Verlustzone. Ob die Aktie ihren Höchstwert in absehbarer Zukunft wieder erreichen wird, ist höchst zweifelhaft.

Nur ein Fünftel der Aktien sind langfristig gut

Eine Studie der US-Fondsgesellschaft Longboard Asset Management stellt dieses verliebte Verhalten der Anleger grundsätzlich infrage. In der Studie wurde berechnet, dass von allen rund 15 000 Aktien, die seit Ende der 80er-Jahre an US-Börsen notiert waren, bloss ein Fünftel die gesamte Aktienrendite erwirtschaftet hat. Die übrigen vier Fünftel der Papiere kamen auf einen Gesamtertrag von null.

TIPP *Seien Sie bei Einzeltiteln unerbittlich in der Verlustbegrenzung. Zum Beispiel nach der Regel, dass Sie Aktien, die mehr als zehn oder fünfzehn Prozent verlieren, aus Ihrem Depot werfen. Das gilt aber nur, wenn Sie in Einzeltitel anlegen. Wenn Sie breit diversifiziert investieren, etwa mit ETFs, können Sie die Schlaftabletten-Regel von Kostolany befolgen (siehe Seite 232).*

Verluste sind schwierig auszubügeln

Verluste vermeiden ist auch deswegen ein wichtiges Thema, weil sie sich nur schwierig wieder ausbügeln lassen. Wenn eine Aktie fünfzig Prozent verliert, muss sie ihren Wert danach verdoppeln, um wieder auf den Ausgangskurs zu kommen.

DIE AKTIE X FÄLLT VON 100 AUF 50 FRANKEN, was einem Verlust von 50 Prozent entspricht. Um wieder zum Ausgangskurs zu kommen, muss sie nun von 50 auf 100 Franken steigen, was einem Gewinn von 100 Prozent entsprechen würde.

Ein kleines, mittleres oder grosses Vermögen anlegen

Je nach der Höhe Ihres Vermögens bieten sich andere Möglichkeiten zur Umsetzung einer Anlagestrategie. Auf den folgenden Seiten erfahren Sie, welche Methoden sich für Sie eignen.

Zwei Grundregeln stehen bei der Vermögensanlage in einem gewissen Widerspruch zueinander:

■ Einerseits gilt, je tiefer die Kosten, desto besser die Rendite. Am günstigsten ist es eigentlich, direkt in Aktien und Obligationen zu investieren, denn dies bringt keine weiteren Kosten mit sich. Für Fonds, auch für ETFs, fallen zusätzliche Kosten an – selbst wenn es nur wenige Prozentpunkte sind.

■ Gleichzeitig gilt es aber auch, die Anlagen breit zu streuen. Die Grafik auf Seite 54 zeigt, dass es 12 bis 18 verschiedene Aktien braucht, um das Risiko deutlich zu senken. Besser ist es sogar, das Geld auf 20 bis 30 Titel zu verteilen.

Übrigens: Ein Sparkonto sollten Sie auf jeden Fall besitzen – nur schon für Unvorhergesehenes. Allerdings bringt das kaum Zinsen, weswegen nicht allzu hohe Beträge dort ruhen sollte. Geld, das für längere Zeit nicht gebraucht wird, sollten Sie investieren. Dabei sind Aktien die erste Wahl, vor allem für den Teil Ihres Vermögens, den Sie mindestens zehn Jahre lang entbehren können. Legen Sie diesen Teil breit gestreut an. Ob Sie dazu eine grössere Anzahl Einzelaktien kaufen oder Anlagefonds, mit Vorteil günstige ETFs, hängt von der Höhe Ihres Vermögens ab.

Ein kleines Vermögen anlegen

Mit einem kleinen Vermögen ist es also wenig sinnvoll, in Einzeltitel zu investieren. Stattdessen empfehlen sich Fonds. Aber welche? Nachfolgend einige Tipps.

ANGENOMMEN, EINE ANLEGERIN WILL 100 000 Franken anlegen. Sie hat ihren Anlagemix bestimmt (siehe Seite 56) und entschieden, dass sie 60 Prozent, also 60 000 Franken, in Aktien investieren will. Dieses Geld müsste sie auf mindestens 12 bis 18 Aktien aufteilen, um genügend zu diversifizieren. Es blieben also höchstens 5000 Franken pro Aktie. Dabei kosten Kauf und Verkauf einer Aktie zusammen im Durchschnitt rund 80 Franken. Die Anlegerin hätte also pro Titel Kosten von rund 1,6 Prozent. Das ist doch recht viel für eine Minimum-Diversifikation. Mit einer Diversifikation über 20 oder 30 Titel würden die Kosten noch deutlich höher ausfallen.

Bei einer kleinen Anlagesumme ist es deshalb besser, man kauft an der Börse einen ETF. Dieser kostet vielleicht 0,3 Prozent und man muss nur einmal kaufen und verkaufen. Am besten wählt man dabei einen ETF, der einen Weltaktienindex abdeckt, etwa den Vanguard FTSE All-World UCITS ETF (ISIN: IE00B3RBWM25). Dieser hat laufende Kosten von 0,25 Prozent und ist in Schweizer Franken erhältlich. Auch von anderen Anbietern gibt es ähnliche Produkte, etwa von UBS, iShares, Lyxor.

ACHTUNG *Den Anteil des Vermögens, den Sie in diese Fonds investieren können, entnehmen Sie Ihrem Risikoprofil (siehe Fragebogen auf Seite 62). Die genannten Produkte wurden nach bestem Wissen ausgewählt, aber Verluste können auch mit diesen Papieren resultieren – wie mit jeder Börsenanlage.*

Obligationen-ETF oder Sparkonto?

Auch für den Obligationenteil kaufen Anleger mit einem kleinen Vermögen besser einen ETF als einzelne Obligationen. Bei den derzeit tiefen Zinssätzen für Obligationen stellt sich sogar die Frage, ob man nicht warten sollte, bis die Zinsen wieder steigen. In der Zwischenzeit bleiben die Gelder, die gemäss dem richtigen Anlagemix in Obligationen investiert werden sollten, auf dem Sparkonto. Viele Private Banker empfehlen dieses Vorgehen derzeit sogar ihrer gut betuchten Klientel.

Allerdings wären Sie in den vergangenen Jahren trotz allem mit Obligationen besser gefahren, denn die Zinsen sind doch immer noch tiefer gefallen. Deshalb könnte es auch in Zeiten extrem tiefer Zinsen noch richtig sein, einen Obligationen-ETF zu kaufen – es gibt kaum jemanden, der das

DIE ANBIETER VON ETFs MIT DER ATTRAKTIVSTEN GEBÜHRENSTRUKTUR

Sie wundern sich vielleicht, warum in diesem Ratgeber öfter Fonds von Vanguard erwähnt werden. Das liegt daran, dass die ETFs dieses Anbieters bei Anlegern in der Schweiz mit Abstand als Kostenführer gelten und zudem – gemäss einer Umfrage von Derivative Partners von 2016 – auch bei der Produktqualität ganz vorn mit dabei sind. Selbstverständlich gibt es aber ähnliche ETFs auch von anderen Anbietern.

ETF-Anbieter	Gebührenstruktur	Produktqualität
Vanguard	5.2	5.1
db x-trackers	4.2	4.6
BlackRock iShares	4.2	4.9
UBS	4.2	4.9
WisdomTree	4.0	4.7
ComStage ETF	4.0	4.4
Source	4.0	4.3
Lyxor Asset Management	3.8	4.5
Amundi	3.8	4.6
SPDR ETFs (State Street)	3.7	4.6
ETF Securities	3.7	3.9
Invesco PowerShares	3.4	3.7
VanEck	3.0	4.3
Zürcher Kantonalbank	3.0	4.1
Ossiam Lux	3.0	3.6
GAM (Julius Bär ETF)	3.3	2.6

Quelle: Derivative Partners, Notenskala von 1 bis 6

wirklich mit Sicherheit sagen kann. Ein Obligationen-ETF, der selbst im aktuellen Zinsumfeld in Betracht gezogen werden könnte, ist der Vanguard USD Treasury Bond UCITS ETF (ISIN: IE00BZ163M45). Er ist in Schweizer Franken erhältlich und weist mit 0,12 Prozent tiefe Kosten auf.

Investiert wird in US-Staatsanleihen mit Laufzeiten von mindestens einem Jahr. Diese bieten derzeit immerhin noch etwas über ein Prozent Zins, beinhalten allerdings ein Währungsrisiko, weil sie in US-Dollar notiert sind und auch die Zinsen in dieser Währung auszahlen.

Crowdlending als Alternative

Eine besser rentierende Alternative zu Obligationen-ETFs ist es, in sogenannte Crowdlending-Plattformen zu investieren, eine in der Schweiz allerdings noch wenig erprobte Anlageform. Auf Crowdlending-Plattformen können Sie Kredite vergeben – Sie werden damit sozusagen selber zu einer Bank. Oft handelt es sich dabei um Ablösungen von Bankkrediten. Die Kreditnehmer steigen auf diese Form der Kreditvergabe um, weil sie beim Crowdlending etwas günstigere Kreditzinsen bezahlen müssen. Für Sie als

---

NICHT VERGESSEN: EINZAHLUNG IN DIE SÄULE 3A

Zur Steueroptimierung steht bei kleinen Vermögen das steuerlich begünstigte Sparen in der Säule 3a im Vordergrund. Wenn Sie über genügend Kapital verfügen, sollten Sie die Möglichkeit nutzen, den jährlichen Maximalbetrag von derzeit 6826 Franken (Stand 2019) einzuzahlen. Der eingezahlte Betrag lässt sich voll vom steuerbaren Einkommen abziehen. Steuerpflichtige, die keiner Pensionskasse angehören – das sind vor allem Selbständigerwerbende –, können jährlich bis zu 20 Prozent des Nettoerwerbseinkommens, maximal aber 34 128 Franken in die Säule 3a einzahlen.

Stellt sich noch die Frage, in welche Anlagelösungen Sie investieren sollten. Am einfachsten ist es, auf ein Säule-3a-Konto einzuzahlen. Achten Sie auf die Verzinsung und auf die Spesen, zum Beispiel bei der Saldierung, das heisst der Kontoauflösung. Online-Vergleichsdienste bieten eine Übersicht (zum Beispiel www.comparis.ch → Gesundheit und Vorsorge → Säule 3a/Vorsorge).

Es gibt auch Anlagelösungen, bei denen die eingezahlten Beträge über Fonds an der Börse investiert werden. Am kostengünstigsten geht dies über ETFs oder Indexfonds, die Sie selber auswählen können. Damit hängt das künftige Altersvermögen allerdings von der Entwicklung der Börsen ab. Aufgrund des langen Anlagehorizonts, den solche Vorsorgegelder haben, kann man auch eine Anlagevariante in Betracht ziehen, die möglichst viel in Aktien investiert.
In der Vergangenheit hätte dies auf jeden Fall einiges mehr an Gewinn gebracht als ein Säule-3a-Konto. Natürlich muss das in Zukunft nicht wieder so sein, aber es gibt einige gute Gründe dafür, wie im Kapitel Aktien erklärt (siehe Seite 105). ◼

Privatanleger oder Privatanlegerin sind die Zinsen aber immer noch attraktiv und betragen netto (nach Gebühren) meist zwischen 3,5 und 6 Prozent (mehr zu Crowdlending auf Seite 98).

Ein mittleres Vermögen anlegen

Um diversifiziert in Einzeltitel zu investieren, brauchen Sie mindestens ein Vermögen von einer halben Million Franken. Finanzprofessor Thorsten Hens empfiehlt sogar, das Vermögen bis zu einer Million Franken in Fonds zu investieren – analog zu seinem obigen Tipp für kleine Vermögen.

Investieren in Einzeltitel bedeutet Mehraufwand
Wenn Sie sich aber zutrauen, Ihr Vermögen geschickt in Einzelaktien und -obligationen zu investieren, ist das doch etwas günstiger als Anlagen in ETFs. Allerdings brauchen Sie nicht nur Geschick, sondern auch mehr Zeit: Statt einen oder wenige ETFs müssen Sie bei Investments in Einzeltitel zwei Dutzend Aktien und Obligationen beobachten. Zudem müssen Sie die Dividenden- und Couponzahlungen selber reinvestieren.

Einige weitere Fonds
Eine Chance, die sich mit einem mittleren Vermögen auftut, ist es, das Depot um einige Spezialfonds zu ergänzen. Am besten um solche, die in der Zukunft etwas mehr Rendite als der Durchschnitt bringen könnten. Dazu gehören Fonds, die in Aktien von kleineren und mittelgrossen Firmen investieren. Es hat sich gezeigt, dass diese über die lange Frist oft besser rentieren als die Aktien von Grossfirmen. Ein Beispiel für einen solchen Fonds ist der iShares SMIM (ISIN: CH0019852802). Er investiert in mittelgrosse Schweizer Firmen, hat gemäss Morningstar laufende Kosten von 0,45 Prozent pro Jahr und ist in Schweizer Franken kotiert.

Ein grosses Vermögen anlegen

Ab einer Million Franken Vermögen stehen vor allem Einzeltitel im Fokus der Anlage. Bei sehr umfangreichen Vermögen geht es oft nicht mehr so sehr um die möglichst grosse Vermehrung, sondern eher um die Bewah-

EINKAUF IN DIE PENSIONSKASSE

Die Pensionskasse bietet grosse Steuersparmöglichkeiten. Es geht dabei um die sogenannte Pensionskassenlücke. Eine solche entsteht beispielsweise, wenn Sie von einer Pensionskasse mit tieferen Leistungen in eine mit höheren wechseln, oder auch bei Lohnerhöhungen. Mit der Summe, die es braucht, damit Sie auf die vollen reglementarischen Leistungen kommen, dürfen Sie sich einkaufen. Den eingezahlten Betrag können Sie vom steuerbaren Einkommen abziehen. Über die Höhe Ihrer individuellen Lücke informiert Sie Ihre Pensionskasse.

Solche Einkäufe in die Pensionskasse können auch über mehrere Jahre verteilt werden. Damit lässt sich die Progression mehrmals brechen. Eine Lücke von 200 000 Franken zum Beispiel kann vier Jahre hintereinander zu Abzügen vom steuerbaren Einkommen von jeweils 50 000 Franken genutzt werden. Das spart mehr Steuern als eine einmalige Einzahlung.

Aufgepasst, wenn Sie sich Pensionskassenkapital auszahlen wollen, etwa für den Erwerb von Wohneigentum oder bei einer Frühpensionierung. Was Sie mit Einkäufen finanziert haben, können Sie frühestens drei Jahre nach der Einzahlung in Kapitalform beziehen. ■

---

rung. Deswegen greifen hier viele zu Hedge Funds, die Risiken absichern können. Dabei ist allerdings die Auswahl schwierig, denn es gibt viel teuren Schrott (mehr dazu auf Seite 145).

Diversifiziert in Einzeltitel zu investieren, bedeutet einiges an Aufwand. Sie sollten Ihr Geld auf mindestens 12 bis 18 Aktien verteilen, gestreut über verschiedene Branchen und Länder. Sie sollten also zum Beispiel nicht Aktien der beiden Pharmafirmen Roche und Novartis kaufen, sondern – wenn schon – nur eine davon. Es dürfen gern einige Einzelaktien mehr sein: 25 gut diversifizierte Einzeltitel sind empfehlenswert. Selbst wenn dann eine Aktie einen Totalverlust erleiden würde, resultierte nur noch ein Verlust von vier Prozent Ihres in Aktien investierten Kapitals.

Obligationen mit höherer Rendite

Zusätzlich zu den Aktien sollten Sie auch einzelne Obligationen kaufen. Allerdings bieten diese derzeit kaum Zinsen. Eine Möglichkeit ist es, in risikoreichere, höher rentierende Obligationen auszuweichen, also in solche mit tieferer Bonität (siehe Seite 89). Da sich dabei das Risiko erhöht, sollte die Anlage relativ breit gestreut werden. Mit 25 Einzeltiteln wäre das Risiko ebenfalls so verteilt, dass der Totalausfall einer Obligation höchstens vier Prozent Verlust bedeuten würde.

Alternativ können Sie auch die Liquidität vorerst hoch lassen – also den Teil des Vermögens, der gemäss Ihrem Risikoprofil (siehe Fragebogen auf Seite 62) in Obligationen investiert werden sollte, auf einem Bankkonto halten. Und dieses Geld erst wieder in Anleihen investieren, wenn die Zinssätze gestiegen sind. Eine weitere Möglichkeit ist es, in Renditeimmobilien zu investieren. Mehr dazu lesen Sie auf Seite 174.

Einen Berater in Anspruch nehmen

Der Zeitaufwand ist also beträchtlich – nicht nur für die wohlüberlegte Verteilung der Anlagen auf verschiedene Aktien und Obligationen, sondern auch für die spätere Überwachung sowie die allfällige Reinvestition der Dividenden von Aktien und der Coupons von Obligationen. Deswegen ist die Zusammenarbeit mit einem Berater sehr empfehlenswert.

Auch seine Arbeit sollten Sie aber überwachen. Lesen Sie dazu Kapitel 4 über die Produkte und Kapitel 5 über die Dienstleitungen der Banken. So sind Sie sicher, dass Sie nicht über den Tisch gezogen werden.

TIPP *Auch mit einem grossen Vermögen können Sie es sich einfach machen und in wenige ETFs investieren – wie vorne beschrieben. Das spart dann auch die Kosten für einen Berater.*

Thorsten Hens, Professor am Institut für
Banking und Finance der Universität Zürich

*«Das Wichtigste ist, dass man die Lücke zwischen dem eigenen Wissen
und dem der Banken und Berater schliesst, damit man selbst beurteilen
kann, welcher Rat gut ist. Dazu sollte man sich gut informieren – durch
Bücher wie dieser Ratgeber und interaktiv, zum Beispiel durch den
MOOC (Massive Open Online Course), den mein Institut aktuell durch-
führt. Zudem sollte man ab einem Vermögen von zwei Millionen zu
mehreren Banken bzw. Beratern gehen, um die Ratschläge vergleichen
zu können.*

*Langfristig sind Aktien nicht zu schlagen. In den nächsten zehn
Jahren wird die Zinswende kommen. Das heisst, scheinbar sichere Anlagen wie Obligationen werden unwiderruflich an Wert verlieren,
während scheinbar unsichere Anlagen wie Aktien zwar vorübergehend
einbrechen, sich aber immer wieder erholen werden.»*

Warren Buffett, Multimilliardär und einer der
erfolgreichsten Investoren der Geschichte

*«Es ist ein grosser Fehler zu sagen: Die Wirtschaft läuft nicht, deswegen
sollte ich jetzt keine Aktien kaufen. Das ist gewöhnlich die beste Zeit,
um Aktien zu kaufen. 1954 waren die USA in einer Rezession, aber der
Dow Jones Industrial legte 50 Prozent zu. Es war mein bestes Anlagejahr.*

*Anleger sollten ihre Emotionen beim Investieren auf die Seite legen.
Der Aktienindex Dow Jones Industrial stieg im 20. Jahrhundert von
66 auf 11 400 Punkte. Da fragt man sich, wie irgendjemand schlechte
Erfahrungen mit Aktienanlagen machen konnte. Aber Millionen Inves-*

toren passierte genau das: Sie wurden gierig zur falschen Zeit und zur falschen Zeit ängstlich. Anleger müssen sich vom Gedanken verabschieden, dass sie die richtigen Zeitpunkte für Aktienkäufe und -verkäufe erkennen. Die richtige Zeit, um Aktien zu kaufen, ist kontinuierlich, jederzeit.»

Marc Faber, der bekannteste Anlageguru der Schweiz

«Wenn jemand keine Immobilien besitzt, würde ich eine Wohnung oder ein Haus kaufen, dort, wo ich leben will. Ich würde auch in Aktien investieren, wobei Anleger mit den Kursschwankungen leben müssen. Trotzdem erwarte ich, dass ein Korb von Schweizer Qualitätsaktien über die nächsten zehn Jahre höhere Gewinne bringt als Obligationen oder Geld auf einem Bankkonto.

Wir leben in einer von Zentralbanken manipulierten Welt. Wie dieses monetäre Experiment ausgehen wird, ist ungewiss, aber ich sehe kein Szenario, in dem es gut ausgehen könnte. Konsequenterweise würde ich ein diversifiziertes Portfolio halten, das aus Immobilien, Aktien, Liquidität [Geld auf dem Bankkonto], Obligationen von Schwellenländern und Edelmetall besteht. Ich denke, dass Aktien von Firmen aus Schwellenländern relativ attraktiv sind und dass Edelmetalle (Gold, Silber und Platin) in den nächsten zehn Jahren höhere Gewinne bringen werden als andere Anlageklassen.

Wenn ich in Europa leben würde [Marc Faber lebt in Asien], würde ich wahrscheinlich Immobilien in Kroatien, Mazedonien, Montenegro, Sizilien, Spanien und Portugal kaufen, wo die Preise meist günstig sind. Geerbtes Geld würde ich aus der Eurozone und der Schweiz abziehen und an einen Ort mitnehmen, wo das Leben erschwinglicher und die Steuern tiefer sind oder wo ich gar keine Steuern bezahlen muss (Lateinamerika, Kuba oder Asien).»

Anhang

Glossar

Die wichtigsten Fachbegriffe kurz erklärt von den Experten
des VZ VermögensZentrums

Accumulator

Strukturiertes Produkt, das einen Basiswert mit einem Derivat kombiniert.
Je nach Ausprägung funktioniert es
ähnlich wie ein Knock-out-Warrant
(→ strukturiertes Produkt, Derivat,
Knock-out-Warrant).

Agio

Aufschlag auf den Nennwert eines
Wertpapiers, der bei der Ausgabe festgelegt wird, wenn die Nachfrage das
Angebot übersteigt. Bei Immobilienfonds spielen Agios eine wichtige Rolle: Je höher das Agio, desto stärker
weicht der Verkehrswert der Immobili-
en im Fonds von seinem Börsenkurs
ab. Eine Anpassung des Börsenwerts
an den sogenannten inneren Wert ist
jederzeit möglich. Ein Abschlag auf
den Nennwert heisst Disagio.

Aktie

Wertpapier, mit dem Anleger einen
Anteil an einer Aktiengesellschaft erwerben. Mit der Aktie ist ein Stimm-
recht und das Anrecht auf ausgeschüt-
tete Gewinne verknüpft. Bei einem
Konkurs sind Aktionäre schlechter gestellt als Inhaber von Obligationen. Je
nachdem, wie die Marktteilnehmer
die Gewinnentwicklung eines Unternehmens einschätzen, steigt oder sinkt
der Kurs seiner Aktien. Bei Anlagen in
einzelne Aktien ist das Schwankungsri-
siko hoch (→ Dividende, Obligation,
Volatilität).

Anlagefonds

Kollektivanlage, die Mittel von mehreren Anlegern bündelt und nach einer
klar definierten Strategie investiert. Jeder Anleger besitzt Anteile am Fonds.
Der wichtigste Vorteil gegenüber Direktanlagen ist die breite Streuung der
Risiken, da die Mittel in unterschiedliche Wertpapiere und Anlageformen
investiert sind. In der Regel bewirt-
schaftet ein Fondsmanagement die Anlagen aktiv, um eine Mehrrendite gegenüber einem Referenzmarkt, zum
Beispiel einem Index, zu erzielen. Dafür bezahlen die Anleger eine Gebühr.
Das Fondsvermögen gilt als Sonderver-
mögen und ist bei einem Konkurs pri-
vilegiert. Für alle Anlageklassen werden Anlagefonds angeboten; allein in
der Schweiz sind über 40 000 zum
Vertrieb zugelassen (→ Diversifikation,
Index, Managementgebühr).

Anleihe → Obligation

Bonität

Kreditwürdigkeit von Schuldnern (vor allem Unternehmen und Staaten). Je höher die Bonität eines Schuldners eingeschätzt wird, desto wahrscheinlicher ist es, dass er Anleihen vollständig zurückzahlen kann, wenn sie ablaufen. Schuldner mit tieferer Bonität müssen darum höhere Zinsen bezahlen, um am Kapitalmarkt Geld aufzunehmen (→ Rating, Obligation).

CAPE (cyclically adjusted P/E)

Alternative Bezeichnung für die Shiller P/E Ratio (→ Shiller P/E Ratio).

Churning (Gebührenschinderei)

Das häufige Umschichten von Wertschriftendepots durch Anlageberater oder Vermögensverwalter, das vor allem hohe Gebühren verursacht.

Crowdlending

Digitale Kreditvermittlung, bei der eine grosse Zahl von Privatpersonen anderen Privatpersonen oder Unternehmen Geld ausleiht. Crowdlending entstand etwa 2005 und gilt als Alternative zum traditionellen Bank- oder Kleinkredit.

Dachfonds

Aktiver Anlagefonds, der das Geld seiner Anleger in Anteile anderer Anlagefonds investiert (sogenannte Subfonds). Dachfonds gelten als wenig transparent und teuer (→ Anlagefonds).

Derivat

Gegenseitiger Vertrag, um Risiken abzusichern. Als Basiswerte dienen Wertpapiere (Aktien, Obligationen usw.), Kennzahlen (Zinssätze, Indizes, Ratings usw.) oder Handelsgüter (Rohstoffe, Devisen, Edelmetalle usw.). Anleger kaufen das Derivat in der Regel anstelle des Basiswerts. Derivate sind eigenständig handelbar. Der Umgang mit Chancen und Risiken derivater Finanzinstrumente setzt viel Erfahrung voraus. Für langfristig orientierte Privatanleger sind sie in der Regel nicht geeignet.

Beispiel: Ein Exporteur sichert ein Termingeschäft mit einer Devisen-Option ab. Er bezahlt eine Prämie, damit er die Abrechnungswährung in sechs Monaten zum heutigen Kurs kaufen kann. Steigt der Kurs dieser Währung bis dann deutlich an, hat sich die Prämie ausgezahlt; sonst verfällt die Option wertlos.

Dispositionseffekt

Die Neigung, Anlagen zu verkaufen, deren Wert gestiegen ist, und Anlagen zu halten, deren Wert gesunken ist. Die Erfahrung zeigt, dass Anleger Verluste etwa doppelt so stark gewichten wie Gewinne.

Diversifikation

Verteilung der Mittel auf unterschiedliche Anlageformen und Anlageklassen mit dem Ziel, die Wertschwankung

249

eines Portfolios zu reduzieren und einen Totalverlust zu vermeiden (→ Volatilität).

Dividenden-Diskontierungsmodell (Dividend Discount Model, DDM)

Bewertungsmethode für Aktien, die zukünftige Dividenden berücksichtigt. Dieses Modell gilt als konservativer als Modelle, die sich auf die zukünftigen Gewinne abstützen (→ P/E Ratio).

Dividende

Ausschüttung des Gewinns eines Unternehmens an seine Aktionäre. Die Dividende hängt vom Geschäftsverlauf ab und wird jedes Jahr vom Unternehmen festgelegt und von den Aktionären genehmigt. Dividenden-Ausschüttungen sind freiwillig; Unternehmen können ihre Gewinne auch einbehalten (→ Aktie).

Emerging Markets (EmMa)

Schwellenländer und Regionen mit überdurchschnittlichem Wachstumspotenzial (aktuell zum Beispiel China, Indien oder Brasilien). Investitionen in solche aufstrebende Märkte sind in der Regel mit höheren Risiken und zusätzlichen Währungsrisiken verbunden (→ Volatilität).

Einlagensicherung

Absicherung von Kundenguthaben bei Banken. In der Schweiz sind pro Kunde 100 000 Franken abgesichert, wenn ein Institut in Konkurs geht.

Exchange Traded Funds (ETF)

Indexfonds, die während des Handelstages an der Börse gehandelt werden. ETFs unterliegen der Stempelsteuer (→ Indexfonds).

Fonds → Anlagefonds

Grenzsteuersatz

Prozentsatz, zu dem ein zusätzlicher Franken Einkommen besteuert wird. Je höher der Grenzsteuersatz, desto lukrativer ist es, das steuerbare Einkommen zu senken. Bei einem Grenzsteuersatz von 30 Prozent zum Beispiel spart ein Steuerzahler 30 Rappen Steuern, wenn er sein steuerbares Einkommen um einen Franken senkt.

Hedge Fund

Heterogene Gruppe von Anlagefonds, die aktiv verwaltet werden. Gemeinsam ist ihnen, dass sie eine Mehrrendite zu ihrem Referenzmarkt zu erzielen versuchen, indem sie Konstrukte wie Derivate oder Leerverkäufe (Verkäufe von Wertschriften, die sie nicht besitzen) mit Wetten auf steigende oder fallende Kurse verbinden. Hedge Funds gelten als risikoreich, wenig transparent und teuer (→ Anlagefonds, Derivat).

Hochzinsanleihe

Anleihe eines Schuldners, dessen Bonität eher tief eingestuft wird. Damit steigt das Risiko, das investierte Kapital zu verlieren. Noch höher ist dieses Risiko bei sogenannten Junk-Bonds (→ Obligation, Bonität, Ratingagentur, Junk-Bond).

Home bias (Heimmarkt-Neigung)

Neigung der Anleger, vor allem in ihrem Heimmarkt zu investieren. Schweizer Anleger etwa gewichten Schweizer Firmen in ihren Depots überproportional, weil sie ihnen aus dem Alltag und aus den Medien bekannt sind. Die Übergewichtung des Heimmarkts kann die Gesamtrendite positiv oder negativ beeinflussen. Statistisch gesehen erzielen Anleger langfristig mehr Rendite, wenn sie ihre Investitionen auf mehrere Märkte verteilen.

Index

Kennzahl für die Wertentwicklung ausgewählter Finanzinstrumente. Weltweit gibt es eine riesige Zahl unterschiedlich zusammengesetzter Indizes zu allen Anlageklassen wie Aktien, Obligationen, Rohstoffe usw. (→ Performance).

Indexfonds

Anlagefonds, der einen Index so genau wie möglich nachbildet, um eine möglichst ähnliche Rendite zu erzielen. Indexfonds investieren in die Titel, die im Index enthalten sind, darum entwickelt sich ihr Kurs ähnlich wie der Index selbst. Indexfonds gehören zu den passiven Anlagen, weil sie ohne Fondsmanagement auskommen. Sie belasten deutlich tiefere Gebühren als aktive Anlagefonds und unterliegen nicht der Stempelsteuer (→ Anlagefonds, Index, Managementgebühr, Stempelsteuer).

Index-Hugging

Verhalten von aktiv bewirtschafteten Anlagefonds, die im Wesentlichen einfach einen Index abbilden, dafür aber hohe Gebühren belasten – dieses Ziel ist mit passiven Fonds wie ETFs günstiger zu erreichen (→ Anlagefonds, Managementgebühr, ETF).

Inflation

Preisänderung von Gütern und Dienstleistungen einer Volkswirtschaft. Gemessen wird die Inflation in der Regel anhand eines Warenkorbs, dessen Preise laufend erhoben werden. Langfristig führt Inflation zu einem Verlust von Kaufkraft. Für Geldanlagen ist die sogenannte Realrendite nach Inflation ausschlaggebend: Langfristig kann sich Kapital nur dann vermehren, wenn die Rendite real nach Inflation positiv ist. Ist die Realrendite negativ, schrumpft das Kapital.

Investment-Grade-Obligation

Anleihe mit gutem Rating. Je nach Ratingagentur gelten Obligationen ab einem BB als minderwertige Anlage. Die Richtlinien vieler Pensionskassen und anderer institutioneller Anleger verunmöglichen Investitionen in Anleihen ohne Investment Grade (→ Obligation, Bonität, Rating, Ratingagentur).

Junk-Bond

Obligation eines Schuldners mit sehr tiefer Bonität. Es ist unsicher, ob der Schuldner die Obligation am Ende der Laufzeit zurückzahlen kann. Wegen des hohen Verlustrisikos ist der Zins von Junk-Bonds deutlich höher als der von Obligationen mit guter Bonität; der Schuldner zahlt eine sogenannte Risikoprämie (→ Bonität, Rating, Risikoprämie).

Kurs-Buchwert-Verhältnis (KBV)

Beurteilungsgrösse für die Bewertung einer Aktie. Der Kurs der Aktie wird ins Verhältnis zum Buchwert gesetzt. Der Buchwert entspricht dem Eigenkapital, das den Aktionären gehört. Modernere Bewertungsmethoden sind zum Beispiel die P/E Ratio oder die Shiller P/E Ratio.

Kurs-Cashflow-Verhältnis (KCV)

Beurteilungsgrösse für die Bewertung einer Aktie. Der Kurs der Aktie wird ins Verhältnis zum Nettozufluss liquider Mittel gestellt (Cashflow). Zur Berechnung werden der Brutto-Cashflow, der freie Cashflow oder weitere Cashflows verwendet.

Kurs-Gewinn-Verhältnis (KGV)

→ P/E Ratio

Knock-out-Warrant (Zertifikat)

Strukturiertes Produkt, das vor Ablauf verfallen kann, wenn der Basiswert (zum Beispiel eine Aktie) eine bestimmte Schwelle unterschreitet. Je nach Ausgestaltung verfallen Knock-out-Warrants wertlos, oder es wird ein Restwert zurückgezahlt, der in der Regel wesentlich geringer ist als die Anfangsinvestition (→ strukturiertes Produkt).

Leitaktienindex

In der Regel der wichtigste Aktienindex eines Landes oder einer Region, in der Schweiz zum Beispiel der Swiss Market Index (SMI), in Deutschland der Deutsche Aktienindex (DAX) oder in den USA der Standard & Poor's (S&P 500) (→ Index).

Managementgebühr (Total Expense Ratio, TER)

Gesamte Bewirtschaftungskosten eines aktiv verwalteten Fonds, die das

Fondsmanagement direkt dem Fonds-vermögen belastet. Dazu kommen die sogenannten Transaktionskosten, die der Handel von Titeln im Fonds verur-sacht (→ Anlagefonds).

Market-Timing

Anlagestrategie, die günstige Ein- und Ausstiegszeitpunkte sucht, um eine Rendite zu erzielen.

Maximum Drawdown

Kennzahl, die den maximalen kumu-lierten Verlust in Prozent ausdrückt, die eine Anlage im betrachteten Zeit-raum erlitten hat. Diese Kennzahl dient dazu, die Risikobereitschaft von Anlegern abzuschätzen und zu simulie-ren, wie sie auf stark schwankende oder fallende Kurse reagieren.

Momentum-Strategie

Strategie, die auf sogenannte Gewin-neraktien setzt. Erfahrungsgemäss schneiden viele Aktien, die in den letz-ten Tagen und Wochen eine Mehrren-dite erzielt haben, auch in den nächs-ten Tagen und Wochen überdurch-schnittlich ab. Bei der Umsetzung werden technische und fundamentale Analysen kombiniert, was die Komple-xität erhöht.

Monte-Carlo-Simulation

Statistisches Verfahren, um die Band-breite der möglichen Entwicklung eines Portfolios in der Zukunft darzustellen.

Dieses computergestützte Verfahren bildet die Rendite- und Risiko-Eigen-schaften aufgrund von Erfahrungswer-ten in der Vergangenheit ab.

Obligation

Verzinsliches Wertpapier, mit dem Schuldner (vor allem Unternehmen und Staaten) Kapital beschaffen. Der Zinssatz und die Laufzeit werden bei der Herausgabe festgelegt. Der Schuld-ner bezahlt den Anlegern während der Laufzeit den vereinbarten Zins und zahlt das Kapital am Ende der Laufzeit zurück. Der Zins hängt von der Kredit-würdigkeit des Schuldners ab. Geht der Schuldner Konkurs, sind Obligati-onäre besser geschützt als Aktionäre (Fremdkapital versus Eigenkapital). Die Kurse von Obligationen, die an der Börse gehandelt werden, schwan-ken mit dem Zinsniveau, in der Regel aber deutlich weniger stark als Aktien-kurse (→ Bonität, Aktien).

Pensionskasse

Einrichtung der beruflichen Vorsorge in der Schweiz. Berufstätige, die pro Jahr mehr als 21 510 Franken brutto verdienen (Stand 2022), sind über ih-ren Arbeitgeber obligatorisch bei einer Pensionskasse versichert. Die Beiträge teilen sich die Arbeitgeber und die Ar-beitnehmenden. Das angesparte Kapi-tal kann man sich in der Regel bei der Pensionierung auszahlen lassen oder als lebenslange Rente beziehen, die mit einem Umwandlungssatz berechnet wird (→ Umwandlungssatz).

P/E Ratio (Kurs-Gewinn-Verhältnis, KGV)

Beurteilungsgrösse für Aktienkurse, die einen Aktienkurs ins Verhältnis zum erwarteten Gewinn pro Aktie setzt. Ein hohes Kurs-Gewinn-Verhältnis ist ein Hinweis darauf, dass der Aktienkurs eher hoch ist; die Interpretation ist jedoch komplexer. So unterscheiden sich die durchschnittlichen KGV je nach Region und Marktsegment stark.

Performance

Messgrösse für den Erfolg einer Geldanlage. Sie wird auf unterschiedliche Weise berechnet, was die Vergleichbarkeit erschwert. Wichtige Einflussgrössen sind die Kursentwicklung, Ausschüttungen wie Zinsen und Dividenden sowie Kosten und Gebühren (→ Dividende).

Portfolio Turnover Ratio (PTR)

Anzahl Transaktionen, die das Management eines aktiv verwalteten Anlagefonds pro Jahr vornimmt. Diese Kennzahl gilt neben der Managementgebühr als wichtigste Messgrösse für die Kosten, die ein Fondsmanagement verursacht (→ Anlagefonds, Managementgebühr).

Rating

Einstufung der Kreditwürdigkeit eines Schuldners anhand einer Skala. Diese Skala wird von den Ratingagenturen festgelegt und laufend überwacht. Je höher das Rating, desto sicherer schätzt die Agentur eine Anlage ein (→ Ratingagentur).

Ratingagentur

Unternehmen, das die Kreditwürdigkeit von Unternehmen, Staaten und Finanzprodukten beurteilt und anhand einer Skala einstuft. Die wichtigsten Ratingagenturen sind Moody's, Standard & Poor's sowie Fitch Ratings (Höchstbewertung für Schuldner Aaa und AAA). Eine Veränderung des Ratings kann sich sehr stark auf die betroffenen Unternehmen, Staaten und Finanzprodukte auswirken (→ Bonität, Rating).

Rebalancing (Rebalancieren)

Umschichtung, mit der Geldanlagen auf die festgelegte Anlagestrategie zurückgeführt werden. Kursschwankungen können dazu führen, dass sich die prozentuale Gewichtung einer Anlageklasse von der Zielstrategie entfernt. Rebalancing wirkt antizyklisch: Bei sinkenden Aktienkursen wird der Aktienanteil wieder auf den Zielanteil erhöht, bei steigenden Kursen gesenkt.

Rendite auf Verfall (Yield to Maturity)

Effektive Rendite einer Obligation, die man zum Marktwert kauft. Massgebend sind der aktuelle Kurs, die zukünftigen Zinszahlungen, die Restlaufzeit sowie das Zinsniveau. Diese Kennzahl sagt mehr darüber aus, ob sich die Investition in eine Obligation lohnt, als der reine Zinssatz (→ Obligation).

Retrozession (Verkaufsprovision)

Provision, die eine Fondsgesellschaft einer Bank zahlt, die ihre Fonds in den Depots ihrer Kunden platziert. Solche Provisionen führen zu einem Interessenkonflikt, weil es für Banken lohnender ist, Produkte mit hohen Retrozessionen zu empfehlen als Produkte mit überdurchschnittlicher Performance oder tiefen Kosten, die für die Anleger vorteilhafter wären.

Risikoprämie

Differenz zwischen dem sogenannten risikofreien Zins (in der Schweiz in der Regel der Zins einer Anleihe der Schweizer Eidgenossenschaft) und der erwarteten Rendite einer Anlage. Um das höhere Risiko auszugleichen, muss der Zins über dem risikofreien Zins liegen. Je höher das Risiko einer Anlage, desto höher muss die Risikoprämie sein, damit sich die Investition lohnt (→ Anleihe).

Robo-Advisor

Digitale, automatisierte Vermögensverwaltung. Das Angebot nimmt stetig zu und dürfte weiter kräftig wachsen.

Schweizerische Nationalbank (SNB)

Unabhängiges Institut, das für die Geld- und Währungspolitik der Schweiz verantwortlich ist. Zu den wichtigsten Aufgaben der SNB zählen die Preisstabilität, die Versorgung mit Bargeld, die Abwicklung des bargeldlosen Zahlungsverkehrs und die Anlage der Währungsreserven. Die Zinspolitik ist ein Instrument, um diese Ziele zu erreichen (→ Inflation).

Shiller P/E Ratio (Shiller KGV)

Weiterentwicklung der Bewertung von Aktien anhand des Kurs-Gewinn-Verhältnisses durch Robert Shiller. Berücksichtigt wird nicht nur der aktuelle Gewinn, sondern alle Gewinne der letzten zehn Jahre, um kurzfristige Gewinnschwankungen auszugleichen (→ P/E Ratio).

Smart Beta

Smart-Beta-Produkte bilden einen Index auf unkonventionelle Weise ab, indem sie versuchen, die Rendite oder das Risiko im Vergleich zum Standard-Index zu verbessern. Solche Produkte sind günstiger als aktiv verwaltete Fonds, aber deutlich teurer als gewöhnliche ETFs (→ Index, ETF).

Stempelsteuer

Die eidgenössische Steuerverwaltung erhebt eine Umsatzabgabe auf Wertpapieren. Der Steuersatz hängt vom Börsenplatz und vom Transaktionsvolumen ab. Der Betrag wird von der Bank eingezogen, die den Auftrag ausführt.

Strategiefonds

Aktiv bewirtschafteter Anlagefonds, der gleichzeitig in mehrere Anlageklassen investiert. Im Gegensatz zu reinen Aktienfonds investieren Strategiefonds zum Beispiel in Aktien, Obligationen und Rohstoffe (→ Anlagefonds).

Strukturiertes Produkt

Finanzprodukt, das Basiswerte wie Aktien mit einem Derivat kombiniert. Investmentbanken geben solche Produkte in vielen Varianten heraus, um auf bestimmte Börsenszenarien zu spekulieren, zum Beispiel auf eine längere Seitwärtsbewegung. Sie gelten als intransparent, schwer verständlich und teuer und eignen sich nur für geübte Anleger, die eine klare Vorstellung davon haben, wie sich ein Markt entwickeln wird (→ Aktie, Derivat).

Swiss Market Index (SMI)

Der wichtigste Aktienindex der Schweiz bildet die 20 grössten und liquidesten Titel aus dem SPI Large- und Mid-Cap-Segment ab. Im Gegensatz zum DAX ist der SMI ein Kursindex; Dividenden fliessen nicht in die Berechnung ein (→ Leitaktienindex, Dividende).

Total Expense Ratio (TER)

→ Managementgebühr

Umwandlungssatz

Prozentsatz, mit dem Pensionskassen die Guthaben der Versicherten in Renten umrechnen. Bei einem Umwandlungssatz von fünf Prozent und einem Guthaben von 100 000 Franken resultiert zum Beispiel eine jährliche Rente von 5000 Franken (→ Pensionskasse).

Volatilität

Mass für die Wertschwankung. Der Wert einer einzelnen Aktie schwankt erfahrungsgemäss relativ stark, während sich die Kurse von Obligationen kurzfristig kaum verändern. Eine sinnvolle und konsequente Diversifikation hilft, die Volatilität zu reduzieren (→ Aktie, Obligation, Diversifikation).

Warrant / Optionsschein (Call und Put)

Derivat, das innerhalb einer bestimmten Zeitspanne zum Kauf (Call-Option) oder Verkauf (Put-Option) eines Basiswerts zu einem festen Ausübungspreis berechtigt. Anleger zahlen eine Prämie, um sich mit solchen Optionen gegen Risiken des Basiswerts abzusichern, zum Beispiel gegen einen deutlichen Anstieg oder Absturz seines Preises (→ Derivat).

ZAKGV (zyklisch adjustiertes Kurs-Gewinn-Verhältnis)
Deutsche Bezeichnung für die Kennzahl CAPE (→ Cape).

Zentralbank
Institution, die für die Geld- und Währungspolitik eines Landes oder einer Region zuständig ist. Zentralbanken beeinflussen die Finanzmärkte stark, weil die Anleger mehr oder weniger direkt auf geldpolitische Massnahmen reagieren.

Stichwortverzeichnis

Ratgeber, auf die Sie sich verlassen können.

Der Steuerberater

Welche Optimierungsmöglichkeiten bieten sich im Zusammenhang mit Altersvorsorge und Geldanlagen? Welche Abzüge sind unter welchen Umständen zulässig? Was gilt für Selbständige, Studentinnen, Rentner, Paare und Familien, Eigenheim- und Ferienhausbesitzer? Und wer muss Erbschaftssteuern bezahlen? Dieses Handbuch beantwortet Steuerfragen für Laien leicht verständlich.

Seiten 192, Klappenbroschur
978-3-03875-412-1

Ich mache mich selbständig

Ein Start-up planen, sich mit einer Geschäftsidee durchsetzen: Dieses bewährte Handbuch zeigt alle Erfolgswerkzeuge und begleitet Firmengründer Schritt für Schritt von der ersten Idee bis zum Businessplan. Mit vielen Tipps und mehr als 60 Online-Vorlagen.

336 Seiten, Hardcover
ISB 978-3-03875-203-5

Frauenpower in Finanzfragen

Dieser Ratgeber wendet sich explizit an Frauen, die ihre finanziellen Entscheidungen eigenverantwortlich treffen wollen. Er behandelt unterschiedliche Lebensereignisse und ihre finanziellen Auswirkungen und geht Finanzthemen lebensnah an. Die praktischen Tipps und Denkanstösse haben das Ziel, Frauen auf ihrem Weg zur ökonomischen Unabhängigkeit zu unterstützen.

216 Seiten, Klappenbroschur
978-3-03875-323-0

Die Bücher des Beobachters: einfach, schnell, online. beobachter.ch/shop

Ratgeber, auf die Sie sich verlassen können. **Beobachter** EDITION

Der Weg zum Eigenheim

Für viele die wohl grösste Investition im Leben: der Erwerb eines Eigenheims. Dieser Ratgeber schafft Klarheit in allen finanziellen, juristischen und praktischen Belangen zu Kauf, Bau, Renovierung und Unterhalt einer Immobilie. Mit vielen praktischen Checklisten und Musterverträgen.

272 Seiten, Klappenbroschur
ISBN 978-3-03875-418-3

Auswandern – Neustart im Ausland

Der Neustart im Ausland bedingt umfassende Informationen und das nötige Know-how. Sei es für ein Auslandsemester während des Studiums, den Ruhestand, einen verlockenden Job oder weil das Abendteuer ruft. Dieser Ratgeber bietet das Wissen, das es für einen Aufbruch und eine allfällige Rückkehr braucht.

200 Seiten, Klappenbroschur
ISBN 978-3-03875-090-1

Frühpensionierung planen

Ein paar Jahre früher aufhören, endlich das Leben geniessen: Eine Frühpensionierung ist der Traum vieler berufstätiger Menschen. Doch die finanziellen Folgen sind nicht zu unterschätzen. Die Autoren dieses Ratgebers zeigen, dass eine Frühpensionierung kein Ding der Unmöglichkeit ist. Sie weisen auf Risiken hin und bieten eine umfassende Grundlage für eine realistische Planung, die möglichst frühzeitig anzugehen ist.

230 Seiten, Klappenbroschur
ISBN 978-3-03875-191-5

Die Bücher des Beobachters: einfach, schnell, online. beobachter.ch/shop

VZ VermögensZentrum:
Was können wir für Sie tun?

Das VZ VermögensZentrum ist der führende unabhängige Finanzdienstleister der Schweiz. Unsere Kundinnen und Kunden profitieren von unserer Expertise: Sie gehen gut vorbereitet in Pension, legen ihr Geld intelligent an, finanzieren Häuser günstig, sind optimal versichert, regeln ihren Nachlass nach ihren Wünschen und zahlen nicht mehr Steuern als nötig.

Auch Unternehmen und Pensionskassen sind beim VZ VermögensZentrum an der richtigen Adresse. Sie verbessern die Leistungen von Versicherungen und Vorsorge, erwirtschaften höhere Erträge mit ihren Anlagen und sparen gleichzeitig Prämien, Gebühren und Steuern.

Wenn es um Geld geht, sind Sie beim VZ gut beraten.

 **VermögensZentrum**

VZ VermögensZentrum AG
Hauptsitz: Gotthardstrasse 6,
8002 Zürich, Telefon 044 207 27 27
www.vermoegenszentrum.ch

Antwortkarte

✗ Ja, ich will mehr aus meinem Geld machen.

☐ **Senden Sie mir folgende kostenlosen Merkblätter:**

☐ Pensionierung ☐ Vermögensverwaltung ☐ Steuern sparen
☐ Geld anlegen ☐ Hypotheken ☐ Erben und Schenken

☐ **Ich möchte einen Termin für ein kostenloses und unverbindliches Gespräch:**
Rufen Sie mich an unter: _____
Ich bin erreichbar von _____ bis _____

☐ **Depotcheck: Ich möchte mein Depot überprüfen lassen:**
Senden Sie Ihre Depotauszüge mit dieser Bestellkarte ans VZ.

Bitte nicht vergessen: Absender auf der Rückseite eintragen!

VZ VermögensZentrum:
Hier ist Ihr Geld in guten Händen

Sicherheit steht an erster Stelle, wenn es um Ihre Anlagen geht. Selbstverständlich soll Ihr Vermögen auch wachsen. Darum entwickeln wir unsere Anlagelösungen laufend weiter, um die Risiken und die Rendite unserer Kundinnen und Kunden zu optimieren.

Sie legen Ihr Geld selbst an

- Depotführung: In Ihrem Auftrag kaufen und verkaufen wir Wertschriften – günstiger als andere Anbieter.
- Anlage- und Depotberatung: Wir überwachen Ihr Wertschriftenportfolio und melden uns, wenn Handlungsbedarf besteht. Sie erhalten regelmässig Anlagevorschläge und können Ihre eigenen Ideen jederzeit mit uns besprechen.

Sie lassen Ihr Vermögen verwalten

Wählen Sie die Vermögensverwaltung, die Ihnen entspricht:
- Vermögensverwaltung mit Indexanlagen
- Vermögensverwaltung mit nachhaltiger Fondsselektion
- Vermögensverwaltung BVG-orientiert
- Vermögensverwaltung mit Einzeltiteln
- Top Dividendenaktien Schweiz
- Top 15 Aktien Welt

Ob Sie Vermögen bilden, vermehren oder neu strukturieren wollen – bei uns sind Sie an der richtigen Adresse: **www.vermoegenszentrum.ch**

Antwortkarte

Absender

Vorname: _____ Jahrgang: _____

Name: _____

Strasse/Nr.: _____

PLZ/Ort: _____

Tel. P.: _____

Tel. G.: _____

E-Mail: _____

AK-2022 00-PlötzlichGeld-CHde

GAS / ECR / ICR

Nicht frankieren
Ne pas affranchir
Non affrancare

A   50161372
000001

pro clima

DIE POST

VZ VermögensZentrum AG
Stefanie Fröhlich
Service/Administration
Postfach
8058 Zürich